Ingrid Hentschel

Imagination und Theater

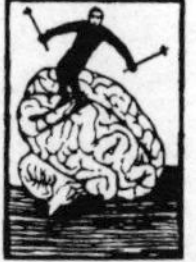

Michael Tschechow (*1891 in Sankt Petersburg; †1955 in Beverly Hills, Kalifornien), Neffe des Schriftstellers Anton Tschechow und Schüler Konstantin Stanislawskis, galt als einer der brillantesten Schauspieler Russlands. Er war zunächst Mitglied und wurde dann mit der Leitung des Ersten und 1924 mit der des legendären Zweiten Moskauer Künstlertheaters (MChAT 2) betraut, damals ein Zentrum der Theateravantgarde. Nachdem er mit der stalinistischen Kulturpolitik in Konflikt geraten war, musste er 1928 Russland verlassen und war in verschiedenen europäischen Zentren, u. a. in Berlin, Paris, Riga, als Schauspieler in Film und Theater, als Regisseur und Theaterlehrer tätig, bis er in Dartington Hall (England) 1936 das Chekhov Theatre Studio gründen konnte. Hier, wo Künstler:innen aus Europa, Indien und Amerika zusammentrafen, entwickelte er seine eigene Methode der Schauspielarbeit weiter. Aufgrund des Zweiten Weltkriegs emigrierte er 1939 in die USA und unterrichtete in Ridgefield (Connecticut), New York und Hollywood seine berühmte Methode zur Ausbildung von Schauspieler:innen für Theater und Film.

Im Zentrum seiner Vision eines *Theaters der Zukunft* steht die kreative Intuition des Schauspielers. Einzigartig sind seine Übungen zur Imagination und Vorstellungskraft und die Techniken der *Psychologischen Geste* und der *imaginären Körperzentren,* die nicht nur Hollywoodgrößen wie Gregory Peck, Ingrid Bergman, Marilyn Monroe, Clint Eastwood und Jack Nicholson u. v. a. m. inspirierten, sondern inzwischen zu einer weltweiten Wiederentdeckung der Tschechow-Methode führen.

Prof. Dr. Ingrid Hentschel ist Theater- und Kulturwissenschaftlerin. Ihre weit gespannten Veröffentlichungen zu Theorie und Praxis des Theaters verbinden zeitdiagnostische Analysen mit kunst-, theater- und sozialwissenschaftlichen Perspektiven. Sie verfügt über eine langjährige Lehrpraxis mit der Schauspielmethode Michael Tschechows. Sie lebt in Hannover.

Ingrid Hentschel

Imagination und Theater

Die Schauspielmethode von Michael Tschechow

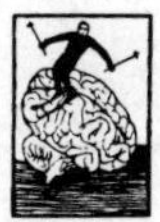

Alexander Verlag Berlin

Bücher über Schauspielpraxis
im Alexander Verlag Berlin –
unabhängiger Verlag seit 1983

Alexander Wewerka, Fredericiastr. 8, D-14050 Berlin
info@alexander-verlag.com · www.alexander-verlag.com

Satz/Layout/Umschlag: Antje Wewerka
Umschlagfoto: Andrey Voloshyn © Serge Macia, Schule für Schauspiel Hamburg
Lektorat: Christin Heinrichs-Lauer
Korrektorat: Katja Karau

ISBN 978-3-89581-546-1
Printed in the EU (January) 2026

»Now the first thing I am going to give you, and you have to take, is the idea that the creative ability in us as artists is based on one thing (one for the time being) which we call the ability for imagination. Everybody has the ability of imagination – without this ability, for instance, no one would have his meals. Imagination is the thing without which a person is spiritually and mentally ill.«

Michael Tschechow zur Eröffnung seines Studios
in Ridgefield, 16. 1. 1939[1]

Inhalt

EINLEITUNG

Die Schauspielmethode des russischen Schauspielers, Regisseurs und Theaterlehrers Michael Tschechow erfährt gegenwärtig eine Wiederentdeckung in internationalem Ausmaß. Neben einem wachsenden Netzwerk von Studios und Workshops wird sie an Hochschulen und Universitäten vermittelt. Unter den Methoden, die in der Nachfolge von Konstantin Stanislawski bis heute die Schauspielausbildung prägen, nimmt die Tschechow-Methode immer noch eine Sonderstellung ein, die mit ihrer wechselvollen Geschichte zu tun hat. Obwohl weltweit Schauspieler:innen in Theater, Tanz und Film erfolgreich mit Tschechows Methode arbeiten, so steckt die theaterwissenschaftliche Auseinandersetzung mit seinem schauspielmethodischen Werk noch in den Anfängen. Das ist insbesondere im deutschsprachigen Raum der Fall, wo neben Schriften und Vorträgen Tschechows bisher nur die Übersetzung von Lenard Petits praxisbezogenem *Handbuch für Schauspieler* erschienen ist. Anders im internationalen Wissenschaftsdiskurs, in dem eine traditionell engere Verbindung von Theorie und Praxis sowie ein breiteres Netzwerk dazu beitragen, dass die Methode neben dem praxisorientierten auch theoretisches Interesse erfährt.[2]

Das vorliegende Buch behandelt Tschechows Schauspielmethodik und -theorie im Zusammenhang mit schauspielpraktischen und theaterwissenschaftlichen Überlegungen. Michael Tschechow hat bekanntlich viele Filmschauspieler:innen angeregt; sein Ausgangspunkt und sein Traum ist dabei aber stets das Theater geblieben! So bildet das Theater auch den Mittelpunkt dieses Buches.

Michael Tschechows Werk ist Anlass, die Schauspielpraxis in einer umfassenden Sicht darzustellen und die Aktualität einer Methode zum Vorschein zu bringen, die auf dem Hintergrund gegenwärtiger Entwicklungen des Theaterbetriebs dazu angetan sein könnte, die Kunst des Theaters in ihrer lebendigen Vielfalt von Imagination und Aktion, Freiheit und gesellschaftlicher Bindung zu inspirieren. Die leitenden Prinzipien der Methode auf der Grundlage von *Improvisation, Imagination, Transformation* und *Kooperation* motivieren dazu, Theater einmal mehr als kreativen Prozess aller Beteiligten zu betrachten. Als Zusammenspiel, das auf den zentralen Achsen der Beziehungen von Schauspieler:innen und Zuschauer:innen fußt, besonders aber auf der Kooperation der Akteur:innen untereinander, für die die Tschechow-Methode eine Fülle von Übungen bereithält.

Der Titel, unter dem seine frühen, bisher nur teilweise veröffentlichten Vorträge und Unterrichtsstunden nun auszugsweise auch auf Deutsch vorliegen, ist Programm: »The Actor is the Theatre«. *Der Schauspieler ist das Theater*[3] stellt eine Ermutigung für Schauspieler:innen dar, ihr kreatives Potential in einer selbständigen explorativen Praxis zu entwickeln. Die mehrschichtig angelegten Übungen bieten ein reiches Repertoire für individuelle und kollektive Erkundungen und Improvisationen: In der Tschechow-Methode sind sowohl körperliche und psychologische, als auch soziale sowie äußerst fantastische Elemente wirksam. Was diese Schauspielmethode vor anderen, etwa der von Sanford Meisner oder Lee Strasberg auszeichnet, um nur die prominentesten zu nennen, ist der Fokus auf die psycho-physischen Wirkungen der Technik, in der sich *Wahrnehmung, Bewusstsein* und *Imagination* in besonderer Weise mit körperlichen Vorgängen verbinden.

Imagination und Schauspielen

Tschechows Buch *To the Actor. On the Technique of Acting*, 1946 zunächst privat in russischer Sprache in den USA veröffentlicht, beginnt mit einem Kapitel, das der *Imagination* gewidmet ist. Es geht darin um die Welt der Bilder und ihre künstlerische Verkörperung, die für seine Methode von zentraler Bedeutung ist. *Imagination* betrifft nicht nur das Fantastische und Fiktionale, sondern durchdringt das gesamte Denken und Handeln. Die intensive Übungspraxis mit inneren Vorstellungsbildern, imaginären Körperzentren und Bewegungsqualitäten bildet ein Reservoir für die Entwicklung der Vorstellungskraft.

Schauspielkunst als professionelles Wissen und Handeln ist eine implizite Wissensform, die nicht expliziert, sondern praktiziert wird. Damit ist es schwierig, sie der Beobachtung und wissenschaftlichen Untersuchung zugänglich zu machen. So verwundert es nicht, wenn Außenstehende ein Schauspieltraining bisweilen als eine Art esoterischer Praxis erleben, die nur für Eingeweihte zugänglich und verständlich zu sein scheint. Die schauspielmethodischen Übungen geben dem Unsichtbaren und Ungreifbaren großen Raum. Die Aktivierung von Vorstellungen und Imaginationen, mit denen die Tschechow-Methode arbeitet, entzieht sich der Sichtbarkeit und ist in ihren Wirkungen bisher nur in Ansätzen erforscht.

Es mag paradox klingen, vom Unsichtbaren in Bezug auf ein Medium wie dem Theater zu sprechen, das wie kein anderes auf Sichtbarkeit ausgerichtet ist. Aber die Bedeutung nicht sichtbarer, innerer, vor allem aber imaginativer Prozesse für die Darstellung gehört zum Erfahrungswissen von ausgebildeten Schauspieler:innen. In der Schauspielpraxis werden die äußerlich für Zuschauer:innen sichtbaren Bilder auch über innere Vorgänge vermittelt. Wirkungen auf das Publikum kommen nicht nur über Blicke, sichtbare Körper, sondern auch über Energien zustande. Wenn man beispielsweise das Phänomen der Atmosphäre einer Szene, einer Inszenierung, einer Aufführung bedenkt, so wird deutlich, wie stark die Beziehung zwischen Zuschauer:in und Bühne von Vorgängen des Spürens beeinflusst wird, die sich häufig einer bewussten Wahrnehmung entziehen.

Michael Tschechows Konzeption *imaginärer Körper* und die Arbeit mit *imaginären Zentren* helfen, die schauspielerische Darstellung zu inspirieren und zu präzisieren. Ist der Fokus einmal auf die Vorstellungskraft und Imagination gerichtet, fällt auf, in welch hohem Maße Tschechow an die Vorstellungskraft appelliert. Immer wieder erscheint die Aufforderung »Stellen Sie sich vor …« Aber was heißt das genau? Und ist die Vorstellungskraft nur dann am Werke, wenn Imagination direkt gefordert ist, oder auch schon dann, wenn wir uns gedanklich mit einer Szene oder sogar nur mit einer Körperbewegung befassen? Mit dem Begriff Imagination sind vielfältige mentale Vorgänge angesprochen, in denen Wahrnehmungen und Bilder aus der Außenwelt geistig abgerufen oder auch ganz neu erschaffen werden, was gemeinhin mit dem Wort Fantasie bezeichnet wird.

Die von Tschechow vorgeschlagenen Übungen bringen die Wirkungen der *Imagination* auf den verschiedenen Ebenen von der Psychologie bis zu körperlich spürbaren Empfindungen ins Bewusstsein. Sie sind dazu angetan, eine Fähigkeit zu entwickeln, die heute zu verkümmern droht. Auf der einen Seite wird die Vorstellungskraft angesichts der Digitalisierung und der damit verbundenen Erfahrungs- und Wahrnehmungsmöglichkeiten in bisher ungeahnter Weise gefordert. Auf der anderen sind es in hohem Maße von außen verfügbare Bildwelten, mit denen wir konfrontiert sind. Wo bringen wir selbst Bilder hervor, wo entfalten sich Fantasien über das Vorgegebene hinaus? Die Tschechow-

Methode fordert immer wieder dazu auf, *eigene* Vorstellungen zu entwickeln und diesen zu vertrauen. »Follow the image and see where it leads«, sagt Joanna Merlin, Tschechows Schülerin und Präsidentin der Michael Chekhov Association (MICHA), im Unterricht mit der berühmten Technik der *Psychologischen Geste*.[4]

Die Bedeutung imaginativer und innerer Vorgänge in der Tschechow-Methode veranlasst dazu, die Frage nach der Bedeutung von Anschauungen und Imaginationen für unser Denken und Handeln zu stellen. Inzwischen wissen wir durch neuro- und kognitionswissenschaftliche Forschungen: Imaginationen sind auch verkörpert. Womit Tschechow im ersten Drittel des 20. Jahrhunderts am Moskauer Künstlertheater mit Konstantin Stanislawski und anderen Pionieren der modernen Schauspielkunst experimentierte, stellt bis heute ein faszinierendes Forschungsfeld dar: künstlerisch und wissenschaftlich. Wie können wir etwas sichtbar machen, das sich als innerlich wahrnehmbare Empfindung, als Emotion und Imagination erspüren und erdenken lässt? Theaterkunst – als Schauspieler:in oder aus Sicht der Zuschauer:innen betrachtet – basiert auf der Fähigkeit, uns in andere hineinzuversetzen, auf Imitation und Empathie. Sie fordert die Vorstellungskraft auf allen Ebenen heraus, umso mehr dann, wenn es darum geht, zukünftige Situationen zu antizipieren und den Bruch mit den Konventionen zu erleben.

Geschichte und Einflüsse

Michael Tschechow war ein äußerst individueller Künstler. Seine außergewöhnliche Biografie ist aufs Engste verbunden mit besonderen Umständen und Ereignissen. Die Umbrüche des 20. Jahrhunderts, der Erste und Zweite Weltkrieg, die Russische Revolution, der Aufstieg des Stalinismus, der Nationalsozialismus, zahlreiche persönliche Krisen und gesundheitliche Probleme zwangen ihn immer wieder sich neu zu orientieren. Er ging experimentelle und für seine Zeit innovative Wege. Dabei war er nicht allein; die Grundlagen und Impulse seiner Methode müssen im Zusammenhang mit den europäischen Theaterreformen im ersten Drittel des 20. Jahrhunderts und den kulturellen und sozialreformerischen Strömungen von Monte Verità bis zum Bauhaus gesehen werden. Eine Grunderfahrung bildete die Studiotheaterbewegung im revolutionären Russland mit ihrer experimentellen Ausrichtung der Schauspielausbildung. Die Arbeit des Moskauer Künstlertheaters MChAT mit seinen Studios und dem Leiter Konstantin Stanislawski beeinflusst bis heute die Schauspielausbildung. Zu ihrer Zeit entfaltete sie eine Anziehungskraft in ganz Europa. Hier kam Tschechow mit den innovativsten Kräften des Theaters zusammen: Wsewolod Meyerhold, Jewgeni Wachtangow und Alexander Tairow. Unter den prekären Bedingungen der Revolutionszeit setzte das Künstlertheater enorme Kreativität frei.[5] Als einer der prominentesten Schauspieler Moskaus wurde Tschechow mit der Leitung des Ersten Studios und 1924 mit der des Zweiten betraut, wo er die Grundzüge seiner Schauspielerpädagogik entwickelte. Dabei geriet er in Konflikt mit den materialistischen Auffassungen des Regimes, verließ aufgrund der politisch zugespitzten Situation unter Stalin schließlich die Sowjetunion und war insgesamt sieben Jahre in verschiedenen Ländern Europas im Exil, bis er auf Einladung der Schauspielerin Beatrice Straight im Oktober 1936 in der sozialreformerischen Künstlerkolonie in Dartington Hall, England, das »Chekhov Theatre Studio« eröffnen konnte. Der Aufstieg des Nationalsozialismus und der Zweite Weltkrieg führten dazu, dass Tschechow mit dem Studio in die USA migrieren musste, auch hier von kurzer Lebensdauer. Michael Tschechow nahm Filmengagements in Hollywood an, in denen er als Schauspieler glänzte. Seine Leidenschaft aber lag in der Entwicklung der Schauspielpädagogik, und so unterrichtete er immer wieder und gab Privatstunden für Hollywoodgrößen wie Yul Brynner, der ein Vorwort zu Michael Tschechows erster englischsprachiger Veröffentlichung *To the Actor. On the Technique of Acting* (1953) beisteuerte. Aber auch Jack Palance, Marilyn Monroe, Anthony Quinn, Elia Kazan u.v.a. trugen zu seinem Erfolg bei.[6]

Das Theater der Zukunft

In den Jahren in Moskau und später in den unterschiedlichen Ländern seines Exils in Europa suchte Tschechow mit immer neuen Experimenten als Regisseur und als Schauspielpädagoge die Ausdrucks- und Erfahrungsmöglichkeiten von Schauspieler:innen, und damit des Publikums zu erweitern. Auch wenn er zunächst von den Dramen der Klassik bis zu denen von Anton Tschechow beeinflusst war, sollte die Verbindung körperlicher, gestischer und musikalischer Elemente helfen, das Theater als ein rhythmisches Gebilde zu verstehen, das sich dem Tanz annähern kann. Mit seinen Vorstellungen eines *Theaters der Zukunft* wollte er theatralische Ereignisse schaffen, in denen sich das Spiel der Schauspieler:innen direkt auf die Zuschauer:innen übertragen konnte. Dabei ging es weniger um Manipulation des Publikums als darum, Zuschauer:innen als Koproduzent:innen der Aufführung wahrzunehmen und in das Theaterereignis einzubeziehen. Das hieß keineswegs, dass sie aktiv in die Aufführung eingreifen sollten. Ziel war es, das Publikum in einer Weise zu stimulieren, dass es den kreativen Akt mit den Schauspieler:innen teilen konnte. So wurden Übertragung und *Ausstrahlung* zentral in Michael Tschechows Schauspiellehre. Damit nahm er vorweg, was im postdramatischen Theater des 20. und 21. Jahrhunderts vielfach angestrebt wurde bzw. wird: Zuschauer:innen als aktive Koproduzent:innen des theatralischen Ereignisses zu begreifen und mittels visueller, akustischer und sensorischer Stimuli unterhalb dessen anzusprechen, was sich auf der kulturellen Oberfläche zeigt.[7]

Tschechow stand der Anthroposophie nahe, die in Russland Einfluss auf Künstler:innen und Intellektuelle hatte; später in Amerika erwähnte er sie aber kaum. Er hatte eine enge Beziehung zu ihrem Gründer Rudolf Steiner und dessen Witwe, dennoch kann seine Schauspielmethode nicht als eine anthroposophische bezeichnet und in dieser Hinsicht vereinnahmt werden. Dazu sind die Impulse, die in sein Werk eingegangen sind, zu vielfältig. Meditative Praktiken und Wahrnehmungsübungen aus der indischen wie buddhistischen Tradition verbinden sich mit der Betonung der geistigen Dimension menschlicher Existenz. Es ist eine Fülle an Einflüssen aus verschiedensten Quellen, die sowohl in die anthroposophische Lehre eingegangen sind als auch in die Schauspielausbildung am MChAT selbst, wo die Wurzeln Tschechows lagen. Sein Theaterverständnis war vielfältig geprägt, auch Auffassungen des 19. Jahrhunderts, Gedanken von Goethe und Rudolf Steiner und damit verbundene Ansichten von Harmonie und Schönheit waren darunter. Zugleich war er von Beginn seiner Laufbahn am Moskauer Künstlertheater an ein Experimentator, als Schauspieler und Pädagoge, immer bereit, alles aufs Spiel zu setzen und Risiken einzugehen.

So stellen Europa, Asien, Japan und Indien Quellen seiner künstlerischen Inspiration dar, ohne dass eine davon überbetont werden könnte. Tatsächlich ist in Anbetracht der historischen Verflochtenheit von Kulturen kaum ein Monismus zu denken.[8] Tschechows Tendenz zu einer universalistischen Perspektive begünstigt den Versuch, unabhängig von jeweils bestehenden Unterschieden zu kommunizieren. Im Beharren auf der Möglichkeit sich über individuelle, kulturelle und gesellschaftliche Grenzen hinweg zu verständigen, könnte Tschechow Impulse geben, sich einer gemeinsamen Menschlichkeit zu versichern, die in der Zusammenarbeit konkret erlebt werden kann. Diese Erfahrung macht eine immer wieder bezeugte Freude in der Arbeit mit der Tschechow-Methode aus.

Ensemble, Kunst und Leben

Auch in einer weiteren Hinsicht ist Tschechow zu entdecken. Über die erfolgreiche Methode der Schauspielarbeit und Ausbildung hinaus entwickelte er auch eine Theorie der Schauspieler–Zuschauer–Interaktivität, die aufs Engste mit seiner Schauspielmethodik verknüpft ist und das Theater immer wieder in der Gegenwart eines konkreten Publikums reflektiert. Insofern darf man ihn einen Theoretiker der eigenen Praxis nennen: Auf beiden Ebenen, praktisch wie theoretisch, ist er stets darauf aus, die netzwerkartige Verbindung der Elemente seiner Methode und seiner programmatischen Vorstellungen zu bedenken. Das Augenmerk auf die Zeitgenossenschaft der Schauspieler:innen, das Tschechow besonders in den Jahren des Zweiten Weltkriegs entfaltete, stellt einen nicht unwichtigen Aspekt für die aktuelle Resonanz seiner Methode dar. Seine Fähigkeit, scheinbar widersprüchliche Elemente zu verbinden, zeigt sich darin, dass er selbst hauptsächlich mit textbasierten Stücken arbeitete, aber auf ein Theater abzielte, das in der Lage ist, die Zuschauer:innen auf direkte energetische Weise zu erreichen. Er stellte sich das *Theater der Zukunft* als ein nicht kulturgebundenes Theater vor, das für jedwedes Publikum unabhängig von Sprache und kulturellem Background zugänglich sein sollte. Damit finden heute die Übungen und Überlegungen Michael Tschechows überall dort Anwendung, wo es darum geht, nicht nur den Intellekt, die Erkenntnisfähigkeit, sondern auch die sinnliche Erfahrung mittels eines differenzierten Trainingssystems anzusprechen. Schauspieler:innen in experimentellen postdramatischen Inszenierungen in den Schnittfeldern zu Tanz und Performance profitieren ebenso von der Technik wie Musiker:innen und Akteur:innen in sozialen Settings.[9]

Tschechows Schauspieltheorie und Technik sind durchaus in einem politischen Kontext zu verstehen, obwohl er sich selbst kaum dezidiert politisch geäußert hat. Dabei sind die Kommunikationsformen im Kleinen in den Blick zu nehmen, wie die Studiotheaterbewegung im revolutionären Moskau; die Theaterlaboratorien und Kollektive als Formen und Versuche, eine Ethik des Miteinander zu realisieren; die sozialen Reformprojekte in England, in deren Kontext er seine Theaterschule in Dartington gründen konnte. Als Kritiker der materialistisch orientierten Sowjetgesellschaft und der verordneten Kollektivität entwickelte er seine Schauspielmethode mit Blick auf die soziale Bindekraft des Theaterspiels und mit der Aufmerksamkeit für mikrosoziale Prozesse. Dabei widersetzte er sich durch das deutliche Insistieren auf der Ebene individueller künstlerischer Produktivität den Versuchen der politischen Funktionalisierung des Theaters und einem verengten Menschenbild.

In seinem Ansatz gibt es stets und ausdrücklich einen Adressaten für das Tun der Darsteller:innen: das Publikum. Die Art und Weise, wie darauf Bezug genommen wird, hat nicht nur dramaturgische und schauspieltechnische, sondern auch ethische Konsequenzen. Sie betrifft das Verhältnis der Schauspieler:innen zu sich selbst und zu den anderen Darsteller:innen und Mitwirkenden, ebenso aber das Verhältnis zu ihrem Beruf. Auch wenn kein Publikum anwesend ist, wie in Proben, in den Improvisationen und Übungen, fordert Tschechow die Schauspieler:innen auf, mit den Vorstellungen von verschieden zusammengesetzten Zuschauer:innengruppen zu arbeiten. Als eigentlicher Adressat der Theaterkunst bleibt das Publikum der stete Bezug der schauspielerischen Arbeit, der Proben und der Ausbildung. Theaterspielen ist niemals Selbstzweck!

Dadurch wird das Theater als ein Phänomen betrachtet, das nicht unabhängig vom Leben außerhalb, sondern in gesellschaftliche Zusammenhänge eingebunden ist. In seinem Curriculum in Dartington fanden sich miteinander verbunden die großen Bereiche »Handwerk, Kunstfertigkeit, und sozialer Zweck«[10]. Schließlich ist Theater diejenige Kunstform, die wie kaum eine andere auf ein gegenwärtiges Publikum angewiesen ist, das in Aufführungen als aktiver Partner verstanden werden kann. Theater vollzieht sich zusammen mit einem Gegenüber, mit den Zuschauenden. Mit Energie, Aufmerksamkeit, Wahrnehmung und Imagination *assistiert* es der Bühne, wie es die französische Formulierung so treffend ausdrückt: *assister à un spectacle*.

Die soziale Dimension der Theaterkunst bezieht sich auch auf die interagierenden Schauspieler:innen auf der Bühne. Schauspielen bedeutet in komplexe soziale Prozesse eingebunden zu sein. Schauspieler:innen werden von Tschechow nicht als Einzelwesen betrachtet, sondern immer als Teil eines *Ensembles*, ebenso wie das Theater in Bezug auf die Gesellschaft gesehen wird. Die Gemeinschaftlichkeit von Akteur:innen und Publikum bildet wie die Kooperation, das Wechselspiel von Geben und Nehmen der Schauspieler:innen untereinander eine Grundlage von Tschechows Theorie und Praxis der Schauspielkunst. Zusammen mit dem Ensemblegedanken fordert die Methode durchgängig eine experimentierende, forschende Haltung der Beteiligten: Selbstverantwortung, Kooperation und Vertrauen in die eigene Kreativität stellen wesentliche Elemente der Methode dar.

Zur Aktualität

Der Zeitpunkt, zu dem Tschechows Schauspielpädagogik sich international mit zahlreichen Workshops und Forschungsvorhaben verbreitet, ist sicher nicht zufällig. Neben den Grundlagen für die Schauspielausbildung ist die Methode geeignet, die Theaterkunst im Rahmen politischer und sozialer Diskurse über das Zusammenleben in einer globalisierten Welt (und mit einem neuen und veränderten Naturverständnis) zu positionieren und Impulse für ein Theater der Zukunft zu geben – für ein Theater, das die prekäre Balance zwischen gesellschaftlicher Bindung und der Freiheit von Spiel und Imagination nicht aufgibt. Eine Freiheit, die gegenwärtig angesichts immer größerer Dominanz technologischer, naturwissenschaftlicher und damit empirischer Paradigmen auch in der Kunst kritisch befragt und eingeschränkt wird. Mit der Betonung der Sozialität und dem zentralen Fokus auf imaginative Techniken gibt die Tschechow-Methode Schauspieler:innen vielfältige Mittel für kreative, selbstgesteuerte Prozesse an die Hand. Ein Training nach der Tschechow-Methode bringt nicht nur verblüffende Bühnenwirkungen zustande, sondern befähigt zu einer selbstreflexiven und achtsamen Praxis, die sowohl im professionellen Kontext von Bühne und Film wie in der Arbeit mit Laien Anwendung finden kann.

Das Bedürfnis nach innerer Erfahrung ist gegenwärtig in einer technologisch ausgerichteten, visuell und medial geprägten Welt nicht nur in der künstlerischen Praxis ausgeprägt, die wie ein Seismograf gesellschaftliche Befindlichkeiten anzeigen kann. Sensibilität, Spontaneität zusammen mit dem zunehmend verbreiteten Begriff der Achtsamkeit stoßen auf Bedürfnisse, die im Hinblick auf die persönliche Entwicklung bedeutsam sind und darüber hinaus in den Bereich zwischenmenschlicher Kommunikation und sozialer Verhältnisse hineinreichen. Der Fokus der Tschechow-Methode auf Austauschprozesse gegenseitigen Gebens, Nehmens und Erwiderns, auf innere und äußere Resonanz sowie das damit verbundene Menschenbild sind sicher Gründe, weshalb die Tschechow-Methode nicht nur für

Schauspieler:innen, Film- und Bühnenkünstler:innen produktiv ist, sondern überall dort, wo es darum geht, persönliches Wachstum und soziales Miteinander zu unterstützen.[11]

Tschechow hat seine Methode in unterschiedlichsten Veröffentlichungen dargestellt. Bei allen Variationen sind es immer wieder zentrale Gedanken, die in den Ausführungen zur Übungspraxis auftauchen. Der Schlüssel zum Erlernen und Anwenden jeder seiner Techniken ist die *Improvisation* und mit ihr verbunden die *Freiheit* in der Ausführung. Übergreifend ist das *Bewusstsein* zu nennen: Tschechow fordert von den Schauspieler:innen eine beständige Haltung der Offenheit und geistigen Präsenz. Dazu gehört der *Kontakt* mit den Mitwirkenden, mit der Umgebung, mit den Dingen, aber auch mit dem eigenen Innern. Die Fähigkeit zur *Konzentration* ist Voraussetzung für die bewusste Arbeit mit der *Imagination* und dafür, ihre Wirkungen auf Körper und Seele zu *spüren.* Aber auch umgekehrt. Die *Geste* wird als eine zunächst körperliche Bewegung zur *Psychologischen Geste* – ein berühmtes Werkzeug für die Rollenarbeit bei Tschechow. Innerliche und äußere *Bewegungen* sind verbunden mit der bewussten Wahrnehmung sowie dem *Gespür* für die jeweiligen Wirkungen der Aktivität. Das alles verbindende Element der Methode ist in der *Atmosphäre* zu sehen. Atmosphären zu spüren, zu verändern und zu schaffen – darin zeigt sich für Tschechow die Kunst des Theaters. Sie wendet sich an ein *Publikum,* das zusammen mit den Schauspieler:innen die Fähigkeit entwickelt, die Grenzen des *Ich* und die Beschränkungen der eigenen Biografie zu überschreiten.

Das vorliegende Buch wendet sich an ein breites Publikum von Schauspieler:innen und Theaterpraktiker:innen, Kunst-, Kulturinteressierten und Theaterwissenschaftler:innen; es verbindet theoretische mit praktischen Perspektiven. Dabei sollen separat gekennzeichnete Übungseinheiten der Veranschaulichung der Methode dienen. In drei mit »Extra« betitelten Abschnitten werden theoretische Grundlagen zu den für die Methode zentralen Konzepten ausführlicher behandelt. Sie dürfen übersprungen oder gesondert gelesen werden, genauso wie die Übungen gerne ausprobiert werden können: mental und körperlich.

Ingrid Hentschel im Frühjahr 2022

Zu den Übungen

> »Viele der Fragen, die Ihnen während oder nach der Lektüre der einzelnen Kapitel in den Sinn kommen, lassen sich am besten durch die praktische Anwendung der hier beschriebenen Übungen beantworten. Leider gibt es keine andere Möglichkeit zu kooperieren: Die Technik des Schauspiels kann nie richtig verstanden werden, ohne sie zu üben.«
> Michael Tschechow (an seine Leser)[12]

Michael Tschechow bestand darauf, dass sich die Fragen, die während der Lektüre seiner Bücher im Leser aufkeimen, am besten in der Anwendung der Technik beantworten lassen. Seine Schriften können selbst als eine Art virtuelles Studio betrachtet werden, das die Vorstellungskraft der Leser:innen herausfordert. Aus diesem Grunde werden die Kapitel im vorliegenden Buch von praktischen Übungsanleitungen und -beschreibungen begleitet.

Eine Reihe von Übungen, die Tschechow vorgeschlagen hatte, sind im Laufe der Zeit verändert und z. T. auch vereinfacht, d. h. den heutigen Bedingungen und Bedürfnissen von Lehre und Ausbildung angepasst worden.[13] In Anbetracht des inzwischen doch umfangreicheren Bestands an sehr guten praxisorientierten Veröffentlichungen zur Tschechow-Methode – vorwiegend englischsprachig–, werden hier nur ausgewählte Schlüsselübungen vorgestellt, die zentral für das Verständnis der Methode sind. Dabei ist es der Nachvollziehbarkeit förderlich, auf die schriftlichen Dokumente Tschechows zurückzugreifen, wann immer das möglich ist. Darüber hinaus sollen aber auch unterschiedliche Zugangsweisen von aktuellen Vertreter:innen der Methode zu Wort kommen. Insofern variiert mit der angestrebten Vielfalt der Stil der Übungsanweisungen, in denen der bzw. die Leser:in einmal mit dem förmlichen »Sie«, dann wieder mit dem heute in Workshops üblichen »Du« angesprochen wird. Das betrifft auch die Detailliertheit oder Knappheit der Anleitungen, die dazu herausfordern, von der eigenen künstlerischen Freiheit Gebrauch zu machen. Es gibt keine festgelegte Reihenfolge der Übungen; alle Teile der Methode sind miteinander verbunden und können frei variiert und kombiniert werden. Wird eine Technik richtig eingesetzt, so werden andere dabei mit angesprochen.

Inspiration und Danksagung

Die Arbeit an diesem Buch konnte sich auf einen Literaturfundus aus dem englischsprachigen Raum stützen, wo die Forschungsaktivitäten zu Michael Tschechow inzwischen eine größere Dichte erfahren. Im deutschsprachigen Feld ist die theaterwissenschaftliche Auseinandersetzung mit dem Werk Tschechows noch spärlich, während die Methode zunehmend mehr Einzug in die Schauspielausbildung hält, was nicht zuletzt auch der unermüdlichen Aktivität des Teams von Michael Chekhov Europe (MCE), einer Vereinigung europäischer Tschechow-Studios und -Initiativen, zu verdanken ist.

Inspiriert ist die Auseinandersetzung mit der Schauspielmethode Tschechows von zahlreichen internationalen Workshops und Seminaren im Rahmen von MICHA (The Michael Chekhov Association) in den USA und Michael Chekhov Europe, bei denen ich die Bedeutung von Imagination, Responsivität sowie Geben und Nehmen nicht nur für die professionelle Anwendung, sondern auch für die Lebenspraxis erfahren konnte. Mein Dank gilt den Tschechow-Lehrer:innen Ulrich Meyer-Horsch, Suzana Nicolić,

Jesper Michelsen, Ted Pugh, Dawn Arnold, Joanna Merlin, Hugh O' Gorman, David Zinder und den vielen Teilnehmer:innen, mit denen ich intensive Momente und wertvolle Erkenntnisse und immer wieder eine immense Spielfreude geteilt habe.

In zahlreichen Lehrveranstaltungen und Workshops hatte ich Gelegenheit, die Vielfalt der Tschechow-Methode zu erproben, weshalb mein Dank an dieser Stelle den Studierenden gilt, die mit mir in Forschungsseminaren, Aufführungen, Diskussionen und zuletzt auch virtuell die Zusammenhänge von Imagination und Theater untersucht haben. Gerne danke ich auch der Schauspielerin und Dozentin Christine Knecht, mit der ich viele Workshops gestaltet habe, für die freundschaftliche Unterstützung.

Textgrundlage, Editionsgeschichte, Quellen

Wer sich mit dem Werk Michael Tschechows beschäftigt, steht nicht nur verschiedenen Transliterationen seines ursprünglich russischen Namens[14] gegenüber, sondern auch vor einer unübersichtlichen Textgrundlage, die einer bewegten Editions- und Lebensgeschichte geschuldet ist. Tschechow veröffentlichte seine Überlegungen zunächst noch in Leningrad 1928 unter dem russischen Titel *Put' aktjora (Der Weg des Schauspielers)*, später *The Path of the Actor* (2005). Im Jahre 1946 publizierte er in New York die russische Schrift als *O technike aktjora*, die die Grundlage für die deutschsprachige Ausgabe *Die Kunst des Schauspielers. Moskauer Ausgabe* (Stuttgart 1990) bildet. Tschechow selbst besorgte eine englische Fassung, *On the Technique of Acting,* mit der er allerdings so unzufrieden war, dass er sie ins Russische übersetzte und später diese russische Fassung wiederum ins Englische übertrug, wobei es aber eine Reihe von Differenzen zwischen den Texten gibt.[15] Bei der 1953 unter dem Titel *To the Actor. On the Technique of Acting* mit einem Vorwort von Yul Brynner erschienenen Ausgabe handelt es sich um eine stark gekürzte, von allen Anspielungen auf die Anthroposophie und Rudolf Steiner gereinigte Version, die letztlich aber die Grundlage für Tschechows Erfolg und die Verbreitung seiner Methode darstellte. Eine deutsche, eingekürzte und bearbeitete Fassung erschien 1979, von Georgette Boner und Hedwig David übersetzt, unter dem Titel *Werkgeheimnisse der Schauspielkunst*. Da eine von Tschechow selbst besorgte Fassung nicht auf Zustimmung des Verlegers Harper stieß, ließ Tschechow Charles Leonard freie Hand für eine englische Textausgabe, die 1963 in New York unter dem Titel *To the Director and Playwright* erschien.

Als *To the Actor. On the Technique of Acting* 1991 als *First Complete Edition of Chekhov's Classic »To the Actor«* neu aufgelegt wurde, enthielt das Buch zusätzliches Material von Tschechows Nachlassverwalterin Mala Powers. 2002 erschien dann eine erweiterte Ausgabe, nun als *To the Actor: On the Technique of Acting. Revised and Expanded Edition* mit einem Vorwort von Simon Callow, die inzwischen als Standardreferenz gilt und zusätzliches Material aus dem Russischen, übersetzt und kommentiert von Andrei Malaev-Babel, enthält.[16]

Was die autobiografischen Schriften anbelangt, so versammelte eine deutsche Ausgabe *Leben und Begegnungen. Autobiographische Schriften* (1992) die Übersetzung von *Der Weg des Schauspielers* (1928; *Leben und Begegnungen* [1944/1945]) mit Kapiteln aus Einzelveröffentlichungen. Die englische Fassung *The Path of the Actor* wurde von Andrei Kirillov und Bella Merlin erst 2005 veröffentlicht.

Weiterhin zu erwähnen ist die dreisprachige Ausgabe der *Lessons for Teachers, Expanded Edition,* 2018 herausgegeben von Jessica Cerullo, die es erlaubt, Tschechows Lektionen für Schauspiellehrer aus den Jahren 1936–1939 in der englischen wie deutschen und russischen Fassung zu vergleichen. Außerdem wurden die vierzehn Unterrichtsstunden, die Tschechow in New York 1941 mit renommierten Schauspieler:innen halten konnte, veröffentlicht als *Lessons for the Professional Actor* 1985 im Performing Arts Journal (nach Notizen transkribiert und zusammengestellt von Deirdre Hurst du Prey), inzwischen ins Deutsche übersetzt: *Lektionen für den professionellen Schauspieler,* herausgegeben von Anton Rey und Mani Wintsch (Zürich 2013), wobei die bisher auf Deutsch übliche Terminologie z. T. überarbeitet worden ist.[17]

Die umfänglichste deutschsprachige Ausgabe von Tschechows Schriften ist mit terminologischen Einschränkungen immer noch *Die Kunst des Schauspielers. Moskauer Ausgabe,* die sich auf das russische Manuskript von 1946 stützt und im Stuttgarter Verlag Urachhaus erschienen ist. (Weitere Ausgaben und Quellenmaterial siehe Literaturliste.)

Zu erwähnen sind noch unveröffentlichte Notizen und Manuskripte, zusammengestellt von Deirdre Hurst du Prey unter dem Titel *The Actor is the Theatre,* die sich im Dartington Hall Trust Archive, Devon Records Office sowie in verschiedenen Bibliotheken befinden und inzwischen z. T. auch online zugänglich sind.[18] Aus diesem Archiv wurden einige Vorträge unter dem Titel *Der Schauspieler ist das Theater. New Yorker Vorträge 1942* veröffentlicht (2022). Neben den umfangreichen Notizen, die du Prey in Tschechows Schule in Dartington Hall, England, und in Amerika angefertigt hatte, sind Audiodokumente von Unterrichtsstunden mit amerikanischen Schauspieler:innen verfügbar, die Tschechow 1955 aufnahm. Sie sind unter dem Titel *On Theatre and the Art of Acting* mit einem Booklet von Mala Powers erhältlich. Vom immensen Einfluss Tschechows auf zahlreiche preisgekrönte Filmschauspieler:innen zeugt der Dokumentarfilm *From Russia to Hollywood: The 100-Year Odyssey of Chekhov and Shdanoff* (New York 2002), der neben Interviews und Filmausschnitten auch die Zusammenarbeit mit dem Regisseur George Shdanoff behandelt. Die Erzählerstimmen gehören Gregory Peck und Mala Powers.

Zu diesem Buch

Aktuell sind es drei englischsprachige Ausgaben, auf die immer wieder Bezug genommen wird: die amerikanische gekürzte Ausgabe von 1953, neu aufgelegt und erweitert 2002, sowie die Version von 1991, herausgegeben von Mel Gordon unter dem Titel *On the Technique of Acting*. Alle Ausgaben sind nicht vollständig kompatibel und enthalten jeweils anderes Textmaterial. Auch die darin verzeichneten praktischen Übungen variieren enorm. Von daher werden im vorliegenden Buch unterschiedliche Textquellen benutzt, inkl. das von Deirdre Hurst du Prey zusammengestellte Archiv *The Actor is the Theatre*. Auch für die deutschsprachigen Ausgaben der Schriften gelten die Variationen. Wichtige Textstellen der englischsprachigen Ausgaben werden hier in deutscher Übersetzung durch die Autorin wiedergegeben.

Eine Bemerkung über
Frauen und Männer in der Schauspielgeschichte
Die meisten Schauspieltechniken, die heute Verwendung finden, wurden in den letzten hundert Jahren von Männern entwickelt. Aus Anlass der Black-Lives-Matter-Bewegung machte die künstlerische Leiterin der Michael-Chekhov-Vereinigung MICHA, Jessica Cerullo, darauf aufmerksam, dass es sich bei den Vätern der Schauspielkunst, zu denen Michael Tschechow zweifellos gehört, um vorwiegend ›weiße Männer‹ handele. Das schmälert das große und inspirierende Werk keineswegs, aber es ist an der Zeit, es im Bewusstsein zu halten.

Auf der anderen Seite sind es Frauen, die den Beruf in der überwiegenden Zahl ergreifen.

Kann die Frage patriarchaler und kultureller Dominanz quantitativ beantwortet werden? Es ist sicher lohnend, darauf hinzuweisen: Es waren Frauen, die an Michael Tschechows schauspielmethodischem Erbe mitgewirkt, es zugänglich gemacht und seine Überlieferung ermöglicht haben. Durch die unendliche Menge von Protokollen, akribischen Aufzeichnungen seiner Unterrichtsstunden und die textliche Bearbeitung, aber auch durch finanzielle und organisatorische Unterstützung haben Beatrice Straight, Deirdre Hurst du Prey, Dorothy Whitney Elmhirst und Mala Powers sowie nicht zuletzt Joanna Merlin Unschätzbares geleistet, um das Werk Michael Tschechows für die Gegenwart und Zukunft zu erschließen.

Wenn im Folgenden weder Gendersternchen noch Doppelpunkt verwendet werden und Personen verschiedenen Geschlechts und unterschiedlicher Hautfarben oder kultureller Zugehörigkeiten nicht explizit adressiert werden, so entspricht dies der Textgestalt, in der die Methode von Michael Tschechow überliefert ist. In seinem Sinne wäre davon auszugehen, dass wir alle in *einer Welt* leben, ganz gleich, welche Sprache wir sprechen: Das Theater ist das Medium, unsere gemeinsame Menschlichkeit zu erleben und im besten Falle immer wieder zu bestätigen.

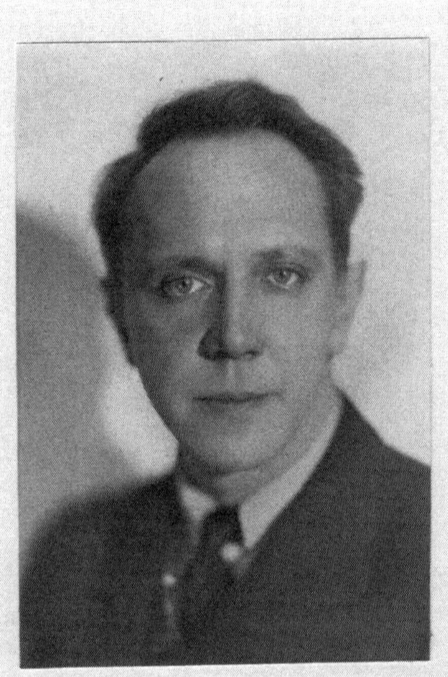

Michael Chekhov 1931 PARIS

Michael Tschechow, 1931

I.
MICHAEL TSCHECHOWS THEORIE UND PRAXIS DES SCHAUSPIELENS

Von Russland nach Amerika

> »Wir liegen falsch, wenn wir denken, dass wir auf der Bühne nur einen Körper und ein Kostüm hätten und dass das der einzige Körper wäre. Wenn ich auf der Bühne stehe, sind die Bühne selbst, die Musik, der Körper meines Partners, das Licht, die Rede meines Partners, meine Rede, alles Teile des großen und sehr komplizierten rhythmischen Körpers unseres Theaters.«
> Michael Tschechow[19]

Heute kennen wir eine Fülle von Schauspielschulen und Methoden zur Ausbildung professioneller Schauspieler und Schauspielerinnen. Das war vor 1900 keineswegs selbstverständlich, und so ist es wichtig, den historischen Hintergrund zu betrachten, wenn man die Besonderheit der von Michael Tschechow entwickelten Methode der Schauspielpädagogik verstehen will. Sie wird ohne Berücksichtigung der revolutionären Situation in Russland, der Reformbestrebungen des europäischen Theaters, der philosophisch-anthroposophischen und geisteswissenschaftlichen Orientierungen sowie der sozialreformerischen Experimente in England und auch ohne Bezugnahme auf die Bedingungen des kommerziellen Theatersystems in den USA nicht plastisch.[20] Der Begriff des Studios, den Tschechows Zeitgenosse, der Regisseur und Schauspieler Wsewolod Meyerhold (1874–1940), geprägt hatte, vermag den Charakter seines Schaffens im Zusammenhang mit dem bewegten sozial- und kulturpolitischen Klima der 1920er-Jahre in Russland am besten zu fassen. Es handelt sich dabei um ein Laboratorium für neue Ideen, neue Formen des Zusammenlebens, in dem Ausbildung und Bühnenpraxis, Theater und Schule aufs Engste verbunden werden.[21] Die Schauspielmethodik hat ihre Wurzeln in einer äußerst turbulenten politischen Umbruchsituation in der Zeit vor und während der Oktoberrevolution und des Sowjetregimes, entwickelt von einem Mann, der ein in jeder Hinsicht ungewöhnlich bewegtes Leben führte, das ihn durch halb Europa bis nach Amerika bringen sollte, und den bis heute ein Nimbus umgibt.

Michael Tschechow wurde 1891 in eine mittelständische, wenngleich sehr besondere Familie hineingeboren; sein Vater, der Bruder des berühmten Dramatikers, sowie Anton Tschechow (1860–1904) selbst hatten großen Anteil an dem entstehenden Interesse für Kunst, Literatur sowie für die wissenschaftliche Neugier, die Tschechow zeitlebens behalten sollte. Mit 16 Jahren begann er seine Ausbildung an der dem Maly Theater in St. Petersburg angegliederten Schauspielschule und hatte bereits fünf Jahre später die Möglichkeit, in das legendäre Moskauer Künstlertheater einzutreten, das, von Konstantin Stanislawski (1863–1938) geleitet, in den folgenden zehn Jahren zum meistgefeierten Theater der Welt werden sollte. Stanislawski gründete im Rahmen des Theaters eine Schule in der Form eines Laboratoriums: das Erste Studio. Hier erlernte Tschechow nicht nur die Grundlagen von Stanislawskis System, sondern kam mit den innovativsten und talentiertesten Schauspielern Russlands zusammen. Man muss sich vor Augen führen, dass nur eine Handvoll von Tausenden von Bewerbern am Künstlertheater aufgenommen wurde, das im vorrevolutionären Russland eine immense Sogkraft entfaltete. Statt der damals üblichen Imitation von Rollen wurde hier mit den Grundlagen der schauspielerischen Praxis gearbeitet und geforscht. Mit dem Fokus auf Körper, Stimme, Imagination und Ausstrahlung entwickelte Stanislawski mit seinen Mitarbeitern ein System zum Erwerb von Fähigkeiten, über die Bühnendarsteller verfügen sollten. Dieses hing mit einer neuen Auffassung des Schauspielerberufs zusammen, der sich an Werten wie Ernsthaftigkeit und Wahrhaftigkeit verbunden mit einem humanistischen Menschenbild orientieren sollte und eine systematische Ausbildung voraussetzte. Das Stanislawski-System stellt bis heute die am weitesten verbreitete Grundlage für die Schauspielausbildung dar und hat bis in andere Schulen, wie die Lee Strasbergs (1901–1982), Stella Adlers (1901–1992) oder Sanford Meisners (1905–1997) hineingewirkt.

Bald gehörte Tschechow mit seiner erstaunlichen Wandlungsfähigkeit und der enormen Bühnenpräsenz zu den berühmtesten Schauspielern Russlands, wenn er nicht als der größte Schauspieler der Sowjetunion galt, als der er später – nach seiner Rehabilitation im Rahmen der Perestroika – tituliert worden ist. Eine bizarre Situation, da es gerade das Sowjetregime war, das sein Interesse an Imagination, Spiritualität und künstlerischer Kreativität und Spontaneität als bedrohlich betrachtete und verfolgte. Die Turbulenzen der Oktoberrevolution und äußerst unglückliche Lebensereignisse stürzten Tschechow auf dem Höhepunkt seiner Karriere in eine tiefe Krise. Sein Alkoholismus verband sich dabei mit Formen von Verfolgungswahn, sodass er für einige Zeit nicht mehr auf der Bühne auftreten konnte. Durch seine Bekanntschaft mit der indischen Philosophie und der Anthroposophie kam er zu der Auffassung, dass seine Krise auch als eine spirituelle, geistige zu verstehen sei. In der Folge besserte sich sein Zustand merklich, und er setzte seine Beschäftigung mit der Anthroposophie von Rudolf Steiner (1861–1925) intensiv fort.

Die Auseinandersetzung mit spirituellen Bewegungen wie der Theosophie war im Russland der 1920er-Jahre durchaus verbreitet. Man befasste sich mit asiatischer Philosophie und experimentierte auch am Moskauer Künstlertheater mit Yogaübungen und Energieübertragung.[22] Nach dem Tod von Jewgeni Wachtangow (1883–1922), mit dem Tschechow eine enge Freundschaft verbunden hatte, führte Tschechow die Arbeit am Ersten Studio weiter und wurde 1924 zum künstlerischen Leiter der wesentlich umstrukturierten Studio- und Ausbildungsbühne. Nun konnte er systematisch an den Grundlagen der Schauspielpädagogik arbeiten und seine eigene Methode entwickeln. Bald führte der große Erfolg des Studios dazu, dass er ein größeres Theater mit bis zu 1300 Sitzplätzen bespielen konnte, nun als Moskauer Akademisches Künstlertheater MChAT 2 bezeichnet.[23] Hier entstand Tschechows aufsehenerregende Inszenierung und Darstellung des *Hamlet.* Mit deutlichem Fokus auf der Bedeutung der *Imagination* entfernte er sich von Stanislawskis System, in dem die persönliche Erinnerung des Schauspielers die wichtigste Quelle der Rollenarbeit darstellte, wenngleich auch dort Intuition und Imagination für die Ausbildung genutzt wurden. Der bekannteste Begriff aus Stanislawskis Theatermethode ist das *Als-ob*, oder anders gefasst, das *Was wäre, wenn.* Diese *angenommenen fiktiven Situationen* soll der Schauspieler aus dem eigenen Erleben füllen und entsprechende Situationen erinnern, um eine Rolle glaubwürdig zu verkörpern, und nicht, wie Tschechow vorschlägt, aus der Fantasie und Intuition heraus gestalten.

Man kann sich diese Jahre in Russland als eine Art Laboratorium sozialer und künstlerischer Fantasie vorstellen, in dem auch andere hervorragende Schüler Stanislawskis wie Wsewolod Meyerhold, Jewgeni Wachtangow und Alexander Tairow (1885–1950) mit dem Schauspielsystem ihres Lehrers brachen und eigene Wege gingen, ihm dennoch in vielerlei Hinsicht verbunden blieben. Die Rezeption fernöstlicher Lehren, von Hinduismus und Buddhismus, für Tschechow aber vor allem die Anthroposophie, spielten nicht nur in Künstlerkreisen eine Rolle, was zunehmend zu Schwierigkeiten mit dem Sowjetregime und der herrschenden Kulturpolitik führte. Tschechow hatte wie viele seiner innovativen Kollegen mit der offiziellen Kulturpolitik zu kämpfen, die materialistisch ausgerichtet war, auf realistische und politische Kunst setzte und unter Stalin strengste Restriktionen für Künstler bedeutete. Die russische Anthroposophische Gesellschaft wurde 1923 offiziell aufgelöst, und viele Kunstschaffende gerieten ins Visier der Behörden.[24] Auch Tschechow wurde öffentlich angegriffen und als Mystiker denunziert. Er musste zu seiner Sicherheit Russland verlassen und ging auf eine jahrelange Odyssee, die ihn von Deutschland über Frankreich und das Baltikum in die USA, dann nach England und wieder nach Amerika und schließlich nach Hollywood führte. Was ihn aber zeitlebens interessierte und wofür er brannte, war die Entwicklung einer Schauspielmethode, die Schauspieler befähigte, ihre volle körperliche und geistige Kreativität zu entfalten, und die sie zu Künstlern und nicht zu ausführenden Organen von Regisseur und Autor machte. Der Titel *The Actor is the Theatre*, unter dem Tschechows Mitarbeiterin Deirdre Hurst du Prey (1906–2007) Mitschriften von Unterrichtsstunden und Vorträgen zwischen 1936–1942 versammelt hat, ist durchaus programmatisch zu verstehen. Die Rolle des Künstlers sah Tschechow darin, universelle Bilder der Humanität zu verkörpern. Politische Propaganda, Tagesaktualität oder die Reproduktion alltäglichen Lebens und der Arbeit, wie von der Sowjetregierung gefordert, lehnte er ab.[25]

Paradoxerweise war es gerade das Exil, das es Tschechow ermöglichte, sein System der Schauspielerausbildung zu entwickeln, zu erproben und mit Schauspielern zu erarbeiten, von denen viele später in die Filmgeschichte eingegangen sind. Allerdings bildeten Ruhm und Ehre – wie auch für seinen Lehrer Stanislawski – nicht das, was er anstrebte. Und in dieser Hinsicht kann man Tschechow im Kontext des vor- und des revolutionären Russlands und des damaligen Zeitgeists betrachten. Die soziale Verpflichtung der Kunst stand für ihn außer Frage. Theater, das ist in erster Linie der Schauspieler, aber immer in Bezug zu einem Ensemble und zum Publikum! Michael Tschechows wechselvolle Biografie zeugt von einer unbedingten Liebe zum Theater und insbesondere zum Schauspielerberuf, verbunden mit einem schier unermüdlichen Engagement für die Menschen, mit denen er es zu tun hatte. Seine besondere Persönlichkeit und die Bedeutung, die er dem einzelnen Individuum und der Zusammenarbeit im Ensemble zuerkannte, gingen einher mit einem intensiven Vertrauen auf die Kraft der Imagination und des Geistes. Für seine Entwicklung spielte die in jeder Hinsicht außerordentlich herausfordernde kulturelle und politische Atmosphäre in Europa eine nicht zu unterschätzende Rolle. Moskau war in den 1920er-Jahren die Wiege der Theaterkunst, wie wir sie kennen. Dort fand eine historisch einzigartige Zusammenballung sozialer Fantasie und künstlerischer Forschung statt, ohne die die moderne Entwicklung des Theaters nicht denkbar wäre.[26] Unter schwierigsten materiellen Bedingungen entstand eine Vielzahl neuer selbst organisierter Studios, Schulen und Theater, von denen die Stanislawski-Schule am folgenreichsten geworden ist. Es war eine Verdichtung künstlerischer Konzeptionen und Diskussionen mit Wachtangow, Meyerhold, dem Symbolisten Andrei Bely (1880–1934) und vielen anderen wie dem Filmregisseur Sergej Eisenstein (1898–1948). Mit den Arbeitern und Bauern fand sich ein neues Publikum in den Theatern ein und forderte die Reflexion und Veränderung bestehender Inszenierungen. Die Offenheit und Vielfalt der künstlerischen Experimente wurden bald im Zuge des ersten Fünfjahresplans der Regierung eingeschränkt und der Bezug sowohl auf die sogenannte bürgerliche wie auf die experimentelle avantgardistische Kunst erschwert und schließlich vollständig verunmöglicht. Viele der Künstler wurden in den 1930er-Jahren deportiert oder, wie Meyerhold, ermordet.[27]

Dartington Hall, Ridgefield, Hollywood

Tschechow verließ Russland vorsorglich 1928, nachdem ihn eine deutliche Warnung erreicht hatte. Nach verschiedenen Stationen in Berlin, wo er mit Max Reinhardt (1873–1943) zusammenarbeitete, Paris sowie Lettland und Litauen, ging er im Februar 1935 nach New York. Er hoffte immer wieder, auch im Exil sein eigenes Theater und seine Schule, in einer Kombination von Ausbildungspraxis und öffentlichen Theaterproduktionen, wie er sie am Zweiten Moskauer Akademischen Künstlertheater kennengelernt hatte, gründen zu können. Das wurde erst im Jahre 1936 auf Einladung von Beatrice Straight (1914–2001) möglich, die Tschechow in New York auf der Bühne erlebt hatte und die ihm vorschlug, in Dartington Hall in England eine Schauspielschule zu leiten. Dartington Hall war und ist eine Art Künstlerkolonie und reformpädagogische Einrichtung, die 1925 von Dorothy Straight-Elmhirst (1887–1968), der Mutter Beatrices, und deren Mann Leonard Elmhirst (1893–1974) auf dem Lande gegründet worden war. Hier bekam Michael Tschechow die Möglichkeit, eine eigene Ausbildungsstätte zu etablieren und in protegierter Form in der schönsten Umgebung und materiell abgesichert zu experimentieren. In der ländlichen Atmosphäre von Dartington entfaltete er mit seinen Schülern und den inzwischen zu Assistentinnen ausgebildeten Frauen Beatrice Straight und Deirdre Hurst du Prey eine besondere Arbeitsatmosphäre, und hier entstand die Fülle an Notizen und Protokollen, die heute zu einem großen Teil unveröffentlicht einen noch zu hebenden Schatz für Ausbildung und Forschung bilden. Bis zum Jahr 1938 entstand in Dartington, beeinflusst vom Geist des Reformprojekts, von asiatischer Philosophie und Kunst, von Community-Gedanken und der Begegnung mit Künstlerinnen und Künstlern aus den verschiedensten Richtungen, die Methode in ihrer vielleicht reichsten und freiesten Form. Aber mit dem Eintritt Englands in den Zweiten Weltkrieg verlor Tschechow seine Schüler, und die Schule musste in die USA, nach Ridgefield, Connecticut, in der Nähe New Yorks, migrieren. In der Folge eröffnete er verschiedene Studios und unterrichtete Schauspieler, unter ihnen auch Stella Adler und Sanford Meisner, die seine Übungen für ihre eigenen Systeme der Schauspielausbildung fruchtbar machen konnten. So integrierte Stella Adler die Bedeutung der Imagination in ihre eigene Methode, die von Stanislawski und Lee Strasbergs *Method Acting* beeinflusst war. In den USA verzichtete Tschechow darauf, die Zusammenhänge seiner Arbeit mit der Anthroposophie explizit zu machen. Steiner und sozialreformerische Ideen waren dort in der Zeit vor und während der McCarthy-Ära nicht opportun, ebenso wenig wie europäische Formen des Ausdruckstanzes und Rudolf von Labans Bewegungssystem.[28]

Von der Ostküste ging Tschechow für die letzten Jahre seines Lebens nach Kalifornien, wo er in Hollywood in zahlreichen Filmrollen reüssierte – wie bspw. in Hitchcocks *Spellbound* (1945) in der Rolle des Dr. Brulov, für die er eine Oscar-Nominierung erhielt – und privat zahlreiche Schauspieler unterrichten konnte, darunter viele spätere Oscar-Preisträger.[29] Die intensive Workshop-Tätigkeit Tschechows in den Studios und zum Teil in der eigenen Wohnung erlaubte ihm, seine Methode weiterzuentwickeln und vor allem sie aktiv weiterzugeben. Aber er litt unter dem kommerziellen Theater- und Filmsystem in den USA und der Unmöglichkeit, seine eigene Schauspielerkarriere auf ernsthafte Weise weiterzuführen. Die großen Rollen der Klassik und Weltliteratur, in denen er in Europa brilliert hatte, blieben ihm aufgrund der Sprache in Amerika bis auf wenige Ausnahmen verschlossen.[30] Schwerer wog sicherlich die Abwesenheit kollektiver Arbeitsprozesse, wie er sie vom Künstlertheater her kannte und deren Bedeutung er stets betonte. Ein Ensemble von Menschen, die ihre größtmögliche Individualität und Kreativität in einem Prozess gegenseitigen Austauschs, des Gebens und Nehmens entwickeln, blieb seiner Vision eines *Theaters der Zukunft* vorbehalten.

Die Methode: Fünf leitende Prinzipien

> »Alle Punkte der Methode lassen sich unter dem
> Aspekt der Verwandlung äußerer Dinge in inneres
> Leben und der Verwandlung des inneren Lebens
> in etwas Äußeres verstehen.«
> Michael Tschechow[31]

Schauspieler, die nach der Tschechow-Methode arbeiten, heben immer wieder die Lebendigkeit, Spielfreude, Konzentration und ein Gefühl für direkten responsiven Kontakt zu Mitspielern und Partnern hervor. Eine Atmosphäre von Leichtigkeit prägte viele der Unterrichtsstunden, die Tschechow mit Enthusiasmus und geistiger Intensität gestaltete. Die *Fünf leitenden Prinzipien*, die er im Jahre 1955 erläutert hatte, geben einen ersten Einblick in seine

Methode, die von der Konzeption eines vielschichtigen Spiels geprägt ist, in dem mehrere Aktivitäten gleichzeitig im Innern der Schauspieler ablaufen. In den *Prinzipien* zeichnet sich bereits ab, warum diese Schauspielmethode ein Theaterverständnis im Zusammenhang mit Sozialität und Freiheit, mit Autonomie und ethischer Verantwortung unterstützen und formulieren hilft. Tschechow hatte die Prinzipien in einer Reihe von Vorträgen vor einer Gruppe professioneller Schauspieler unter dem Titel »On Theatre and the Art of Acting« formuliert.[32]

1. Die Arbeit ist psycho-physisch.

Als *erstes Prinzip* hält Tschechow fest, dass die Arbeit stets *psycho-physisch* aufgefasst wird. So ist beispielsweise eine körperliche Geste untrennbar vom mentalen Vorstellungsbild. Aktuelle Forschungen zum Body-Mind-Komplex können inzwischen die Zusammenhänge von Physis und Psychologie, Körper und Denken, Innerem und Äußerem bestätigen, die die Besonderheit von Tschechows mehrschichtigem Spiel ausmachen. Für die Ausbildung bedeutet dies, dass Schauspieler sowohl ihren Körper als auch die Imagination und die Empfindungsfähigkeit sowie die Wahrnehmung für feine psychologische Prozesse trainieren sollten. Alle körperlichen Übungen werden mit der Absicht verbunden, eine innere Reaktion hervorzurufen. Dazu muss der Körper zu einem feinen Instrument ausgebildet werden – physisch gut entwickelt, ausdrucksstark, beweglich und empfindungsfähig. Es geht darum, in der Lage zu sein, auf kleinste Impulse der Außen- und auch der Innenwelt, auf Worte, Klänge, Vorstellungsbilder und Bewegungen zu reagieren. Deswegen wird der genauen Wahrnehmung des psycho-physischen Prozesses ein großer Stellenwert eingeräumt: Es gilt wahrzunehmen, wie die Ausführung einer äußeren körperlichen Handlung und der Bewegung eine innere Reaktion hervorruft. Auf diese Weise werden Körper und Gedanken, Emotionen und Wünsche nicht unabhängig voneinander eingesetzt, es besteht ein ständiges Wechselspiel zwischen physischen, mentalen und emotionalen Vorgängen.

2. Der stärkste Ausdruck ist unsichtbar.

Das *zweite Prinzip* betrifft die Erkenntnis, dass sich der intensivste Ausdruck des Schauspielers der Arbeit mit dem Unsichtbaren verdankt: Dabei spielen sowohl die Imagination als auch die *Atmosphäre* eine entscheidende Rolle. Anders als die Imagination kommt der Atmosphäre eine objektive Dimension zu: Atmosphären werden bewusst geschaffen, dennoch gehören sie weder dem Subjekt noch dem umgebenden Raum an. Sie sind spürbar, aber nicht sichtbar. Dieses Phänomen veranschaulicht den Charakter von Michael Tschechows Schauspieltechnik. In der Atmosphäre erkennt er den Kern von Kunst.

Angesichts der gegenwärtigen medialen Dominanz von Sichtbarkeit und Überprüfbarkeit ist hervorzuheben, dass die primären Ausdrucksmittel der Tschechow-Methode nicht sichtbar sind. Die greifbaren Mittel für den Schauspieler – Körper, Sprache, Stimme – sind mit den ungreifbaren Elementen der Gefühle, Vorstellungen und Empfindungen durchdrungen. Ein Beispiel ist die für die Tschechow-Methode zentrale Technik der *Psychologischen Geste (PG)*, die in der Theateraufführung nach außen hin für die Zuschauer unsichtbar ist und die dem Schauspieler während der ganzen Zeit des Probens und Aufführens als Inspiration für die Darstellung dient. Gleiches gilt auch für die Übungskomplexe des *imaginären Körpers*, das *imaginäre Zentrum*, die *Atmosphäre* und Stanislawskis *Überaufgabe.*[33]

Michael Tschechow bittet die Schauspieler, die immateriellen Werte zu schätzen und zu fördern, da sie ihnen bei allen Übungen als Leitfaden dienen und den Prozess und Beruf des Schauspielers auf eine differenzierte und, wie er meint, höhere Ebene heben, die die Begrenzung auf die Individualität des Einzelnen überwindet.

Die Arbeit mit dem Unsichtbaren hat der Methode bisweilen das Attribut des Esoterischen eingebracht. Tatsächlich sind Ansätze von Tschechows Denken durch Rudolf Steiners anthroposophische Philosophie angeregt. Angesichts von Erkenntnissen der Neurowissenschaften lässt sich inzwischen die Bedeutung von Imagination und Vorstellung in ihrem Zusammenspiel mit körperlichen und psychologischen Prozessen durchaus handfest nachvollziehen. Im englischsprachigen Raum benutzt man zur Kennzeichnung dieses *zweiten Prinzips* der Tschechow-Methode den Begriff *spiritual* im weitesten Sinne, um auszudrücken, dass das Geistige und Mentale eine entscheidende Rolle spielen, ohne jeglichen religiösen Hintergrund!

3. Intuitive Synthesis

Dazu gehört als weiteres und *drittes Prinzip* der Fokus auf die *Synthesis*, die besonders in der Rollenerarbeitung wichtig wird und dem Schauspieler größte Freiheit gibt. Es ist nicht die rationale Analyse, mit der Schauspielerinnen und Schauspieler sich der Rolle nähern, sondern eher Intuition und das Arbeiten mit der rechten Gehirnhälfte, mit dem Unbewussten. Zugleich aber wird dieses immer – und das macht die Professionalität der Anwendung aus – bewusst eingesetzt, gesteuert und kontrolliert. Ein Schauspieler muss sowohl seine Kreativität wie den Intellekt benutzen, um die verschiedenen Aspekte der Darstellung zu vereinen. Dass er dabei als kompetent und eigenständig in seiner Arbeit verstanden wird, versteht sich für Tschechow von selbst.

Er benutzt zur Veranschaulichung des *dritten Prinzips* den Gedanken, dass sich in jedem von uns ein verborgenes Laboratorium befindet, in dem ein kluger Wissenschaftler sitzt, der unser Denkvermögen verkörpert – er fasst zusammen, verschmilzt unterschiedliche Eindrücke, zieht Schlussfolgerungen und vereinigt, synthetisiert die verschiedenen Elemente. Diese synthetisierende Kraft wird von Tschechow mit dem sogenannten *höheren Ich* (oder auch *höheren Selbst*) bezeichnet, in dem die über die Alltagsbewältigung hinausgehenden Fähigkeiten wie Intuition, Kreativität und Fantasie angesiedelt sind, die es künstlerisch zu entfalten gilt.[34] Ohne diese intuitive *Synthese* bliebe alles zusammenhanglos, es gäbe kein Gefühl für die Gesamtheit einer Rolle oder des Stücks oder für das Ensemble. Die kritische Analyse geht dagegen trennend vor und blockiert häufig das kreative Bedürfnis, das nach Synthese und Zusammenhang auch im psychologischen Sinne strebt. Metaphorisch gesprochen ist es die Verbindung des klaren Intellekts mit der Wärme und dem Feuer der Gefühle, die Tschechow vorschwebt. Ein Equilibrium von Spontaneität, äußerster Intuition und Kontrolle, das er selbst bei seinen aufsehenerregenden Auftritten als Schauspieler erleben konnte.[35]

4. Ein Teil der Technik ist immer vernetzt mit der gesamten Methode.

Das *vierte Prinzip* besagt, dass jeder Teil der Technik immer vernetzt ist mit der gesamten Methode, d. h. in jeder noch so kleinen Übung lassen sich die Prinzipien des ganzen Systems auffinden. Diese hängen zusammen und bilden ein Netzwerk. Wenn ich eine Übung ausführe, vibrieren die anderen Bestandteile des Systems mit. Das hat besondere Bedeutung für den Umgang mit der Methode. Sie bietet dem Schauspieler nämlich künstlerische und individuelle Freiheiten, die der Anwendung der Schauspieltechnik den Charakter einer künstlerischen Forschung und Exploration geben. Dem Wunsch des Schauspielers, je nach Situation Inspiration und eine kreative Verfassung zur Verfügung zu haben, kann mit zahlreichen Übungen entsprochen werden, denn alle Teile sind miteinander verbunden und können frei variiert und kombiniert werden. Wenn man eine Technik richtig einsetzt, werden andere wie von selbst angesprochen. Je tiefer die Ausführung einzelner Übungen erfahren wird, desto größer ist die Möglichkeit, dass andere Elemente der Technik auftauchen.

5. Künstlerische Freiheit: Die Technik so verwenden, dass sie dir nützt!

Und so ist das *fünfte Prinzip* das der *künstlerischen Freiheit*: Der Grundsatz für die Anwendung besagt, die Methode so zu verwenden, dass sie dem Einzelnen nützt! Der Schauspieler sollte sich immer im Dialog mit der Technik befinden. Zu einem Dialog gehören stets zwei Seiten, daher ist die Aktivität der Schauspieler entscheidend für die Anwendung. Tschechow ermutigt die Schauspieler, von der Freiheit im Umgang mit den verschiedenen Elementen der Methode Gebrauch zu machen und zu fragen, in welchem Maße und auf welche Weise sie hilft, ihre jeweiligen Fähigkeiten zu unterstützen und zu entwickeln.

Er legt großen Wert auf einen freien Umgang mit den Übungen und Anweisungen. Das Verhältnis von Präzision und künstlerischer Freiheit spielt eine wesentliche Rolle für die ethische Orientierung einer so verstandenen Theaterkunst und kann gerade heute, wo Beschäftigte zunehmend beginnen, gegen ein hierarchisches Theatersystem zu protestieren, Impulse geben für eine Schauspielerausbildung, die dazu befähigt, zum Partner des Regisseurs und nicht zu dessen Untergebenem zu werden.[36]

Weil die *Fünf Prinzipien* der Methode miteinander verwoben und somit in jeder Übung anzutreffen sind, verbunden mit körperlichen und mentalen, imaginativen und psychologischen Wahrnehmungen, changiert die Darstellung von Theorie und Praxis im Folgenden relativ frei zwischen den verschiedenen Aspekten des Werks. Das wird schon in der Übung 1 »Mit dem Ball« deutlich.

Ensemble – Bedeutung der Gruppe – Der Kreis

Schauspielmethoden arbeiten mit Übungen und Improvisationen, sie basieren auf wiederkehrenden Übungsverläufen und auf dem Prinzip der Exploration, dem Spiel mit dem Unvorhergesehenen, Überraschenden, auf Erfindung und Inventionen. In den Proben geht es um Zusammenarbeit, um Austausch, Wechselseitigkeit und nicht zuletzt um Anerkennung des anderen als Partner bzw. Partnerin im Arbeitsprozess. Michael Tschechow legte stets großen Wert auf den *Ensemble*gedanken, auf die Gruppe. Tatsächlich lässt sich Theater als Gemeinschaftskunst beschreiben. Anders als Musik, Malerei, Skulptur benötigt Theaterspielen den Partner, und sei es derjenige, der zuschaut und das Spiel des Akteurs aufmerksam registriert und auf sich wirken lässt. Für Tschechow ist ein Gruppengefühl unabdingbar. Dieses kann nicht vorausgesetzt, sondern muss in der Übungspraxis entwickelt werden, wie er in einer der *Lektionen für Schauspiellehrer* 1938 ausführt:

> »Auch geht es darum, in den Schauspielern Empfindsamkeit dem gegenüber zu erwecken, was wir Ensemblegefühl [group feeling] nennen. Was wir damit meinen, ist, dass keiner von uns als Egoist auf der Bühne steht. Unsere Kunstform ist für uns eine Ensemblekunst, in der jeder auf seine Freunde angewiesen ist, egal ob diese Freunde selbst auf der Bühne sind oder nicht. Es ist menschlich wichtig, dass wir uns als Gruppe fühlen.«[37]

Das Gruppengefühl ist für Tschechow ein humanes, wenn nicht ein humanistisches Anliegen. Niemand sollte auf der Bühne egoistisch agieren. Theater wird als eine Gruppenkunst betrachtet, in der jeder von jedem abhängig ist. Die einfache Grundform für das Bewusstwerden der Sozialität ist der Kreis, der immer wieder mit vielfältigen Variationen im Repertoire der Methode auftaucht und aus keinem Tschechow-Training wegzudenken ist.

Die Erkenntnis des kollektiven und kollaborativen Charakters der Theaterkunst ist heute angesichts von Individualismus und der Dominanz von Ökonomie und Technik nicht immer selbstverständlich. Dass sie bei Tschechow eine solche Betonung erfährt, trägt zur Faszination und gegenwärtigen Bedeutung der Methode bei. Auch im Alltagsleben sind wir eingebunden in stete Austauschprozesse. Wir empfangen Blicke, Gesten, Worte und geben unablässig Antworten. Responsivität und Resonanz beschreiben dieses Eingebundensein, das stete Mit- und Füreinander des Sozialen.[38] Wenn Schauspieler zusammen arbeiten und spielen, in Workshops und Laboratorien ihr Handwerk üben, so kann das zugleich als eine Art menschliches Laboratorium verstanden werden. »Be aware, you represent humantity«, sagt der Tschechow-Lehrer Ted Pugh, wenn er mit Schauspielerinnen und Schauspielern arbeitet.[39] Das bedeutet, was die Einzelnen an Kommunikations- und Interaktionsformen ausprobieren, verlangt eine Haltung, die über den privaten Horizont hinausgeht. So impliziert die Theatertheorie und Methode von Michael Tschechow eine Ethik, die sich nicht in Normativität ausdrückt, sondern auf der Anerkennung des Anderen fußt. Der Kreis ist deswegen eine Grundform und die Ausgangsformation für jedes Tschechow-Training. Im Kreis sieht jeder jeden, alle stehen nebeneinander und auf gleicher Höhe. Es gibt keine Hierarchie, keinen Ein- oder Ausschluss aus der Gruppe. Der Kreis bildet auch die soziale Grundformation für Rituale.

In diesem Kreis findet eine Übung statt, die alle Bestandteile der Technik miteinander verbindet, wie es in den *Fünf leitenden Prin-*

zipien formuliert ist. Sie variiert Formen des Werfens, Annehmens und Weitergebens mit Hilfe eines oder mehrerer Bälle.[40] Tschechow führte diese Übung in seiner Theaterschule in Dartington Hall ein. Sie ist bis heute ein Grundbestandteil vieler Schauspieltrainings; in der Tschechow-Technik ist sie unverzichtbar.

ÜBUNG 1: MIT DEM BALL

Die Teilnehmer bilden einen Kreis und werfen einen kleinen Ball hinüber zu einem anderen Teilnehmer, dabei sagen sie ihren Namen. Der Name soll möglichst mit dem Flug des Balls synchronisiert werden. Ball und Wort »landen« beim Gegenüber.

Was diese Übung von einer sportlichen unterscheidet: Der Name wird dem Gegenüber *gegeben,* und dieser *nimmt* Ball und Namen mit einem ganzkörperlichen Engagement an; er öffnet sich dem Flug des Balls. Es ist ein bewusstes Geben und Annehmen, ein Austausch von Blick, Ball, Geste, Stimme, zusammen mit dem Namen. Die Reihenfolge ist unbestimmt, sodass jede Person jederzeit bereit sein muss, den Ball zu empfangen. Pausen sollten vermieden werden, ein gleichmäßiger (Wurf-)Rhythmus sollte entstehen. Wichtig ist der Augenkontakt zwischen Werfer und Fänger sowie die Aufmerksamkeit auf den Moment, wo der Umschwung und die Richtungsänderung geschehen und ein neuer Blickkontakt aufgenommen wird.

Weiterhin besteht die Möglichkeit, diese Übung mit zusätzlichen Schwierigkeiten zu verbinden: mehrere Bälle mit unterschiedlichen vorher definierten Routen ins Spiel zu bringen, verschiedene Prinzipien wie *Leichtigkeit*, ein *Gefühl für die Form*, für *Schönheit* (Übungen 16–18) oder unterschiedliche *Bewegungsqualitäten* (Übung 12) u. Ä. einzubauen. Eine Erweiterung kann die Übung durch die Auflösung des Kreises finden, wenn alle Teilnehmer sich frei im Raum bewegen und dabei die verschiedenen Bälle fangen und weitergeben.

Zur Vorbereitung einer Szene ist es möglich, auch Textelemente zu verwenden und »hin- und herzuwerfen«. Das wichtigste Element dieser Übung besteht jedoch in der Erfahrung der vollständigen Beteiligung an dem Vorgang, den »Ball« zu einem Gegenüber zu »werfen«, und für diesen, ihn in uneingeschränkter Konzentration anzunehmen. Von daher können auch in der schlichtesten Variante dieses Ballspiels alle Elemente der Technik zur Anwendung kommen.

Diese Übung erzeugt eine hohe Intensität der Aufmerksamkeit, Konzentration und Rezeptivität für die Partner sowie für die Involviertheit des gesamten Körpers: Nicht nur die Hände und Arme, sondern der ganze Körper öffnet sich zum Fangen des Balls. Um den Kontrast zu erfahren, kann der Ball auch mit vorgestreckten Händen körperfern angenommen und so gewissermaßen blockiert werden, wie es spontan bei ungeübten Teilnehmern geschieht. Ein Gefühl für den Unterschied stellt sich in der Regel schnell ein. Das Spiel ist dann gelungen, wenn der Ball lautlos die Teilnehmer wechselt, wenn sich ein Fluss des *Gebens und Nehmens*, des Werfens und Annehmens entwickelt, in den alle gleichmäßig einbezogen sind. Es geht um einen *Flow of energy,* bei dem ein Bewusstsein für die Dreigliederung der Handlung unterstützt werden sollte: Anfang, Mitte und Ende der Aktion. Sie beginnt jeweils mit dem Augenkontakt zum Empfänger.

Ein solches Spiel kann zu Anfang einer Arbeits- oder Probeneinheit ein Ritual bilden. Es lässt die Beteiligten erfahren, wie sehr sie die Fähigkeit gewonnen haben, aufeinander eingespielt zu sein, vor allem dann, wenn die Kreisform aufgelöst und das Spiel frei durch den ganzen Raum weitergeführt wird sowie Tempovariationen und Rhythmuswechsel stattfinden.

So einfach das Spiel mit dem Ball auf den ersten Blick erscheinen mag, es hat einen hohen Erfahrungswert auf verschiedenen Ebenen, physisch und psychologisch: Es übt die *Konzentration*, die *Wahrnehmung der gesamten Situation*, es bringt die Teilnehmer in *Kontakt* zueinander, *koordiniert Geste und Blick, Stimme und Körper, öffnet den Körper* und trägt zu einer *Haltung von Offenheit den anderen gegenüber* bei, es fördert die *Beweglichkeit,* die *Koordination im Raum*, das *Gefühl für Rhythmus und Bewegung*, für *Unvorhergesehenes.*

Experiment – Wir – Exploration

Die Haltung, die Tschechow bei allen Übungen von den Schauspielern fordert, ist eine experimentelle, forschende und explorative. Theater wird auf diese Weise verstanden als ein Experimentierraum, in dem Erfahrungen und Verhaltensweisen auf besondere Art untersucht und dargestellt werden. Im Mikrokosmos des Theaters sind das besonders die sozialen Beziehungen, die in den Fokus der Aufmerksamkeit geraten. Innere Vorgänge werden veräußerlicht, im Alltag Unsagbares zum Ausdruck gebracht, Unsichtbares sichtbar gemacht. Schauspieler studieren Situationen, die auch im normalen Leben stattfinden, modifizieren sie, kondensieren, überspitzen und gestalten sie. Dabei ist es nicht nur die Rolle der Regie, die ihnen zusieht wie später das Publikum: Sie selbst können sich zuschauen. Michael Tschechow fordert den mündigen Schauspieler, jemanden, der in der Ersten Person agiert und die Verantwortung für sein Spiel nicht delegiert. Theater kann als ein Laboratorium der Menschheit betrachtet werden: Der Mensch sieht sich selbst zu, ist Untersuchungsobjekt und Untersucher zugleich. Die großen Texte der Weltliteratur vom frühen *Gilgamesch-Epos* über das indische Epos

Mahabharata bis zur europäischen Dramatik loten die Erfahrungen, die Grenzen menschlicher Existenz aus und überschreiten sie. Theater transformiert sie in Aktion und Imagination: Wenn Schauspielerinnen und Schauspieler sie in der Gegenwart eines Publikums im Hier und Jetzt performen, dann entsteht ein lebendiger Austausch zwischen den Welten und Zeiten.

Zur Vergegenwärtigung trägt bei, dass Improvisationen zur Anwendung kommen. Kein Reproduzieren vorhandener Texte und vorgegebener Choreografien ist intendiert, sondern ein Untersuchen, Forschen, Erfinden und Neu-Entdecken von Beziehungen und Zusammenhängen durch die jeweiligen Akteure: Hoch kooperative Abläufe, die eingeübt und perfektioniert werden müssen.

Unter dem Titel »Schauspielkollektiv« befasst sich Tschechow ausführlich mit der Bedeutung der Gruppe und der Sensibilität füreinander.

ÜBUNG 2: DIE GRUPPE SPÜREN

»Ohne sentimental oder übertrieben empfindsam zu werden, strengt sich jedes Gruppenmitglied innerlich an, sich seinem Partner zu *öffnen*. Das bedeutet die Bereitschaft, jederzeit und von jedem auch die feinste Regung zu empfangen, und die Fähigkeit, im Einklang damit zu reagieren.

Ist auf diese Weise ein gewisser Kontakt zwischen den Übungsteilnehmern hergestellt, dann suchen sie sich bestimmte einfache Handlungen aus, die dann der Reihe nach zur Ausführung kommen. Darunter könnte etwa Folgendes sein: 1.) ruhig im Zimmer herumgehen, 2.) laufen, 3.) unbeweglich dastehen, 4.) auf Stühlen sitzen, 5.) auseinandergehen und sich an den Wänden entlang aufstellen, 6.) in der Mitte des Zimmers zusammenkommen usw. Wenn gegenseitige innere Offenheit hergestellt ist, versucht jeder Teilnehmer zu *erraten*, welche der bezeichneten Handlungen die Gruppe zum gegebenen Zeitpunkt ausführen *will*. Ohne vorherige Absprache geht die Gruppe von einer Handlung zur nächsten über. Das *Bemühen*, den Wunsch der Gruppe zu *erraten*, verfeinert die Wahrnehmung der Teilnehmer füreinander. Dieses Bemühen schließt natürlich die Möglichkeit nicht aus, dass die Teilnehmer sich gegenseitig beobachten. Der Sinn der Übung besteht nämlich darin, die Beobachtungsgabe und die Sensibilität des Schauspielers in Bezug auf seine Partner auf der Bühne zu fördern.« (Michael Tschechow)[41]

Vor dem Hintergrund der Erfahrung der zwanghaften Kollektivierung, die er in der Sowjetunion erleben musste, betont Tschechow die Freiwilligkeit der Teilnahme ebenso wie die Individualität jedes Mitglieds. Bedeutsam ist in diesem Zusammenhang, dass er nicht nur eine formale Gruppenbildung und Zusammenarbeit verlangt, sondern hervorhebt, dass ein Schauspieler sich auch *innerlich* dem Kollektiv öffnen und es annehmen müsse. Die Betonung der Einzelpersönlichkeit in ihrem Verhältnis zum Gesamt der Gruppe macht einen besonderen Zug der Methode aus und fundiert sie ethisch.

Jeder Übungsteilnehmer soll in der Lage sein, »[...] die Allgemeinvorstellung des ›Wir‹ zu überwinden und sich selber zu sagen: ›ER und ER und ER und ICH‹«.[42]

Die Übungen, die zur Akzeptanz der Partner beitragen, erzeugen immer wieder eine besondere *Atmosphäre* der Zusammenarbeit und Interaktion. Es geht darum, temporär für die Zeit der gemeinsamen Arbeit alle Personen, die im Raum sind, innerlich zu akzeptieren: Sie sind *jetzt* die besten Partner, andere sind nicht da! Mit dieser Haltung wird die Intensität der Zusammenarbeit gestärkt, Abneigungen und Animositäten, wie es sie in allen Arbeitszusammenhängen gibt, werden in den Hintergrund gedrängt.[43]

Freie Improvisation – Inspiration – Wiederholung

Mit dem *fünften* der *leitenden Prinzipien* betont Tschechow die künstlerische Freiheit in der Anwendung der Methode. Damit kommt der experimentierenden *Improvisation* eine große Bedeutung zu. Ohne Improvisation, ohne freies Ausprobieren von Gesten, Dialogen, Handlungen, Interaktionen und Szenen sind Probenprozesse im Theater kaum denkbar. Besonders in der Ausbildung von Schauspielern nehmen die Arbeit und das Spiel mit dem Unvorhersehbaren einen großen Raum ein. Improvisieren, lateinisch von *improvisus*, dem Unvorhergesehenen, ist ein Grundpfeiler des Schauspielens. Häufig werden Übungen, Spiele und Improvisationen unterschieden. Genau betrachtet ist eine improvisierende Haltung auch bei der Ausführung von Übungen gefragt: Auch bei vermeintlich exakter Wiederholung eines Ablaufs ist auf kleinste Nuancen zu achten. Jede Übung ist eigentlich eine kleine Improvisation, oder wie es Tschechow an anderer Stelle formuliert, ein »Kleines Kunstwerk«. Das verleiht der Methode etwas zutiefst Spielerisches und Exploratives, das sich vom Alltagshandeln abhebt.

Unter dem Einfluss seines Freundes und Kollegen Jewgeni Wachtangow nimmt die Improvisation in Tschechows Methode eine zentrale Rolle ein. Schon ihr Lehrer Stanislawski etablierte eine Fülle improvisatorischer Aufgaben für die Schauspieler in seinem berühmten *System*.

Dabei sind zwei verschiedene Konzepte des Improvisierens zu unterscheiden. Zum einen die Praxis des Improvisierens als Hervorbringung der schauspielerischen Darstellung in der Probenarbeit, die temporär mit der Flüchtigkeit und dem Momenthaften arbeitet, um dann die endgültige Form der Darstellung zu finden, die für die Aufführung fixiert wird. Wachtangow aber schwebten Aufführungen vor, die selbst als fixierte den Charakter des Improvisierten behielten. Daneben existieren Übungen, die, wie wir sehen werden, die Form von Improvisationen annehmen können, zur Vorbereitung der Schauspieler auf ihre Arbeit.[44] Diese Improvisationen sind dem Stimmen des Instruments durch Musiker vergleichbar, nur dass es hier kein im Vorhinein festgelegtes Ziel gibt. Tschechow betont die Freiheit der Schauspieler im Prozess des Übens und Improvisierens. Das *fünfte Prinzip* gilt hier nahezu uneingeschränkt: Freiheit in Bezug auf den Umgang mit der Technik, aber auch Körper und Geist sollten sich frei fühlen. Es wird nur begrenzt durch die Kooperation mit den anderen Akteuren, die ein komplexes Zusammenspiel von Aktion und Reaktion, von *Geben und Nehmen* beinhaltet. Insofern ist Improvisieren durch eine besondere Ambivalenz gekennzeichnet.

Eine Improvisation bewegt sich zwischen Unschuld und Erfahrung, wie auch zwischen Spontaneität und Wissen. Nur wenn sich der Schauspieler in die Unsicherheit der Situation begibt und sich der Interaktion mit den anderen aussetzt, jenseits einer bewussten Steuerung durch einen eigenen Plan oder den Blick von außen, kann er sich »[…] vielleicht einem tieferen und schöpferischen Impuls öffnen.«[45]

Freiheit in der Improvisation bedeutet nicht Willkür oder Regellosigkeit. Tschechows Übungsanweisungen zeigen die Bedeutung, die er den Wiederholungen zumisst. Hier scheint eine Nähe zu asiatischen Techniken vom Yoga bis zum Bogenschießen auf. Nur durch ständige Wiederholung wird schließlich die Freiheit und Leichtigkeit in der Ausführung erlangt. Die Haltung dabei ist eine des beobachtenden Experimentierens und bewahrt zugleich die Spontaneität: Jede Bewegung soll so ausgeführt werden, als entstünde sie zum ersten Mal.

In der Arbeit im *Ensemble* ist wiederholendes Tun in eine kollektive Situation von Aktion und Reaktion eingebettet, in der alle Beteiligten sich offen zeigen für das, was entstehen mag. Voraussetzung eines improvisierenden Prozesses ist eine relativ unkontrollierte Verfassung, die zugänglich ist für Impulse von innen wie außen. Dazu gehört eine gewisse Passivität, sich dem Fluss der Vorstellungen, Bewegungen und des Zusammenspiels zu überlassen und dennoch eine erhöhte Aufmerksamkeit für die Mitspieler zu bewahren. Es kommt zum Zuge, was Tschechow mit dem Begriff des *höheren Ich* beschrieb. Diese kreative Verfassung wird auch als das *höhere Selbst* bezeichnet, in dem die kreativen Fähigkeiten ihre volle Entfaltung erfahren können und sich mit der Intuition verbinden. Um in diesen Zustand zu gelangen, sind verschiedene Mittel nötig.[46]

Der Psychologe Mihály Csíkszentmihályi (1934–2021) beschrieb ausführlich das *Flow-Phänomen*, das dann auftritt, wenn wir eine Tätigkeit mit vollkommener Konzentration ausführen, uns in sie vertiefen, uns ihrem Lauf überlassen und sie auf diese Weise genießen.[47] Was das alltägliche Erleben von Flow-Effekten beim Sport, im Kino, bei Literatur und Musik betrifft, so kommt beim professionellen Schauspielen die Beobachtung und Kontrolle dieses Prozesses hinzu.

Eine improvisatorische Aufgabe verlangt auch immer die Position der Beobachtung: Wenn Schauspieler sich einer Übungssituation stellen, deren Ausgang nicht vorgegeben ist, sind sie zugleich Ausführende und Beobachter.

> »Wer improvisiert, beobachtet sich selbst bei seinem Tun, sucht danach, sich dem Unvorhergesehenen der Darstellungsaufgabe, aber auch seines Handelns selbst auszusetzen, sich überraschen zu lassen vom eigenen Tun, das damit immer auch zu etwas Fremdem wird.«[48]

Viele Regisseure versuchen die Selbstbeobachtung auszuschalten durch Überraschungen, mit denen sie Schauspieler während der Probe unvorhersehbar konfrontieren. Auch aus Stanislawskis Arbeit sind solche Momente überliefert.[49] Anders bei Tschechow. Er verlangt von den Übenden eine ganz bewusste Schulung der Wahrnehmung und der Beobachtung parallel zur spontanen Handlungsausführung. Alles soll wie ein kleines Kunststück auf- und durchgeführt werden. Das gilt für eine einfache Übung wie das Ballspielen (siehe Übung 1) ebenso wie für komplexe Aufgabenstellungen.

Unter der Überschrift »Training als Kunst« verlangt Tschechow, dass in den Übungen die gesamte Aufmerksamkeit der Schauspieler vollständig gefordert ist. Jede noch so kleine Aufgabe sollte als eine kleine Aufführung verstanden werden. »Wir müssen uns angewöhnen, jede Übung als ein kleines Kunstwerk zu betrachten. Zum Beispiel darf das Heben und Senken des Arms nicht oberflächlich ausgeführt werden.«[50] Wenn Routine und mechanisches Training vermieden werden, entsteht die Möglichkeit, Bewegungen und ihre Wirkungen immer wieder neu und frisch zu erfahren. Eine Voraussetzung für das, was als ein beständiger Prozess schauspielerischen Forschens die Tschechow-Methode auch für professionelle und erfahrene Schauspieler so erfrischend und produktiv macht.

Übungen, die man vielleicht als Vorbereitung einstufen könnte, sind in jeder aufführungsbezogenen Probe zu verwenden. Dass hier das Kleinste mit der gleichen Sorgfalt wie das Größte behandelt werden soll, macht eine besondere Qualität der Tschechow-Technik aus. Aus diesem Grunde ist eine Schauspielausbildung notwendig: Der Prozess der Improvisation in der Arbeit mit der Imagination muss kontrolliert ablaufen, wie es Tschechow in der Übersetzung der Moskauer Ausgabe »Die Kunst des Schauspielers« gleich zu Beginn im ersten Kapitel »Konzentration und Imagination. Erste Probenanweisung« beschreibt:[51]

> »Falls Sie aber den Mut haben, die Eigenexistenz Ihrer Gestalten anzuerkennen, sollten Sie sich doch nicht mit deren chaotischem Zufallsspiel zufriedengeben, wie viel Freude es Ihnen auch bereiten mag. Wenn Sie eine bestimmte künstlerische Aufgabe haben, sollten Sie lernen, Ihre Gestalten zu beherrschen, ihr Handeln nach ihren Vorstellungen auszurichten und zu steuern – Konzentrationsübungen können Ihnen dabei helfen.«[52]

Es macht eben einen Unterschied, ob inspirierte und kreative Prozesse sich spontan vollziehen oder bewusst herbeigeführt und kontrolliert werden können, wie es bei einer Professionalisierung der Fall ist. Es geht gleichermaßen um Spontaneität und Kontrolle! Tschechow beschrieb einen Zustand extremer Inspiration, den er während einer Aufführung erlebt hatte. Er sah sich selbst wie ein außenstehender Beobachter die Rolle spielen.

Die Handlungen der Rollenfigur scheinen sich wie von selbst ohne Zutun des Akteurs zu vollziehen. Es war Max Reinhardts Eigenart, Proben bis zum Morgengrauen auszudehnen, und so hat der überanstrengte Zustand sicherlich zu dem beigetragen, was Tschechow in der Form eines inneren Monologs ausführlich beschreibt. Er spielte die Rolle des Clowns Skid, die ihm zunächst nicht sonderlich behagt hatte:

> »Ich beobachtete Skid aufmerksam. Am Flügel stimmte Bonny ein trauriges Lied an. Ich blickte auf den am Boden sitzenden Skid und mir schien, als könnte ich ›sehen‹, was er fühlt, leidet, was ihn bewegt. [...] Verwundert stellte ich fest, daß ich langsam ahnte, was im nächsten Moment in ihm vorgehen würde. [...] Skid stand auf, spazierte in seiner seltsamen Gangart über die Bühne und fing plötzlich an, komisch zu tanzen wie ein Clown, nur mit den Beinen und immer schneller. Die bissig-prägnanten, heftigen Worte des Monologs flogen durch den Saal, schwebten ins Parterre, zu den Logen, hoch auf die Galerie. Was ist los? Wie denn das? So habe ich das nicht einstudiert! [...] Jetzt hatte ich das Spiel des Skid in der Hand. Mein Bewußtsein hatte sich verdoppelt – ich war im Saal und zugleich bei mir und in jedem meiner Mitspieler.«[53]

Ähnliche Zustände eines *double consciousness*, eines doppelten Bewusstseins, finden wir auch bei Sportlern. Es ist nicht zufällig, dass der polnische Theaterreformer und -regisseur Jerzy Grotowski (1933–1999) seine Schauspieler häufig einem extremen körperlichen Training unterwarf, durch das sie frei wurden für die ungehinderten spontanen und intuitiven Impulse aus dem Unbewussten. Tschechows Konzept des *höheren Ich* bzw. *Selbst* ist im Zusammenhang mit der Entdeckung des Unbewussten als Quelle künstlerischer Inspiration zu verstehen, wie sie u. a. die Surrealisten beispielsweise in der Übung des automatischen Schreibens praktizierten, die viele Künstler der Avantgarde liebten. Man nimmt einen Stift und beginnt – ohne nachzudenken – zu schreiben oder auch zu zeichnen. Der Zweck besteht darin, bewusstes Denken zu stoppen und die Aktivität von einem anderen Aspekt des Selbst leiten zu lassen, um an tiefere, weniger vertraute Teile von Körper und Geist zu gelangen. Die

Praxis unterscheidet sich allerdings von der Michael Tschechows, weil das Bewusstsein und die Beobachtung der inneren Prozesse gerade ausgeschaltet werden sollten, während die Nutzung der Fundus des Un- und Vorbewussten für Tschechow immer verbunden war mit einem hohen Formbewusstsein. Für Séancen und die Kunst der Psychiatrie, die damals in Europa in Mode kamen, hatte er nur wenig oder im Zweifelsfall auch Spott übrig.[54]

II.
DAS UNSICHTBARE ALS MITTEL DER SICHTBARKEIT

»Auf der wahrnehmbaren Ebene scheint es, als arbeiteten sie am Körper und an der Stimme. Tatsächlich arbeiten sie an etwas Unsichtbarem, an Energie. Der erfahrene Schauspieler lernt, Energie nicht mechanisch mit einem Übermaß an muskulärer und nervlicher Aktivität, mit Ungestüm und Geschrei in Verbindung zu bringen, sondern mit etwas Intimem, etwas, das in der Bewegungslosigkeit und Stille pulsiert, mit einem zurückgehaltenen Kraft-Gedanken, der mit der Zeit wächst, ohne sich im Raum zu zeigen.«
Eugenio Barba[55]

Das Unsichtbare, das mit dem *zweiten Prinzip* der Methode angesprochen worden ist, betrifft verschiedene Komplexe, die miteinander verbunden sind, die aber gesonderte Aufmerksamkeit beanspruchen können. Es sind zentral die *Imagination,* die die Besonderheit von Tschechows Methode ausmacht, und damit zusammenhängend die inneren Bewegungen oder Handlungen, die *Energien*, die freigesetzt und gelenkt werden. Mit ihnen verbunden ist die *Ausstrahlung* eines Schauspielers. Und schließlich ist es die *Atmosphäre*, der Tschechow besonderes Interesse widmet, als hybrider Wahrnehmungsraum zwischen innen und außen, subjektiver und objektiver Wahrnehmung.

Methodische Wege zur Imagination

Michael Tschechows besonderer Beitrag zur Schauspielpraxis besteht nicht nur in der Bedeutung, die er der Imagination zuspricht, sondern vor allem in dem methodischen Weg, den er zur Entwicklung, Unterstützung und Entfaltung der imaginativen Fähigkeiten des Schauspielers zur Verfügung gestellt hat. Der Fokus auf imaginative Techniken wird von Schauspielern vielfach als befreiend und produktiv erlebt.[56] Ein Theater, das sich lediglich auf die Alltags- und Lebenserfahrungen der Beteiligten stützt, erscheint Tschechow wenig wünschenswert. Es geht darum, eine tiefere und zugleich höhere Auseinandersetzung mit der Welt zu erlangen. Schauspieler sollen befähigt werden, sich imaginativen Prozessen zu öffnen, inneren Bildern ebenso wie der künstlerischen Inspiration zu vertrauen, wie sie Tschechow in ihrer extremen Form in der Rolle des Skid erlebt hat.

Die Übungen bieten einen methodischen Weg an, die Imagination zu trainieren sowie auch in Berührung zu bleiben mit den spielerischen Fähigkeiten, über die Kinder verfügen und die eine Quelle künstlerischer Praxis darstellen. Johan Huizingas bahnbrechendes Buch *Homo ludens* aus dem Jahr 1938 machte darauf aufmerksam, in welchem Maße Spielen zur kulturellen Praxis von Gesellschaften beiträgt. Als Basis künstlerischer Motivation und Gestaltung sind spielerische Erfahrungen nicht wegzudenken, umso weniger aus der Theaterkunst, die auf eben der Fähigkeit zu fingieren, zu imitieren und zu transformieren beruht. Tschechow betont, dass Kinder nicht in einer kalten und kalkulierbaren Weise auf das Leben und ihre Umgebung reagieren. Sie haben im Gegenteil die Fähigkeit, sich für eine Idee, ein Spiel oder einen Vorschlag unmittelbar zu begeistern und diese mit Hingabe zu verfolgen.[57]

Michael Tschechow beginnt die Moskauer Ausgabe seines Werks mit einer Einheit zu Konzentration und Imagination.

Unter dem Titel »Die Bilder der Fantasie führen ihr eigenes Leben« evoziert er die Situation vor dem Einschlafen, wenn vor dem inneren Auge die Bilder des Tages vorbeiziehen, in die sich im Laufe der Zeit Fantasien und Traumbilder mischen.[58] Tschechow empfiehlt den Schauspielern, diese unverhofft auftauchenden Fantasiebilder und -gestalten bewusst weiterzuverfolgen und sich ihnen aktiv zuzuwenden, ihnen mit Neugierde und Aufmerksamkeit zuzuschauen. In der englischen Ausgabe ist von *active waiting* die Rede, *aktives Erwarten* in der deutschen, die Überschrift lautet dort »beherrschte Imagination«.[59] Es geht in erster Linie nicht um Beherrschung, sondern um eine erhöhte Form von Rezeptivität, um die Achtung für das Eigenleben der Bilder und Fantasien, die für Tschechow die Grundlage künstlerischer Inspiration darstellt. Die Übungen, die er für das Training der Imagination vorschlägt, dienen besonders der Fähigkeit, die Rezeptivität zu steigern, um in einem späteren Prozess der Rollengestaltung diese Fantasien auch bewusst aus- und umzuformen.

Empfindungen und innere Bewegungen

> »Die Zuschauer sagen, dass eine Vorstellung bewegend gewesen sei. Weil sich tatsächlich etwas in ihnen bewegt.«
> Lenard Petit[60]

Von den leitenden Arbeitsprinzipien der Tschechow-Methode ist das *zweite Prinzip* dasjenige, dem besondere Aufmerksamkeit zu widmen ist: »Using intangible means of expression to achieve tangible results.«[61] Die Anwendung unsichtbarer, immaterieller Ausdrucksmittel macht einen zentralen Kern der Tschechow-Technik und das Geheimnis ihres Erfolgs aus. Aber dieses Prinzip ist auch am schwierigsten zu verstehen und zu vermitteln. Denn es sind nicht nur Vorstellungsbilder und Fantasien, sondern auch Bewegungen, die sich innerlich und unsichtbar vollziehen, verbunden mit Gefühlen und Empfindungen.[62]

> »Chekhov insisted that his actors appreciate not only physical movement but what he called interchangeably ›inner‹ or ›invisible‹ movements, through which, he said, ›without moving physically, we must move our whole being‹.«[63]

Diese *unsichtbare* und *innere Bewegung* – Tom Cornford formuliert hier die Austauschbarkeit beider Begriffe – sollte über den physischen Körper hinaus ausstrahlen. Tschechow demonstrierte seinen Studenten, wie scheinbar unsichtbare innere Bilder und Empfindungen ohne Bewegung des physischen Körpers machtvolle Wirkungen für den Zuschauer entfalten können:

> »Wenn ein Schauspieler von einem Bild erfüllt ist, so ist selbst die kleinste Bewegung seines Auges für uns wichtig. Alles, was in ihm ist, ist bedeutend und wichtig, und alles, was außerhalb von ihm ist, wird ihm sofort dienen, wenn er wirklich etwas zu vermitteln hat. Wenn ein Schauspieler nichts in sich hat, kann er stampfen und wüten, aber es wird nichts passieren.«[64]

Zur Erzeugung innerer Bewegungen ist die Aktivierung der Vorstellungskraft, die Verwendung von Vorstellungsbildern, und auch die genaue Beobachtung innerer Vorgänge nötig, wie es im ersten der *Fünf leitenden Prinzipien* formuliert ist. Selbstbeobachtung, Konzentration und Imagination bilden die Voraussetzung für die innere Bewegung.

Als Beispiel für innere Bewegungen bieten sich die grundlegenden drei *Empfindungen* »Fallen, Schweben, Balancieren« an. Die Empfindung des Fallens, des Aufwärtsschwebens und die Bewegung des Ausbalancierens sind auch im Alltagsleben zu finden. Aber ein Schauspieler übersteigt das alltägliche Verhalten, d. h. Zeitdauer und Intensität der Bewegung sind erhöht. Es ist nötig, was Eugenio Barba (*1936) das extraordinäre, das nichtalltägliche Verhalten des Schauspielers nennt: *extra-daily behaviour.*[65] Für Tschechow ist die gesamte Tätigkeit des Schauspielens ein außeralltägliches Verhalten, auch wenn es auf Handlungen und Verhaltensweisen beruht, die ebenso im Alltag vorkommen.

Diese mit grundlegenden Bewegungsrichtungen verbundenen *Empfindungen* werden zunächst als äußere spür- und beobachtbar, bevor sie dann verinnerlicht und lediglich vorgestellt, imaginiert werden. Wenn sie hier als Beispiel für innere Bewegungen angeführt werden, dann weil diese von jedem Leser nachempfunden werden können und auch metaphorisch gesehen aus dem Alltag bekannt sind.

Fallen ist eine Abwärtsbewegung, *Schweben* eine Aufwärtsbewegung und *Balancieren* der beständige Versuch beide auszugleichen. So ist jeder Schritt verbunden mit einem partiellen Fallen und Wiederauffangen, jedes Einatmen mit einer Aufwärts- und jedes Ausatmen mit einer Abwärtsbewegung des Brustkorbs. Fallen kann aber auch das Herz in die Hose oder die enttäuschte Hoffnung, aufsteigen die Freude, balancieren die Unentschiedenheit zwischen zwei Möglichkeiten, der Versuch uns aufrecht zu halten, die Contenance zu wahren. Tschechow arbeitet mit lediglich vorgestellten Bewegungen. Probiert man sie, wird man feststellen, dass sie sich auch auf die Stimme, auf Intonation und Stimmfärbung auswirken.

ÜBUNG 3: FALLEN, SCHWEBEN, BALANCIEREN

Die Übung ist auch unter dem Namen *Drei Schwestern* bekannt und zielt auf grundlegende *Empfindungen*, die mit *Bewegungsrichtungen* verbunden sind. Anders als in Übung 4 geht es nicht um feste Richtungen, sondern um kontinuierliche Bewegungen und Empfindungen. Tschechow hatte die Übung erst spät im Leben in Gegenwart des Schauspielers Jack Colvin (1934–2005) als Gruppenübung entwickelt.[66]

Fallen (abwärts):
Zunächst ist es hilfreich, einen Gegenstand mit etwas Gewicht, z. B. ein Kissen, vor sich zu Boden fallen zu lassen und in der mehrmaligen Wiederholung die Empfindung wahrzunehmen, die sich dabei einstellt. Wird diese Übung im Kreis ausgeführt, kann eine Atmosphäre entstehen, die mit der Empfindung von Schwere verbunden ist.

Folgende Anweisungen sind hilfreich:
Nimm die Erdanziehungskraft wahr. Nimm den Gegenstand und geh zu einer anderen Person, lass ihn dort vor ihre Füße fallen. Kehre um. Verbinde das Fallenlassen mit einem Satz: »Bitte hier, für dich!« oder »Das ist die Wahrheit.«

Lass dich selbst zu Boden fallen, gleiten, fang dich kurz vorher auf. Lass dich auf einen Stuhl fallen und lass dieses Fallen innerlich weitergehen, wenn du schon auf dem Stuhl angekommen bist. Sag: »Ich falle!«, während du fällst. Nimm deine Stimme dabei wahr.

Lass dich frei im Raum fallen, nimm wahr, wodurch du dich wieder auffängst. Lass die Schwerkraft der Erde wirken!

Nun kann mit der Imagination des Fallens gearbeitet werden: mit der Vorstellung, das Herz fällt fast bis auf den Boden, die Geschlechtsorgane sinken nach unten, ein Körperteil fällt, das Gehirn etc.

Schweben (aufwärts):
Die Teilnehmer bewegen sich frei im Raum, schwebend, wie schwerelos.

Entwickle die Vorstellung, du wirst getragen vom Wind, anstrengungslos, der ganze Körper schwebt, auch die Füße, die Fußsohlen bewegen sich aufwärts. Die Schwerkraft ist aufgehoben. Nimm das Gefühl wahr. Nutze Worte, um eine andere Person zu begrüßen. Sag: »Ich schwebe!«, sag zu einem oder mehreren Partner(n): »Guten Morgen, wie geht es dir?« Nun verringere die Bewegung, lass die Empfindung innerlich wirken, äußerlich unsichtbar, sag weiterhin: »Ich schwebe«, sprich einen Monolog, einen kurzen Text, untersuche, was mit deiner Sprache passiert. Beobachte, nimm wahr, ohne es zu bewerten. Erlebst du unterschiedliche Qualitäten bei den verschiedenen körperlichen Empfindungen?

Balancieren:
Aus einem bewussten Stand heraus wird das Gewicht auf die Vorderfüße verlagert, bis eine Instabilität entsteht, dann auf die Fersen und in der Weise auch nach links und rechts, bis zu dem Moment, wo das Gleichgewicht verlorenzugehen droht. Es geht darum, das Körpergewicht immer wieder aufzufangen und auszugleichen. Dasselbe kann auf einem Stuhl sitzend ausprobiert werden, sich auf dem Stuhl drehend, sich über ihn beugend, waghalsige Manöver ausführend ..., bis das Gleichgewicht kaum noch zu halten ist. Unterstützend kann gesagt werden: »Ich balanciere.«

Verbinde alle drei Empfindungen und stell dir Situationen vor, in denen die innere Bewegung zwischen Fallen, Schweben und Balancieren wechselt. Erlebe bewusst den Wechsel zwischen Fallen, Schweben und Balancieren. Wie beeinflusst dies die Situation, die du imaginierst? Die Wechselwirkung geht in beide Richtungen: Die Situation wird durch die Empfindung als auch umgekehrt die Empfindung durch die Situation beeinflusst.

Tschechow schlug weiter vor: »Erkunde unterschiedliche Charaktere, die aus dem Balancieren, Schweben und Fallen entstehen.«[67]

Energien – Übertragung – Zuschauer

Die Bedeutung des Unsichtbaren hat nicht nur mit dem Zusammenspiel der Akteure untereinander zu tun, sondern auch mit der besonderen Rolle, die den Zuschauern in Tschechows Theaterverständnis und in seiner Schauspieltechnik zukommt. Es geht um das, was sich von der Bühne in das *Publikum* vermittelt und überträgt. Theaterzuschauer werden nicht als passive Personen gedacht, sondern sind im Gegenteil aktiv an dem Zustandekommen des Theaterereignisses beteiligt. Zusammen mit Wachtangow hatte Tschechow schon früh das Publikum als *dritten Schöpfer* des Theaterereignisses in den Blick genommen, wie übrigens auch Meyerhold und Stanislawski, der sagt: »It [the audience] must be turned into a third creator.«[68] Eine Auffassung, die inzwischen als theaterwissenschaftlicher Standard gelten kann.

Das Publikum als eigentlichen und ständigen Adressaten der Arbeit der Schauspieler auf der Bühne zu betrachten, hatte auch ethische und soziale Gründe, auf die an späterer Stelle zurückzukommen sein wird. Man muss sich vergegenwärtigen, dass Tschechow am Ersten Studio von Stanislawski im vorrevolutionären Russland ausgebildet worden ist, einem Theater, in dem es darum ging, die Schauspielkunst, die bis dahin immer nur von einer Person zur anderen weitergegeben oder ganz zufällig erworben wurde, systematisch zu lehren und zu erlernen und dem Schauspielerberuf eine ernsthafte und gesellschaftlich bedeutsame Rolle zuzusprechen. Es handelte sich nicht um bloße Unterhaltung, sondern um die Bestätigung und Aktivierung humaner Kräfte für eine gegenwärtig und zukünftig bessere Welt. Dazu gehörten für Tschechow auch Qualitäten wie die Herausbildung von *Mitgefühl*, Sensibilität und sozialer Verantwortung.

So verbinden sich im weitesten Sinne soziale mit schauspielpraktischen Aspekten, bei denen die Nutzung und Erforschung geistiger, psychologischer und energetischer Vorgänge eine Rolle spielen. Man darf nicht denken, dass dabei eine Quelle entscheidend ist, es sind vielmehr unterschiedliche Einflüsse, die in die Methode eingehen und sie inspirieren.

Drei große Einflüsse spielen für die Bedeutung des Immateriellen in Tschechows Theorie und Schauspieltechnik eine Rolle: zum einen die Orientierung an Rudolf Steiners Philosophie, aber auch die Begegnungen mit dem indischen Künstler und Tänzer Uday Shankar (1900–1977) in Dartington – an erster Stelle stand jedoch der Einfluss Wachtangows, mit dem Tschechow die grundlegenden Prinzipien seiner Technik entwickelt hatte.[69] Die Studien, die sein Lehrer Stanislawski und mit ihm Wachtangow mit Energie und Energieübertragung, mit Ausstrahlung und Imagination im Zusammenhang mit ihrer Rezeption der Yoga-Philosophie unternommen haben, bildeten eine Inspiration und Grundlage für die Entwicklung der Methode. Es war äußerst schwierig, diese Experimente in einem Russland durchzuführen, das unter dem Diktat des Materialismus stand. Die Übungen, Experimente und Untersuchungen, die er mit Phänomenen der Übertragung, der Vorstellungskraft und dem Unsichtbaren unternahm, hingen mit einem anderen Verständnis von Realismus zusammen, zu dem auch die innere Wirklichkeit des Menschen mit seinem Denken und Fühlen gehörte. Diese Gedanken waren allerdings, obwohl politisch unerwünscht, in Künstlerkreisen der frühen Sowjetunion keineswegs selten, sondern durchaus gang und gäbe, so lange, bis unter Stalins Doktrin des Sozialistischen Realismus zahlreiche Künstlerinnen und Künstler im Gulag oder in den Gefängnissen des KGB ihr Leben verloren. Weil Tschechow ab Juli 1928 im Exil war, konnte er – anders als seine Kollegen – die Experimente weiterführen und seine Methode fortentwickeln. Heute ist die Bedeutung energetischer Vorgänge und imaginativer Bilder für die Schauspielkunst unbestritten und kann u. a. durch den Bezug auf neurowissenschaftliche Studien genauer beschrieben werden,[70] wie auch das Phänomen der Präsenz, der Ausstrahlung von Schauspielern und Tänzern auf der Bühne evident ist.[71]

Kunst ist Leben – Stanislawski und Tschechow

Es wäre ein eigenes Buch wert, zu rekonstruieren, was Tschechow im Einzelnen Stanislawski und dessen *System* der Schauspielausbildung zu verdanken hat. Sicher war es das Klima des Aufbruchs und Experiments, von dem das Moskauer Künstlertheater in den Jahren vor Stalin geprägt war, vor allem aber auch das vitale Verhältnis von Kunst und Leben, das Tschechow in seinen Jahren am Moskauer Künstlertheater erleben konnte. Kunst ist Leben, das war die große Erkenntnis, die Konstantin Stanislawski aus der Beschäftigung mit der indischen Philosophie und dem Yoga zog. Leben verstanden als *Lebendigkeit.* Sie bewegte ihn als Lehrer und Schauspielpädagoge nicht anders als seinen Schüler Michael Tschechow.[72] Anstelle der damals üblichen deklamato-

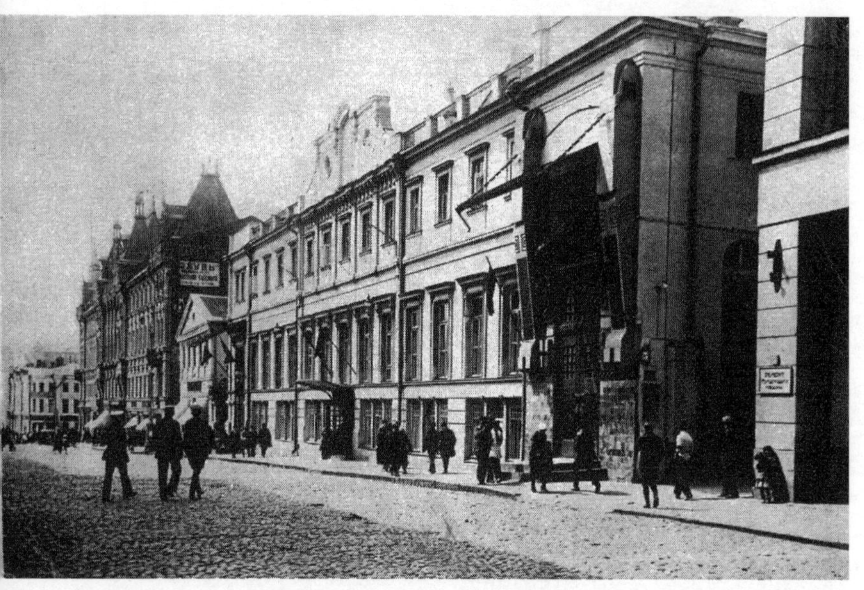

Moskauer Künstlertheater, 1920

rischen Geste auf der Bühne wurde Lebendigkeit zum Kriterium künstlerischen Handelns. Stanislawskis Vorstellung einer Wahrhaftigkeit des Theaters und des schauspielerischen Tuns ließ keine leeren Effekte oder nur routiniert ausgeführte Darstellungen zu.

Über diesen zentralen Aspekt hinaus gibt es eine Fülle von Übereinstimmungen zwischen Tschechow und seinem Lehrer, die aufzuschlüsseln den Rahmen dieses Buches sprengen würde. Es überrascht, Stanislawskis Übungen zum Verständnis der Bedeutung der Konzentration und Imagination geschult an den Augen Tschechows neu zu lesen. Die zahlreichen Improvisationsaufgaben, die er in seinem dreibändigen fiktiven Tagebuch eines Schauspielschülers[73] lebhaft schildert, erinnern in vielem an Tschechow. Lebendige Improvisation, Ausprobieren, Erforschen, Hinterfragen, das war Anfang des 20. Jahrhunderts höchst innovativ und ungewöhnlich. Auch die Bedeutung, die der Muskelentspannung beigemessen wurde, überhaupt der Körperlichkeit des Schauspielers, war außergewöhnlich. Ebenso neu waren die systematischen Versuche, den Weg vom Bewussten zum Unbewussten als Quelle schöpferischer Arbeit durch immer neue Übungen zu suchen und den Schauspielern zur Verfügung zu stellen, die sowohl für Stanislawski als auch für Tschechow wichtig waren. Sigmund Freuds aufsehenerregendes Werk *Die Traumdeutung* war 1900 zum Wechsel des Jahrhunderts erschienen, das Interesse für das Unbewusste lag gewissermaßen in der Luft! Äußeres Spiel durch inneres Spiel zu ergänzen, auch das war am MChAT schon vorhanden, als Tschechow begann, es in seiner Methode weiterzuentwickeln. Aber besonders in Bezug auf die konkrete Rollenerarbeitung gab es Differenzen. Tschechow wollte sich nicht auf die Erfahrungen der Darsteller verlassen, sondern traute dem Übersinnlichen und der kreativen Eingebung bedeutend mehr zu als Stanislawski.

Bei allen Einflüssen aus verschiedensten Quellen muss wieder und wieder betont werden, in welchem Maße Tschechow die Anregungen seiner Lehrer und Freunde in eigenständiger Weise benutzte. Über die wichtigen Orientierungen und Impulse, die er beispielsweise von Wachtangow und auch von Leopold Sulerzitzky (1862–1916) erhalten hatte, der als künstlerischer Leiter an fast allen Inszenierungen mitwirkte, sagt er, dass er sie stets »gefiltert« durch seine eigene Praxis als Schauspieler und seine eigene Erfahrung und Weltanschauung aufgenommen habe.[74] In diesem Sinne war er kein *Schüler*.

Mit Stanislawski teilte er die Überzeugung der Bedeutung des *Ensembles* und der damit verbundenen Ethik der Zusammenarbeit in den Beziehungen zwischen den Akteuren. Das Moskauer Künstlertheater war zu dem Zeitpunkt seines Eintritts berühmt für seine Ensemblearbeit.[75] Man muss sich klarmachen, dass vor Stanislawski so gut wie keine Form einer systematischen Ausbildung von Schauspielern existierte. So war Stanislawski herausgefordert, eine eigene Terminologie zu entwickeln, wobei er auch mit den restriktiven kulturpolitischen Bedingungen konfrontiert war. Bis heute liegt keine vollständige unzensierte und ungekürzte Ausgabe seiner Schriften vor.

Die bisher enge Sicht auf Stanislawski und sein *System*, die durch die zensierten Ausgaben und auch die Selbstzensur, die er übte, verursacht war – aber auch von der Lesart beeinflusst, die die Adaption seiner Gedanken in Strasbergs *Method* erfahren hat –, ist mittlerweile im Prozess der Erweiterung. Die nun zumindest auf Russisch zugängliche neunbändige unzensierte Ausgabe von Stanislawskis Schriften, von der bisher vier Bände auf Englisch übersetzt sind,[76] wird noch eine Fülle von Überraschungen bereithalten, was die Korrespondenzen und Differenzen zwischen ihm und Tschechow angeht, die zuvor schon zu erahnen waren.

Wie offen Stanislawski auch experimentellen Methoden gegenüber war, mag dadurch deutlich werden, dass er im MChAT noch Meyerholds Biomechanik unterrichten ließ, als dieser schon im Visier des KGB und sein Studio geschlossen worden war.

> »We should not forget that even when the Russian version of *An Actor's Work on Himself* was completed, Stanislavski asked Meyerhold to teach Biomechanics in the last of his studios. When Meyerhold's theatre was destroyed, he was unemployed but K. S. not only stretched out a helping hand to the condemned man, he set up a meeting between creative minds. He compared their coming together to digging a tunnel from opposite ends so that they should finally meet in the middle.«[77]

Die unterschiedlichen Enden eines Tunnels, die Anatoly Smeliansky hier erwähnt, sind ein treffendes Bild, um die Bedeutung der verschiedenen Einflüsse zu beschreiben, die in Tschechows Methode eingegangen sind und ihn inspiriert haben.

»Östliches«[78] Denken und Anthroposophie

> »Es war das Gefühl, Kunst sei ein Potential des Inneren. Die Persönlichkeit als Ort der Kunst.«
> Michael Tschechow[79]

Im Folgenden sollen die wesentlichen Einflüsse, die zu Tschechows Entwicklung beigetragen haben, kurz skizziert werden. Vielfach erwähnt und belegt sind seine Begegnungen mit der indischen Philosophie, mit fernöstlicher Theaterkunst und der anthroposophischen Lehre Rudolf Steiners, die er bereits in seiner Moskauer Zeit kennenlernte. Zwar blieb er bis zu seinem Tode der Anthroposophie verbunden und hielt die Beziehung zu Marie Steiner, der Witwe Rudolf Steiners, aufrecht. Sowohl von seinem Charakter her als auch von seiner eigenen Inspiration aus gesehen, kann er aber nicht als Anhänger einer Lehre betrachtet werden. Wie die für ihn wichtigen Denker Johann Wolfgang von Goethe und Rudolf Steiner vertraute Michael Tschechow seiner Inspiration, einem ganz eigenen intuitiven Zugang zu Wissen und Kenntnissen, die er immer wieder mit seinem immensen Interesse für Wissenschaft und Literatur unterfütterte und vor allem in der eigenen Übungspraxis als Schauspieler untersuchte und erprobte.

Für Tschechow bedeutete die Anthroposophie einen Weg zu geistiger und körperlicher Gesundheit und angesichts seiner Krisen[80] die Möglichkeit, ein inneres Gleichgewicht zu erlangen. Die

Jahre 1918 bis 1920 waren für ihn durch vielfältige körperliche und seelische Erschütterungen und Zusammenbrüche geprägt, die seine Empfänglichkeit für spirituelle Einflüsse begünstigten. Dass es in der anthroposophischen Lehre eine Nähe zu Erfahrungen gab, die er schon früh mit dem Yoga und den asiatischen Praktiken im Rahmen des Moskauer Künstlertheaters ausprobiert hatte, insbesondere durch Leopold Sulerzitzky, den er neben Stanislawski und Wachtangow zu seinen wichtigsten Lehrern zählte, erleichterte sicher seinen Zugang dazu. Sulerzitzky war mit östlichen Praktiken wie Yoga, Meditation und Atemübungen u. Ä. sehr vertraut, die auch in Stanislawskis Unterrichtsstunden eine Rolle spielten.[81] Inzwischen ist Stanislawskis Rezeption der indischen Philosophie und Yogapraxis genauer belegt. So konnte Sergei Tcherkasski anhand einer vergleichenden Lektüre zeigen, wie Elemente der Muskelentspannung, der Energielenkung und der Visualisierungen in seinem *System* Entsprechungen zu Yogi Ramacharakas Werk über Hatha Yoga und die Yoga-Philosophie von 1904 aufweisen.[82] Die »östlichen« Einflüsse wurden über den Weg der Theosophie auch für die anthroposophischen Lehren bedeutsam.

Für Tschechows Interesse an der Anthroposophie spielte weiterhin keine geringe Rolle, dass der Begründer der anthroposophischen Lehre, Rudolf Steiner, sich stets um eine wissenschaftliche Basis seiner Disziplinen übergreifenden Praxis und Lehre bemüht hatte. Sein geisteswissenschaftliches Verständnis fußte dabei auf Johann Wolfgang von Goethe, über den Steiner promoviert hatte. Für Goethe waren sinnliche Erfahrung, Experiment und Inspiration leitende Prinzipien, die in der Konzeption eines schöpferischen Individuums kulminierten.[83] Tschechows Bezugnahmen waren durchaus auch praktisch technischer Natur. Es finden sich Wahrnehmungsübungen, die Rudolf Steiner direkt von Goethe übernommen hatte und die dann in Tschechows Methodenrepertoire auftauchen.[84] Insbesondere die *gestische Sprechkunst*, die Steiner mit der Eurythmie entwickelt hatte, bot für Tschechow Anknüpfungspunkte, das Verhältnis von Sprechen und Bewegen methodisch zu bearbeiten, und wurde von ihm in den Stundenplan seiner Schule in Dartington integriert.[85] Auch in dieser Hinsicht konnte er auf Erfahrungen aus dem MChAT zurückgreifen. Stanislawski hatte den Schauspielern beigebracht, ein Wort oder einen Satz erst dann zu sprechen, wenn ein innerer Stimulus dazu auftaucht und die Äußerung dadurch gerechtfertigt ist.[86] Der Einfluss der Anthroposophie auf Tschechows Methode reichte von der konkreten Übungspraxis bis zu den philosophischen Orientierungen und verband sich auf der Basis seiner grundlegenden Ausbildung bei Stanislawski mit den Impulsen, die auf seiner Rezeption »östlicher« Philosophie und Theatertraditionen beruhten.

Dartington Hall – Erfahrungen zwischen Ost und West

Die wesentlichen Jahre für die Ausarbeitung von Tschechows Methode waren sicher die in Dartington und in Ridgefield 1936 bis 1942. In Dartington lernte Tschechow den Tänzer Uday Shankar, Bruder des indischen Sitarspielers Ravi Shankar (1920–2012), mit seiner indischen Tanzgruppe näher kennen und schätzen.[87] Zur Eröffnung der Schule gab dieser ein Konzert. Schon zuvor in Paris war Tschechow über die Theaterschaffende und Künstlerin Georgette Boner (1903–1998) und deren Schwester Alice (1889–1981) in direkten Kontakt mit indischen Tanz- und Theatertraditionen gekommen, die mit Hilfe der Schwestern in Europa bekannt gemacht wurden.[88]

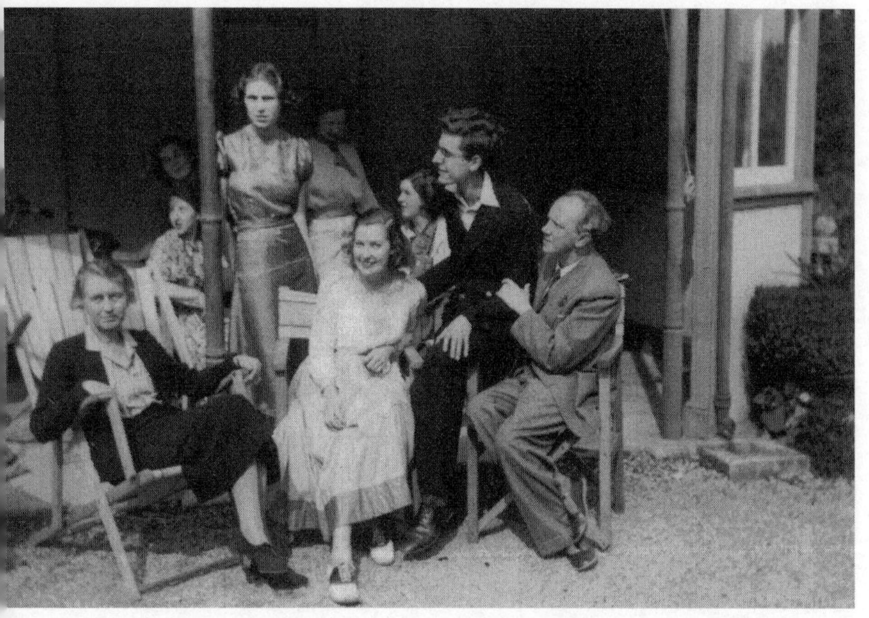

In Dartington 1938, Tschechow rechts

Man kann sich Dartington Hall, wo Tschechow 1936 seine eigene Schule eröffnen durfte, und die dortige Atmosphäre als ein überaus reges Miteinander verschiedenster internationaler Künstlerinnen und Künstler vorstellen. Das Ehepaar Elmhirst hatte den weiträumigen Herrensitz im Jahre 1925 übernommen, um darin eine Gemeinschaft zu schaffen, die mit neuen Formen von Erziehung, Landwirtschaft und auch der Künste im Sinne eines sozialen, ganzheitlichen, der Natur und dem Geist verbundenen Konzepts experimentierte. Leonard Elmhirst war dabei von dem indischen Dichter, Philosophen, Komponisten und Musiker Rabindranath Tagore (1861–1941) inspiriert, der sich erfolgreich für die Entwicklung ländlicher Bezirke im Nordosten

Bengalens, heute Bangladesch, engagiert hatte. Die dem Projekt angeschlossene Reformschule verband Handwerk, Kunst und ökologisches Bewusstsein und war neben dem Experiment *Summerhill* die progressivste Schule Englands, bis sie 1957 geschlossen wurde. Namhafte Persönlichkeiten schickten ihre Kinder dorthin und kamen in Kontakt mit der künstlerischen Gemeinschaft, wie z. B. Wassily Kandinsky (1866–1944). Dartington Hall entwickelte sich zu einem Ort, an dem Komponisten, Maler, Tänzer und Theaterleute mit unkonventionellen Denkern und Reformern zusammentrafen. Kurt Jooss (1901–1979) und sein Ballett fanden dort ebenso Raum wie der an Japan orientierte britische Keramiker Bernard Leach (1887–1979).[89]

Die vielfältigen Kontakte und Einflüsse, die in Dartington zusammentrafen, stellen ein äußerst hybrides Gemisch aus asiatischen und europäischen Traditionen dar. Sie lassen sich unter dem Stichwort einer »Kunst des Lebens«[90] fassen, in der sich die künstlerische Praxis mit dem Sozialen der Lebensformen verbindet. Mit dieser Formulierung beschrieb Tschechow in seinen Lebenserinnerungen die Erkenntnis, die er durch indisches und asiatisches Denken gewonnen hatte. Der Einfluss »östlichen« Denkens auf die Entwicklung von Tschechows Methode kann in zweifacher Hinsicht betrachtet werden: Zum einen, was die Theatertraditionen, Ästhetiken und Techniken anbelangt, und zum anderen in Hinsicht auf das Welt- und Menschenbild, die spirituelle Orientierung im engeren Sinne.

Wie in »östlichen« Theaterformen so spielt auch in Tschechows Methode die Arbeit mit dem Unsichtbaren eine zentrale Rolle. Die Qualität von Handlungen, also das *Wie,* wird gegenüber dem *Was* ebenso akzentuiert wie die Aufmerksamkeit für Atem, Bildhaftigkeit, Balance, Tempo/Rhythmus und die Arbeit mit Polaritäten und Energien. Das Prinzip der fortlaufenden Im-

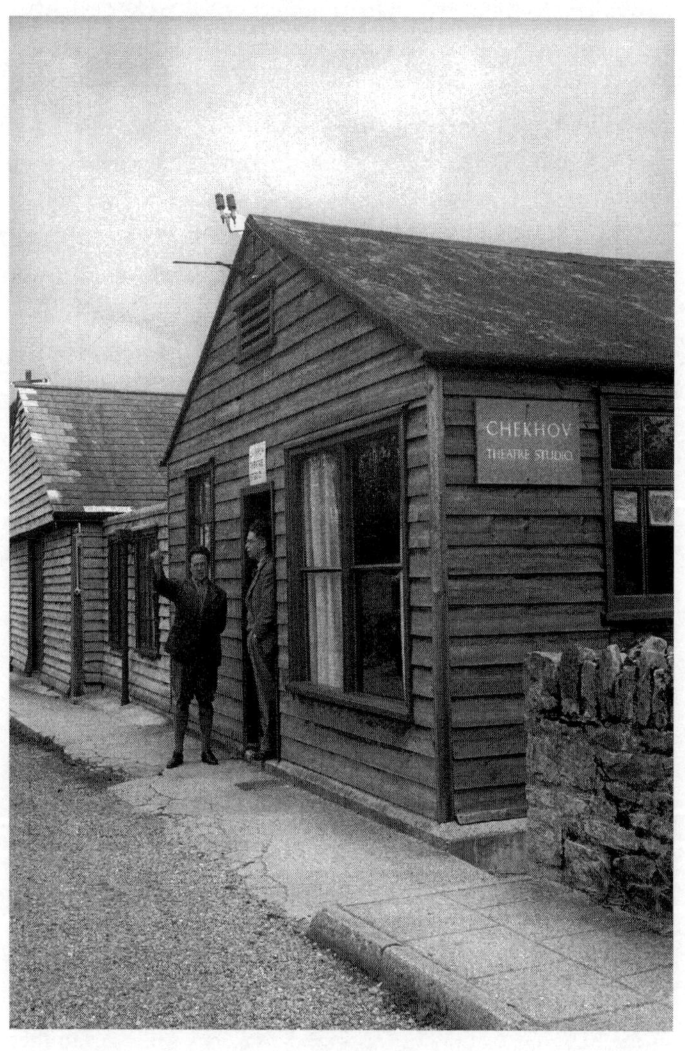

Chekhov Theatre Studio, Dartington 1936–1939

provisation und die Art, wie Unsichtbares zu sichtbaren Ergebnissen führt, ist in »östlichen« Theaterformen zu finden. Aber nicht nur da! So wäre Cynthia Ashpergers Gedanke, dass die Übungen Michael Tschechows die buddhistische Vorstellung der Weltschöpfung imitieren,[91] kritisch zu prüfen. Es stellt sich die Frage, ob die genannten Elemente durchweg nur den »östlichen« Theatertraditionen zugerechnet werden können, ob es nicht ihre Einbindung in »westliche« Traditionen ist, die stärker zu berücksichtigen wäre. Bereits angesprochen wurde, dass Stanislawskis *System* mit seiner Orientierung an europäischer Dramatik zu Teilen auch von indischen Traditionen beeinflusst war. Die theateranthropologische Forschung kann zeigen, dass Grundlagen schauspielerischen Handelns quer durch die Kulturen festzustellen sind, betrachtet man die einzelnen tänzerischen, schauspielerischen und performativen Praktiken eingehender.[92] Die vermeintliche Trennung von Ost und West erweist sich auf dem Hintergrund eines regen jahrhundertelangen Austauschs von Künstlern als recht problematisch. So hat sich beispielsweise herausgestellt, dass sich hinter den Werken von Yogi Ramacharaka über Yoga, die im MChAT rezipiert wurden, der amerikanische Autor William Walker Atkinson (1862–1932) verbirgt.[93] Als hybrid wäre auch das Weltbild Tschechows zu beschreiben und der Einfluss, den fernöstliches Denken darauf genommen hatte. So muss man Rudolf Steiners Philosophie der Anthroposophie genauer untersuchen, in der neben theosophische auch christlich-mystische Elemente, philosophische wie der Deutsche Idealismus ebenso wie Traditionen der Rosenkreuzer verbunden werden. Es ist hier nicht der Ort, den wechselseitigen Einfluss abend- und morgenländischer, sowie west- und östlicher philosophischer und künstlerischer Traditionen zu diskutieren. Da der Bezug auf »östliche« Praktiken heute mit den vielfältig verbreiteten Meditations- und Übungspraktiken für Schauspieler naheliegt, werden die »westlichen« Wurzeln von Tschechows Denken leicht vernachlässigt. So sind auch die abendländischen Einflüsse, insbesondere das Denken Goethes, das eine nachhaltige Wirkung auf Rudolf Steiner hatte, wenig bekannt. Eugenio Barba bildet mit seiner interkulturellen Diskussion von Tschechows Methode eine Ausnahme, indem er einen Bogen vom »westlichen« zum »östlichen« Denken spannt. Er spricht ohne regionale Zuordnung vom Typus der Nord- und Südpol-Schauspieler, von denjenigen, die ihre Kunst in keinem kodifizierten System verorten können (zu ihnen gehört Tschechow), und denen, die wie die traditionellen Kabuki- oder Nō-Schauspieler oder auch die Tänzer des klassischen Balletts in Europa vorgegebene Bewegungsmuster befolgen. Eugenio Barba schließt seine ausführliche Würdigung Tschechows unter der Überschrift »Die Heimkehr« mit einer Formulierung über das Paradox der Theateranthropologischen Forschung ab, das in unserem Kontext auch ein Licht auf den Zusammenhang russischer, deutscher und asiatischer Quellen für Tschechows Denken werfen soll:

> »Wir könnten uns wohl fragen, ob es sich wirklich gelohnt hat, sich so weit von Zuhause zu entfernen, wenn die wesentlichen Früchte, die wir unterwegs gesammelt haben, schon – ein paar Schritte von unserem Ausgangspunkt entfernt – vorhanden waren. [...] Aber nur die Länge der Reise macht es uns möglich, bei der Rückkehr den Reichtum der Heimat zu entdecken.«[94]

Der Blick auf »westliche« Wurzeln spiritueller Praktiken ist geschärft durch den Weg nach Osten, den zahlreiche Künstlerinnen und Künstler zu Anfang des 20. Jahrhunderts eingeschlagen haben. Das gilt auch für die Theaterexperimente des sogenannten *Dritten Theaters* und der freien Theaterszene seit den 1960er-

Jahren, an denen Barba maßgeblich beteiligt war. Um den Zirkel abzurunden, überrascht es dann nicht, wenn in der Nachverfolgung von Barbas ausführlichen Bezugnahmen auf Wsewolod Meyerholds Schriften zur Arbeit des Schauspielers, insbesondere seine Ausführungen über das für das Publikum zunächst nicht sichtbare (innere) *Vor-Spiel* des Schauspielers vor dem Auftritt, folgendes Zitat zu finden ist: »Diese Methode gehörte am alten japanischen und chinesischen Theater zu den beliebtesten.«[95]

Der Einfluss der asiatischen Kultur ist in der revolutionären Theaterkultur Russlands immer wieder zu konstatieren. Man darf sich die Theaterlandschaft keineswegs isoliert von Westeuropa und Asien vorstellen. So notierte Stanislawski nach einem Treffen mit dem Regisseur und Theaterreformer Edward Gordon Craig (1872–1966) und der Ausdruckstänzerin Isadora Duncan (1877–1927):

> »I understood that in different parts of the world, on account of conditions unknown to us, different people, in different fields, coming from different directions, are searching in art for the same recurrent, naturally born creative principles. When they meet, they are struck by the community and kinship of their ideas.«[96]

Die Hybridisierung von Techniken, Methoden und Denkweisen in der Schauspielpraxis findet sich durchweg bei Tschechow, so im Lehrplan von Dartington, aber auch später in Ridgefield, der täglich mit Eurythmieunterricht begann und auch Übungen wie die »Sechs Richtungen« hervorbrachte.

Obwohl Tschechow so viel Gewicht auf die kreativen Prozesse der imaginativen Aktivität der Schauspieler legt, setzen die hier vorgeschlagenen Übungen am Körper an. Dieser soll beweglich, gut trainiert und empfänglich sein für jedwede Form von Reizen, seien sie innerlich oder äußerlich gegeben. Bei der Konzeption der Übungen ist unverkennbar eine Verwandtschaft zu Übungen aus dem Repertoire asiatischer Kampfkünste und Yogapraktiken zu bemerken.

Die folgende Übung wird von manchen Tschechow-Lehrern als regelmäßiges Training, aber auch für den Beginn von Proben- und Arbeitssessions eingesetzt. In ihr sind alle Elemente der Tschechow-Technik verbunden. Die Übung 4 kann ähnlich wie Praktiken des Yoga, Qigong oder Tai-Chi täglich geübt werden, wie es beispielsweise auch der amerikanische Tschechow-Lehrer und -Experte Lenard Petit praktiziert.

ÜBUNG 4: SECHS RICHTUNGEN, STACCATO/LEGATO

Diese Übung verbindet die individuelle Praxis mit der einer Gruppe, wenn sie gemeinsam ausgeübt wird. Tschechows Lehrplan sah sie zum Beginn einer Unterrichtsstunde vor.

Sie besteht aus einer Reihe von Bewegungen in sechs Richtungen: rechts/links, oben/unten und vor/zurück. Jede Sequenz wird mehrmals wiederholt, wobei die Personen in der Gruppe im Gleichklang zusammenarbeiten. Die Sequenzen werden auf zwei verschiedene Arten ausgeführt: staccato und legato. Im Legato fließen die Bewegungen langsam und gleichmäßig ohne Unterbrechungen, im Staccato sind sie schnell, explosiv mit Stopps.

Die Teilnehmer stellen sich in Reihen hintereinander auf und achten auf genügend Bewegungsspielraum um sich herum. Die Basis ist ein schulterbreiter Stand der Füße, die neutrale Haltung eine Art »Null-Zustand«. Die Folge von sechs Bewegungen greift in alle Richtungen aus und kehrt nach jeder Durchführung wieder in den Neutralzustand zurück. Sie beginnt mit einem Ausfallschritt nach rechts, die Arme strecken sich nach rechts, die Hände, der ganze Körper sowie der Blick sind nach rechts ausgerichtet und streben so weit wie möglich in den Raum hinaus. Das ganze Gewicht ist auf dem rechten Fuß. Mit der physischen Bewegung soll auch die Energie nach rechts ausgestrahlt werden. Dazu wird sie am Endpunkt der Bewegung über die Körpergrenze hinaus in den Raum ausgestrahlt. Dann zurück zum Nullpunkt, der als solcher bewusst wahrgenommen wird. Danach folgen entsprechend die Bewegungen der Arme hinaus in den linken Raum, dann nach oben zur Decke, nach unten zum Boden, nach vorne und schließlich nach hinten.

Bei allen Richtungen bleibt der feste Stand bewahrt: Wenn die Arme nach oben gehen, streckt sich der ganze Körper; nach unten streben die gestreckten Arme und Hände zum Boden und wollen ihn durchdringen, die Knie werden leicht gebeugt. Nach vorne geht die Bewegung mit einem Ausfallschritt mit dem rechten; nach hinten mit einem Schritt des linken Fußes, die Arme zeigen jeweils in die entsprechende Richtung. Bei der Rückbewegung sind die Arme nur minimal nach unten gestreckt.

Unterstützend kann die Vorstellung benutzt werden, über die Fingerkuppen hinaus zu strahlen oder, wie Lenard Petit vorschlägt, mit dem Bild zu arbeiten, in jeder Hand einen Tennisball am äußersten Punkt der Bewegung weit in den Raum hinauszuschnellen.[97]

Der Zyklus ist beendet, wenn die Bewegung in alle sechs Richtungen im Staccato ausgeführt wurde. Tschechow schlägt vor, die Abfolge nochmals im Legato zu wiederholen.

Inzwischen hat sich der Ablauf einer »Strophe« wie folgt etabliert: zweimal staccato, zweimal legato, je einmal staccato und legato, jeweils in alle sechs Richtungen. Die Bewegungen können laut mit stimmlicher Artikulation der Richtungen »rechts«, »links« usw. oder innerlich mit Worten begleitet werden. Zum Ende der ersten »Strophe« wird die gesamte Bewegungsfolge innerlich ohne äußere Bewegung ausgeführt, aber begleitet mit den Worten für die Richtungen. Die zweite Strophe ebenso – jedoch mit der Vorstellung »Ich sehe meinen inneren Körper die Bewegung machen«, der physische Körper folgt und strahlt weiter aus. Dabei hilft die Vorstellung des *Ausstrahlens*. Eine dritte »Strophe« kann nur mental ohne äußere Bewegungen folgen.

Der Atem kann die Übung wirkungsvoll unterstützen.

Um die Qualität von staccato und legato zu erfahren, kann im Anschluss auch jede andere Handlung staccato oder fließend und kontinuierlich legato ausgeführt werden.

Die Übung »Sechs Richtungen« stärkt die Fähigkeit der Teilnehmer, eine Bewegung zu halten und sie auszustrahlen, beides fundamentale Konzepte der Tschechow-Technik. Weiterhin übt sie das Gefühl für Rhythmus, für Unisono und vor allem für den so wichtigen Nullpunkt der Bewegung.

> »By means of the suggested psychophysical exercises the actor can increase his *inner strength*, develop his abilities to *radiate* and *receive*, acquire a fine sense of *form*, enhance his feelings of *freedom, ease, calm* and *beauty*, experience the significance of his *inner being*, and learn to see things and processes in their *entirety*.«[98]

Mit Hilfe der vorgeschlagenen psycho-physischen Übungen kann ein Schauspieler die innere Kraft steigern, seine Ausstrahlung und Empfänglichkeit entwickeln, ein feines Formgefühl erwerben, ein Gefühl von Freiheit, Leichtigkeit, Ruhe und Schönheit stärken, die *Bedeutung* seines inneren Wesens erfahren und lernen, Dinge und Prozesse in ihrer Gesamtheit zu sehen. Zugleich wird der Körper aufgewärmt, die Energie geweckt und damit ein Gespür für Präsenz erlangt.[99]

Tschechow und Rudolf Steiners Geisteswissenschaft

> »For Steiner, however, ›clairvoyance‹ was not only spiritual but artistic: he defined the artist by the capacity to ›create in beauty a piece of the world, so that the image on canvas or in marble lets us see more of the world than we do on our own.‹«
> Tom Cornford[100]

Michael Tschechow hatte die Anthroposophie schon vor Beginn der 1920er-Jahre in Russland kennengelernt und deren Begründer Rudolf Steiner dann anlässlich eines Gastspiels in Berlin 1922 in dessen Wohnung getroffen. In Russland interessierten sich viele bekannte Intellektuelle für die Anthroposophie. Zu ihnen gehörten der Maler Wassily Kandinsky und der symbolistische Dichter Andrei Bely, zu dem Tschechow ein besonderes Verhältnis entwickeln sollte. Steiners Schriften las Tschechow in russischer Übersetzung, wahrscheinlich 1919.[101] Zu einer tieferen Bekanntschaft mit Rudolf Steiner selbst kam es dann erst 1924. Während seiner Aufenthalte in Deutschland pflegte er regen Kontakt zu Mitgliedern anthroposophischer Kreise, zu denen der Lehrer Michael Bauer (1871–1929) und Margareta Morgenstern (1879–1968), die Witwe des Dichters Christian Morgenstern (1871–1914), gehörten.[102] Da Rudolf Steiner schon 1925 verstarb, blieben diese Personen die einzigen Kontakte. Von Steiners Ehefrau Marie, die Kurse über Sprachgestaltung und dramatische Kunst organisierte, ließ er sich mitstenografierte Vorträge schicken. Es mag ein Licht auf eine gewisse Distanz von Marie Steiners Seite werfen, wenn zu erfahren ist, dass sie ablehnte, als Tschechow eine Zusammenarbeit mit ihr an einem der Mysteriendramen, die sie leitete, anfragte. Sie riet ihm, sich stattdessen der Vervollkommnung des traditionellen Theaters zu widmen. Tschechows Interesse blieb offenbar einseitig.[103]

Tschechows persönlicher Zusammenbruch im Jahre 1917 und seine anschließende Entdeckung der Anthroposophie bilden einen Zusammenhang. Die anthroposophische Lehre zeigte sich als »eine moderne Form des Christentums«, wie Tschechow es in seinen Lebenserinnerungen ausdrückt.[104] Sie bot Orientierung und vor allem auch eine, wie er später erkennen konnte, durchaus praktische Verbindung von Wissenschaft und Spiritualität. In seinem Exil nach 1928 besuchte Tschechow zahlreiche anthroposophische Schulen, Institute, Landwirtschafts- und Kunstzentren in verschiedenen Ländern.[105]

Rudolf Steiner nahm Zusammenhänge zwischen der sinnlich wahrnehmbaren und der geistigen immateriellen Welt an. Er schuf ein Übungsrepertoire, mit dem es möglich sein könnte, Formen von *hellsichtiger Wahrnehmung* zu erwerben, die Welt über die physischen Erscheinungen hinaus zu sehen und zum eigentlichen Wesen zu gelangen. Dabei spielte die Kunst eine wichtige Rolle. Die Künstler waren gewissermaßen durch ihre Wahrnehmungs- und Gestaltungsmöglichkeiten bevorzugt, die Welt tiefer zu sehen als im Alltag.[106] Diese Sicht kam Tschechows künstlerischen ebenso wie seinen persönlichen Bedürfnissen entgegen. Er litt sichtlich an den sozialen und politischen Verhältnissen seiner Zeit. Angesichts der revolutionären kommunistischen Umbrüche waren seine Ängste und seine Unruhe nicht unbegründet. Als Künstler ersehnte er sich Harmonie und Ausgeglichenheit und wollte die künstlerische Arbeit schützen. Maria Knebel (1898–1985), einstige Schülerin Michael Tschechows und spätere Regisseurin, konstatiert sein starkes Bedürfnis nach einer Verbindung von Kunst und Leben und sein damit verbundenes Interesse an der Anthroposophie: »He believed that the truth that would reunite art and life, which he sought after, was contained in these very anthroposophical theories.«[107]

Der Zusammenhang von äußerer und innerer Welt wurde zum Kern von Tschechows Methode. In der Zeit seiner Leitung des MChAT 2, das er 1924 übernahm, führte er eine Reihe von Übungen zur inneren Wahrnehmung ein, und schließlich wurde seine berühmte Arbeit am *Hamlet*, wo er selbst die Rolle des Prinzen übernahm, zum Exempel einer Verbindung seines experimentellen künstlerischen Arbeitens mit der Spiritualität. In der Inszenierung kamen sowohl Züge des russischen Symbolismus wie der deutschen Anthroposophie zum Tragen. Der Einfluss von Andrei Bely, den Tschechow zu seinem anthroposophischen Lehrer erkoren hatte, bestärkte das Vertrauen in die Potentiale der Imagination und geistigen Inspiration. Bely war eine treibende Kraft der Russischen Anthroposophischen Gesellschaft, und nachdem diese aufgelöst wurde, verlagerte sich das Zentrum der anthroposophischen Ideen an das MChAT 2 und konnte so für einige Zeit trotz der kulturpolitischen Unterdrückung überdauern, bis Tschechow 1928 endgültig Russland verließ.[108]

Ob man Tschechows Vision eines Theaters und seine Schauspielmethode als anthroposophisch bezeichnen kann, ist umstritten. Anthroposophische Vorstellungen sind in vielfacher Hinsicht, zum Teil in verdeckter Weise, in den Übungen vorhanden, und die Aufzeichnungen, die Deirdre Hurst du Prey von den

Unterrichtsstunden Tschechows in Dartington gemacht hat, zeigen deutliche Bezugnahmen auf Steiners Gedanken und Terminologie. Auch sein Curriculum war von Steiner inspiriert und die anthroposophische Lehre war Thema in Dartington.[109] Das änderte sich in den USA, wo Tschechow seine anthroposophischen Bezugnahmen nicht mehr explizit machte. Joanna Merlin betont im Interview, dass Tschechow in der Zeit in Amerika die Beziehung zur Anthroposophie niemals erwähnte, sondern seine Studierenden dezidiert als Schüler der Tschechow-Methode ausbildete.[110]

Die eigene Basis der Tschechow-Methode

Angesichts der unterschiedlichen Einflüsse, die in der Methode zusammenkommen, kann man durchaus behaupten, dass das Tschechow-Training eine eigene Basis hat. Wer die Methode studiert, muss keineswegs ein Verständnis der Einflüsse haben, die sich auf die Entwicklung ausgewirkt haben, seien es anthroposophische, hinduistische, buddhistische oder irgend geartete weltanschauliche Orientierungen. Aber die Studierenden sind angeregt, eine ganzheitliche Sicht auf die Verbindung von Geist und Körper, innerer und äußerer Wahrnehmung sowie ein Vertrauen auf intuitive und imaginative Prozesse zu entwickeln. Tschechow verlangt eine bestimmte *Haltung* des Schauspielers in Bezug auf die eigene Arbeit und das Leben insgesamt, ein ausgeprägtes Bewusstsein, das über das Alltägliche hinausblickt. Toleranz, Mitgefühl und Verantwortung sind Eigenschaften, die anzustreben für ihn außer Frage steht. Diese ethische Orientierung kann m. E. nicht allein dem Einfluss der buddhistischen Lehre zugeschrieben werden.[111] Dann wären die Bedeutung Stanislawskis und der Kollegen am Moskauer Künstlertheater sowie das kulturelle Klima der 1920er-Jahre in Russland und Europa zu wenig berücksichtigt. Als Tschechow 1912 ans Moskauer Künstlertheater kam, waren in der von Stanislawskis Mitarbeiter Sulerzitzky eingerichteten Experimentierbühne alle Themen, die später für Tschechows Methode relevant werden sollten, schon vorhanden: Atmosphäre, Verkörperung, innere Befindlichkeit, Stil, die Kreativität des Schauspielers. In der Ausbildung mit Stanislawskis *System* lernte er Entspannung, Konzentration, Naivität, Imagination, Kommunikation und affektives Gedächtnis kennen.[112]

Sein Lehrer Leopold Sulerzitzky war von Leo Tolstois sozialen, pazifistischen und anarchistischen Vorstellungen beeinflusst und vertrat diese offensiv. Der Geist der sozialreformerischen und der frühen revolutionären Gedanken beeinflusste Tschechow ebenso wie die kulturelle Aufbruchssituation in Europa mit den zahlreichen Experimenten in Theater, Kunst, Tanz und Lebenspraxis, die er auch in Dartington erleben konnte.[113] Überdies sind stets die beiden Stränge im Blick zu behalten: Bei all seinem Interesse für Philosophie und geistige Entwicklung war Tschechow doch in erster Linie und von ganzem Herzen Schauspieler und Bühnenkünstler. Die psycho-physischen Übungen, die er entwickelte, um die innere Wahrnehmung zu stärken und den inneren Reichtum des Schauspielers nach außen sichtbar werden zu lassen, sollten nicht im engeren religiösen Sinne verstanden werden.[114] Moskau und Dartington stehen für zwei Seiten einer Medaille. Die materiellen Aspekte der Schauspielpraxis mit dem Fokus auf körperliche Vorgänge – auf Bewegung und Ausdruck sowie auf die Präsenz von Schauspielern auf der Bühne und das Publikum – sind mit den immateriellen Dimensionen der Schauspielpraxis verbunden – mit der Konzentration auf das Innenleben und die menschliche Existenz. Hier ist Cornfords Resümee in seinem Aufsatz über die Bedeutung des unsichtbaren Körpers für Tschechow nur eingeschränkt zu folgen:

> »For all Chekhov's emphasis on the intangible, his conception of theatre depends fundamentally upon its basis in materiality, upon the shared physical presences of actors, audience and stage, but it does not end there. Chekhov's proposed route to a spiritual theatre was not to renounce the body but to commit to it as an instrument for the exploration and expression of a spiritual realm.«[115]

Die Frage bleibt, ob der Körper wirklich nur ein Mittel und Instrument zur Erforschung und zum Ausdruck der spirituellen Bereiche ist, und damit, wie Cornford meint, das Spirituelle im Mittelpunkt steht. Hier wäre es hilfreich, wenn die Schauspielmethode als eine eigene Praxisdimension betrachtet werden würde, die Erfahrungen zulässt und in Gang bringt, die keineswegs in eine im engeren Sinne der Spiritualität verpflichtete Weltsicht und Theaterkonzeption münden müssen. Dem entspricht auch die Vielfalt der Einflüsse zwischen Ost und West und die erstaunliche Ähnlichkeit von Erfahrungen, auf die schon Stanislawski verwiesen hatte.[116]

Die künstlerische Arbeit mit der Imagination führt unvermeidlich in Erfahrungsbereiche, die vom bloßen Alltagserleben und seiner empirischen Überprüfbarkeit getrennt sind. Franc Chamberlain, dessen Verdienst es ist, die Tschechow-Methode in den Kanon der großen Schauspielmethoden aufgenommen zu haben, formuliert diese Eigenständigkeit der Methode im Hinblick auf die Arbeit mit dem Gefühl von Offenheit gegenüber Unterschieden und der entsprechenden Erweiterung des Bewusstseins für uns selbst und für andere. Wenn wir uns mit der Welt der Fantasie beschäftigen, dann akzeptieren wir Bilder, Charaktere, Worte und Situationen, die ohne unser bewusstes Wollen auftauchen. Das geschieht jede Nacht in unseren Träumen, wo alles passieren kann. Schon Nietzsche hatte in *Die Geburt der Tragödie aus dem Geiste der Musik* formuliert, dass jeder von uns ein »vollendeter Künstler« in der Welt der Träume ist. Allerdings geht es in der Schauspielausbildung darum, im Wachen oder mit offenen Augen träumen zu können und dem Traum Fleisch und Klang zu geben, ihn in die Welt und vor ein Publikum zu bringen. Das kann nicht gelingen, wenn wir nicht in der Lage sind, unserem Träumen Aufmerksamkeit zu schenken. Tschechows Methode ermöglicht es, in einen Dialog mit den Figuren unserer Träume zu treten, um sie vollständiger zum Ausdruck zu bringen.[117] Die Auseinandersetzung mit der Imagination gehört zum Alltag künstlerischer Arbeit, selbst wenn realistische oder naturalistische Formate auf die Bühne gebracht werden. Sie kann aber auch in einem spirituellen Sinne gedeutet werden. Die meisten Tschechow-Lehrer benutzen die Übungen heute in einem technischen Sinne, was aber nicht bedeutet, dass keine inneren, gefühlsmäßigen oder ethischen Bezüge zu konstatieren wären. Die Sphäre der Theaterarbeit ist wie die des Spiels eine gesonderte, vom Alltagsleben unterschiedene. Deswegen wird in der Regel ein Spielraum im Sinne eines Bereichs markiert, der mit besonderen Verhaltensweisen verbunden ist. Dazu gehören praktische Regeln, wie im Probenraum nicht zu essen, keine Alltagsdinge herumliegen zu lassen, das Private vom Professionellen zu trennen, aber auch den Spielraum, in dem das Bedeutungssystem des Theaters gilt, von dem Alltäglichen abzugrenzen. Auf der Bühne, im Probenraum kann der Tisch ein Berg, die Hand ein Mond, Person A ein König, der Stuhl ein Gasofen sein. Der Regisseur Peter Brook (*1925) hat in seinem legendären Buch *Der leere Raum* diesen Spielraum als einen Raum beschrieben, der mit allem, besonders aber mit der Fantasie gefüllt werden kann.[118] Damit die Entfaltung der Imagination möglich ist, fordern Tschechows Übungen eine professionelle Haltung und die Fähigkeit einer klaren Abgrenzung von Kunst und Alltagsleben.

III.
IMAGINATION UND HANDELN – ROLLENARBEIT

> »Wenn wir uns alle Punkte unserer Methode anschauen, erkennen wir, dass sie die Mittel dazu sind, unser inneres Leben in ein äusseres zu verwandeln. Dieser Gedanke muss immer in unserer Vorstellung lebendig bleiben.« Michael Tschechow[119]

Der große Theaterreformer und Schauspielpädagoge Konstantin Stanislawski beinflusst mit der Formel des magischen *Als-ob* bis heute die schauspielerische Rollengestaltung, indem er vom Schauspieler ein reales Verhalten innerhalb einer fiktiven Situation verlangt: Handele so, *als ob* dieser Aschenbecher ein Frosch sei, ist eines der prominenten Beispiele für Anweisungen an einen Schauspieler. Dieses magische *Als-ob* gilt seither als Zauberformel der imaginativen Praxis im Prozess der Rollengestaltung. Man kann jede Rolle, jede Bühnenfigur als eine Imagination verstehen, die konzeptuelles imaginierendes Denken erfordert, das mit dem Körper, mit der Stimme und den Emotionen des Schauspielers ausgeführt wird: Schauspielen heißt Imaginationen zu verkörpern. Das Verhalten, die Handlungen des Schauspielers sind dabei keineswegs fiktiv, sondern real, und gerade diese Verbindung von Fiktion und Realität, genauer von imaginativer Praxis und realer Praxis, macht die besondere Leistung von Schauspielern aus.

Es gibt seit Stanislawskis Systematisierung einer Schauspielmethode verschiedene Techniken, Ausbildungs- und Trainingssysteme, die Schauspielern helfen, mit der Verbindung von Imagination und realer Handlung umzugehen. Die jeweilige Rollengestaltung ist allerdings abhängig von der jeweiligen Inszenierungskonzeption. In Bezug auf die verschiedenen Schulen der Schauspielausbildung finden wir zwei Seiten, die häufig im Widerstreit liegen. Ist es die körperliche Handlung, die Schauspieler unterstützt, eine genaue Imagination zu entwickeln, oder ist es die Imagination, die dazu führt, präzise Handlungen in der fiktiven, in der, wie Stanislawski es ausdrückt, »angenommenen« Situation auszuführen? »Was würde ich tun, wenn ich in der Situation der Rollenfigur wäre, z. B. Hamlet in der Begegnung mit den Hofleuten Rosenkranz und Güldenstern?« Diese Frage fokussiert das Ich des Schauspielers, sodass die Handlungsfolge im Prozess der Rollengestaltung sich an den Erfahrungen des Schauspielers orientieren würde. Stanislawskis Vorgehensweise bildete später die Grundlage für Lee Strasbergs *Method Acting.* Dabei stellt der Erfahrungsschatz der Akteure den Fundus zur Verfügung, aus dem die Schauspielkunst schöpft. Einen anderen Weg nimmt Michael Tschechow, der mit der Begrenzung der Rolleninterpretation auf die Biografie des Schauspielers, wie sie sein Lehrer Stanislawski zunächst vorgeschlagen hatte, nicht einverstanden war. Er stellt die Frage anders, indem er eine doppelte Fiktion annimmt: »Was würde meine Rollenfigur, in unserem Beispiel Hamlet, tun, wenn er mit Rosenkranz und Güldenstern zusammentrifft?« Diese Frage wird nicht rational, wie etwa in der Methode Bertolt Brechts (1898–1956) beantwortet, der ebenfalls die Reduktion auf biografische persönliche Erfahrungen der Schauspieler einschränken wollte. Bei Tschechow geht es um intuitive Techniken, wir können an das *dritte* der *Fünf Prinzipien* denken. So liegt der Fokus auf gleich zwei Aufgaben für die Vorstellungskraft: Der Schauspieler versetzt sich in die fiktive Figur und in die fiktiven von der Szene vorgesehenen Umstände. Er muss demzufolge, wie wir im Weiteren sehen werden, seine Imagination in anderer Weise einsetzen als der erfahrungsgeleitete Schauspieler.

Tschechow ist in der Formulierung seines Ansatzes recht radikal:

> »Es ist ein Verbrechen, einen Schauspieler an die Grenzen seiner so genannten ›Persönlichkeit‹ zu ketten und einzusperren und ihn so eher zu einem versklavten Arbeiter als zu einem Künstler zu machen. Wo ist seine Freiheit? Wie kann er seine eigene Schöpferkraft und Originalität nutzen?«[120]

Indem die Wahrnehmung innerer Vorgänge und psychologischer Wirkungen eine wichtige Rolle spielt, behält die Tschechow-Methode eine Nähe zu Stanislawskis System. Das wird deutlich, wenn wir sie im Vergleich mit sehr körperbetonten und kodifizierten Methoden des Schauspiels betrachten, wie sie in außereuropäischen Traditionen vorkommen, wie etwa im japanischen Kabuki, dem Nō-Theater oder den indischen Kathakali-Techniken. Letztere hatte Tschechow in seiner Zeit in Dartington Hall kennen- und schätzen gelernt. Im europäischen Raum entwickelte der polnische Theaterreformer Jerzy Grotowski mit seinem Theaterlaboratorium eine Schauspielmethode, die zunächst am Körper ansetzt und ausgehend von körperlichen Veränderungen zu energetischen und mentalen Wirkungen gelangt. Hier ist die Imagination nicht vorgängig, sondern der Körper wird in ungewöhnliche Haltungen und Verfassungen gebracht, die dann mentale Wirkungen hinterlassen. Dabei spielt die bewusste Arbeit mit Widerständen eine zentrale Rolle.[121]

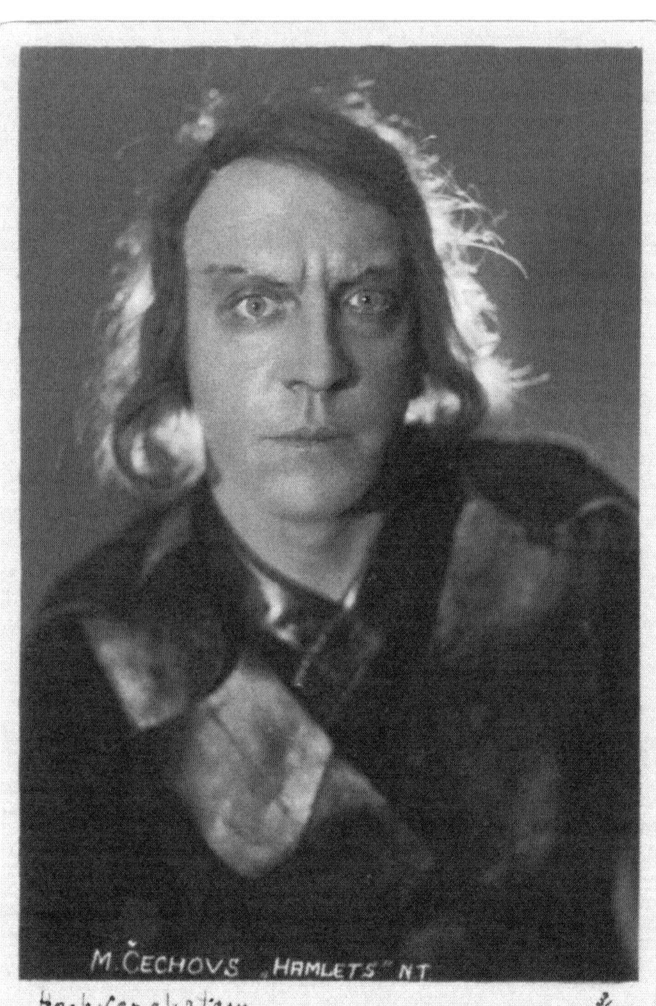

Rollenfoto Hamlet, Riga 1931

Unschwer zu erkennen ist, dass die hier grob vereinfacht dargestellten Traditionslinien letztlich die Frage nach der je spezifischen Verbindung von Körper und Geist, von Verkörperung und Imagination stellen, wenn auch von verschiedenen Seiten aus. Wie dies geschieht, soll zunächst zurückgestellt werden, um in mehreren Schritten genauer zu betrachten, worum es sich handelt, wenn wir von Imagination und ihrer Bedeutung in der Tschechow-Methode sprechen.[122]

Das *höhere (künstlerische) Ich* aktivieren

Tschechow geht nicht davon aus, dass ein Schauspieler seine Rolle auf der Basis eigener Erfahrungen kreiert. Seine Auffassung ist geradezu eine Kritik des *Method Acting* von Lee Strasberg, den Tschechow persönlich gut kannte: Welche Schauspielerin hat wie Medea ihre eigenen Kinder ermordet? Reicht der Tod des eigenen Vaters, um eine solche Situation zu verstehen und adäquat darzustellen, reicht die Erfahrung mit dem Tod eines Haustiers, um den von Ophelia zu verstehen? Tschechow kritisiert die Begrenzung auf die eigene Erfahrung und geht davon aus, dass ein Schauspieler zu komplexeren Darstellungen kommen kann, wenn er seine Rollenfigur zunächst imaginiert. Er vertraut auf das *höhere Ich* und seine Eingebungen, die sich auf der Ebene von Fantasien und Imaginationen zeigen. Die persönliche Psychologie des Schauspielers betrachtet er als eine Begrenzung, ja geradezu als ein Gefängnis. Ein Schauspieler ist aufgefordert, sich den Imaginationen auszusetzen, um sie dann im Prozess der Darstellung zu gestalten und zu verkörpern. Statt nach der Ähnlichkeit einer Rollenfigur zu seinem persönlichen Ich zu fragen, ist er veranlasst zu fragen: Worin unterscheidet sich diese imaginierte Rollenfigur von mir selbst? Um zu verstehen, welche

Macht Tschechow der Imagination, dem *Bildhaften Erleben* zuschreibt, muss man seine Konzeption des *höheren Ich* betrachten, das als Quelle künstlerischer Kreativität aufzufassen ist.

In Anlehnung an Rudolf Steiner hatte Tschechow eine dreifache Dimension des schauspielerischen Bewusstseins formuliert und unter der Überschrift »Creative Individuality« genauer differenziert.[123] Zunächst gibt es das Alltags-Ich des Performers, das mit seinen jeweiligen Gewohnheiten, Lebensumständen und Erfahrungen zu tun hat. Davon unterscheidet sich das sogenannte *höhere Ich,* das den Zustand kreativen Schaffens beschreibt, auch als *höheres Selbst* bezeichnet.[124] Um diese Verfassung einer intensivierten Konzentration und Inspiration zu erreichen, hat Tschechow zahlreiche Übungen vorgeschlagen. Wenn ein Schauspieler sie beherrscht, so kann er unmittelbar von dem Zustand seines privaten Ich, dem *Alltags-Ich,* in den des *höheren Ich* wechseln. Es ist nicht das normale Ich, das die Imagination stimuliert, sondern der Künstler in uns, »the Higher Ego, the artist in us that stands behind all our creative processes«[125].

Und es kann dann auch ein Hinüberwechseln zu dem stattfinden, was Tschechow das *Ich der Rolle* nennt, also zum Zentrum der dramatischen Person oder Figur, die durch den Schauspieler geschaffen wird.

»Although it is an illusory being, it also, nonetheless, has its own independent life and its own ›*I*‹«.[126] Dieses imaginäre *Ich der Rolle* wird vom Schauspieler skulpturiert und kreiert, dennoch entwickelt es ein Eigenleben, das die schauspielerischen Aktionen führt.

Um diesen Vorgang zu verstehen, muss man sich den Prozess der *Improvisation* näher anschauen, der unabdingbar zur Tätigkeit des Schauspielens gehört. Ohne Improvisation, d. h. das freie Ausprobieren von Gesten, Dialogen, Handlungen,

Interaktionen, sind Probenprozesse im Theater nicht denkbar. Die Ausbildung von Schauspielern versetzt sie in die Lage, Verhaltensweisen und Zustände, wie sie im Leben vorkommen, in bewusster und gesteigerter Form hervorbringen bzw. modellieren zu können. Die drei verschiedenen Ich, die Tschechow ausführt, dienen dazu, klar zwischen den alltäglichen Erfahrungen und Routinen, die ein Schauspieler aus seinem privaten Leben kennt, und den Erfahrungen von Kreativität und Inspiration, mit denen er seine Rolle und sein Spiel gestaltet, zu unterscheiden. Das *Alltags-Ich* erdet das Spiel des Schauspielers und bindet es an die Realität zurück. Zugleich dient es auch als Verbindung zum Publikum. Insofern ist das Theater, wie oben formuliert, ein Laboratorium menschlicher Verhaltensweisen und Beziehungen, aber auch ein Laboratorium, in dem Stimme, Körper und Sinne besonders verwandelt und entwickelt werden können und das sich in Aufführungen immer wieder der Rezeptivität eines spezifischen Publikums und damit einer Prüfung aussetzen muss.

Das *höhere Ich* erlaubt es einem Schauspieler, das eigene Spiel und die Rolle gewissermaßen von außen zu beobachten. So wird er selbst zum Zuschauer seines Spiels. Hier spricht Tschechow auch von einem Zustand *doppelten Bewusstseins*.[127] Mit dem erweiterten Bewusstsein, das mit dem kreativen Zustand einhergeht und das wir aus der Kreativitätsforschung kennen, kann er beide Seiten der Rampe differenziert wahrnehmen, sowohl das, was auf als auch das, was vor der Bühne vor sich geht.[128] Der Unterschied zwischen den verschiedenen Verfassungen des Ich ist bedeutsam, wenn es darum geht, die Bühne zu betreten. Tschechow behandelt die kreative Individualität im Zusammenhang mit dem Verhältnis des Akteurs zur Bühnen- und Publikumssituation. Mit dem *höheren Ich* ist ein Schauspieler in der Lage, die Reaktionen des Publikums zu erspüren, es ist verbunden mit der Fähigkeit zum *Mitgefühl*, auf die später zurückzukommen sein wird. Der Schauspieler entwickelt ein Gespür für die Resonanzen im Publikum, eine neue Art von »audience sense«.[129]

Inzwischen gibt es im Unterricht der Tschechow-Methode die verschiedensten Übungen mit vielfältigen Varianten, um den Übergang vom *Alltags-Ich* in eine kreative Verfassung unter dem Motto: »Die Schwelle überschreiten« zu fördern. Im Folgenden wird die einfachste Form beschrieben.

ÜBUNG 5: DIE SCHWELLE ÜBERSCHREITEN

Um den Schritt vom Alltagsleben mit all seinen Anforderungen hin zur Konzentration im künstlerischen Prozess zu unterstützen, entwickelte Tschechow die folgende Übung, die wie ein Ritual funktioniert und entsprechend individuell oder kollektiv genutzt werden kann. (Sie ist direkt aus dem Russischen übersetzt und beinhaltet deswegen die förmliche Anrede des »Sie«, die Tschechow dort benutzt hat.)

»Ziehen Sie einen Strich durch Ihr Zimmer. Dieser Strich soll die ›Schwelle‹ zur Bühne sein. Treten Sie an diese Schwelle heran mit der Absicht, den Grad Ihrer Aktivität zu erhöhen, sobald Sie sie überschritten haben. Geben Sie sich innerlich Mühe, Ihre Willenskraft von den Füßen zur Brust *aufsteigen zu lassen*, und halten Sie sie dort fest.« (Michael Tschechow)[130]
Diese Übung soll mehrmals wiederholt werden, wobei die Aktivität nicht ins Physische, in Muskelspannung, abgleiten soll. Es geht darum, das erhöhte Aktivitätslevel nach dem Überschreiten der Schwelle auszustrahlen. Der Schauspieler wechselt vom *Alltags-* zum *höheren Ich*.

»Eine Gruppenübung: Einige der Teilnehmer betreten einer nach dem anderen die ›Bühne‹, indem sie die Markierung der ›Schwelle‹ überschreiten. Jeder der Eintretenden bringt eine erhöhte Aktivität mit. Er strahlt sie rundherum in den Raum aus.« Indem die anderen Teilnehmer dasselbe tun, erhöht sich das Aktivitätslevel und die Improvisation kann beginnen. Dieser Vorgang kann mehrmals ausgeführt werden, um den Unterschied zwischen *Alltags-* und *höherem Ich* zu spüren und den Wechsel zu üben.

»Das Übungsziel ist erreicht, wenn sich alle Teilnehmer eines sagen können: ›Aktivität besitzt eine verbindende Kraft. Sie fördert die Beziehung zwischen den Partnern und regt zum kollektiven Kunstschaffen an.‹« (Michael Tschechow)[131]

Das Ritual des innerlichen Überschreitens der Schwelle wird von Tschechow zu Beginn einer Probe oder Aufführung genutzt. Entscheidend zum Gelingen der Übung trägt der Grad der Bewusstheit bei. Franc Chamberlain schlägt vor, am Anfang eine innere Geste zu vollführen, mit der die Teilnehmer ihr privates Leben und die damit verbundenen Gedanken hinter sich lassen. Dazu kann, was immer den Einzelnen dient, benutzt werden.[132]

David Zinder gibt zur Unterstützung folgenden Hinweis: Die Teilnehmer stehen mit dem Rücken zu einer Wand und imaginieren eine unsichtbare Membran, die sie dann durchschreiten. Wenn alle Teilnehmer im Spielraum bzw. auf der Bühne angekommen sind, beginnt der Workshop.[133]

»Die Schwelle überschreiten« kann in vielen Variationen durchgeführt werden, z. B. sollten sich die Teilnehmer bewusst werden über ihr *Alltags-Ich*: Was denke ich gerade? Was fühle ich in diesem Moment? Was will ich? Diese Fragen sollten kurz vor Augen geführt werden, um sie mit dem Schritt auf die Bühne, dem Überschreiten der Schwelle hinter sich zu lassen.

Mit genügender Vorbereitung kann diese Übung zur individuellen inneren Erfahrung des künstlerischen Potentials genutzt werden und ein persönliches Ritual darstellen.

In der Unterrichtsstunde vom 30. September 1937 in Dartington wird der praktische Nutzen dieser Übung deutlich. Tschechow erklärt hier, warum es wichtig ist, dass der Schauspieler mit der ganzen Existenz auf der Bühne steht und das Spiel sowohl mental wie körperlich ausführt, aber auch für die nötige Psychohygiene sorgt, indem er nach der Aufführung wieder bewusst in sein Alltagsleben zurückkehrt. Es geht darum, in der Lage zu sein, ganz klar von einer alltäglichen in eine künstlerische und von der künstlerischen in die alltägliche Verfassung zu wechseln. Undefinierte und vage Haltungen schwächen die Schauspieler.

> »When the curtain is down, at the end of the play, you must no longer be an actor. If you continue to be an actor after the curtain is down you will weaken your talent. If you begin indefinitely and finish indefinitely, it will weaken you. You must go from one point to the other and not be vague about it.«[134]

Imaginäre und imaginierte Körper

»The actor imagines with his body. He cannot avoid gesturing or moving without responding to his own internal images.«
Michael Tschechow[135]

»Try the exercises and you will see that they are *not* mystical. Try them, and you will see that they are truly *practical.*«
Michael Tschechow[136]

Der Zustand des *höheren Ich* ist es, der es erlaubt, dass ein Schauspieler seiner Inspiration bezogen auf die Rolle folgen kann. Und diese Rolle kann nach Tschechows Auffassung durchaus ein Eigenleben führen, das den Schauspieler während des Prozesses der Rollengestaltung leitet, wenn er sich ihm überlässt. Tschechow spricht sogar von einem eigenen *Ich der Rolle.* Die Techniken der Rollenarbeit, die er mit den Übungen zum *imaginären Leib* (Körper) und den *imaginären Zentren* geschaffen hat, überraschen durch die unmittelbare Wirkung der Imagination auf Körperwahrnehmung und Emotionen.

ÜBUNG 6: DER IMAGINÄRE KÖRPER

(Es handelt sich um eine Übersetzung aus dem Russischen, daher die formelle Anrede.)

»Stellen Sie sich anstelle Ihres Körpers einen anderen vor, denjenigen, welchen Sie sich selbst für Ihre Rolle geschaffen haben. Er deckt sich nicht mit dem Ihren; er ist kleiner und

dicker; die Arme sind vielleicht etwas länger; er bewegt sich nicht so flink und mühelos usw. Sie fühlen sich in diesem Körper ›wie ein anderer Mensch‹. Nach und nach gewöhnen Sie sich an ihn, und er wird Ihnen so vertraut wie Ihr eigener Körper. In Übereinstimmung mit seinen Formen lernen Sie laufen, sich bewegen und sprechen. [...] Als Produkt Ihrer Fantasie ist dieser imaginäre Leib dabei *zugleich Seele* und *Leib* desjenigen, den Sie auf der Bühne darstellen wollen.« (Michael Tschechow)[137]

Zu dieser Übung kann auch die Übung 9: »Körperzentren« herangezogen werden.

Um einen leichteren Einstieg in die Arbeit mit dem *imaginären Körper* zu finden, ist es ratsam, sich einen einzelnen Körperteil vorzustellen, der »verändert« ist. Beispielsweise: die Hände – jeder einzelne Finger ist größer als normal, die Finger haben die Qualität von Gummi. Wie verändert sich das Körpergefühl, wenn der Spieler imaginiert, »Gummihände« zu haben? Oder: Die Hände sind aus Glas. Wie verändern sich das Körpergefühl, die Bewegungen des gesamten Körpers, wenn der Spieler imaginiert, Hände aus Glas zu haben? Wie beeinflusst es die Empfindungen, die Stimmung, die innere Haltung?

»Haben Sie im Imaginären einen Leib und ein Zentrum gefunden, dann stellen Sie, soweit das die Szene zulässt, darin eine Flexibilität und Veränderlichkeit fest. Sie stellen fest, dass nicht nur Sie es sind, der mit einem selbstgeschaffenen Leib und Zentrum spielt, sondern diese auch mit Ihnen spielen und dabei in Ihrer Darstellung immer neue seelische und leibliche Nuancen hervorrufen.« (Michael Tschechow)[138]

Bei den Übungen zum *imaginären Körper* handelt es sich um eine grundsätzlich experimentelle Technik, die den Vorstellungsbildern eine aktive Rolle zukommen lässt, wie Joanna Merlin sagt: »Follow the image and see where it leads.«[139] Tschechow hat als Beispiel dafür das Eigenleben von künstlerischen Bildern im Sinn, von dem auch Schriftsteller berichten, die Figuren und Szenarien vor ihrem inneren Auge wahrnehmen.[140] Um diesen Vorgang und die Arbeit mit dem *imaginären Leib* zu verstehen, ist es nützlich, sich den Prozess der Imagination näher vor Augen zu führen.

Was ist Imaginieren? Die vielfach synonym gebrauchten Begriffe Vorstellungskraft, Fantasie oder Einbildungskraft bezeichnen in unserem Alltagsverständnis innere Vorstellungsbilder, ohne dass wir uns im Klaren darüber sind, was ein inneres geistiges Bild überhaupt ist. Lehnt es sich stets an etwas an, oder können wir uns auch Dinge vorstellen, die es niemals gab und niemals geben wird? Handelt es sich durchweg um Täuschungen, wie lange Zeit gedacht wurde, oder gibt es Wahrheitsgehalt in den Bildungen der Fantasie? Betrachten wir zunächst eine Definition, die Imagination in Beziehung setzt zu Wahrnehmungen der äußeren Welt.

> »Der Begriff der Imagination beschreibt sowohl Prozesse, in denen bereits existierende, jedoch abwesende Bilder reproduziert werden, als auch Prozesse der Produktion und Neuschöpfung von Bildern. Dass die Übergänge von beiden Formen der Imagination fließend sind, versteht sich von selbst.«[141]

Zu betonen ist, dass die Vergegenwärtigung von Bildern oder Repräsentationen nicht von aktuellen Perzeptionen begleitet sein muss, aber es durchaus sein kann. So arbeitet die Imagination mit Repräsentationen vergangener Perzeptionen. Sie basiert auf Wahrnehmungen, die nicht gegenwärtig, sondern bereits vergangen sind. Aus diesen Repräsentationen kann die Vorstellungskraft aber auch zukünftige oder nie stattfindende Vorstellungen und Szenarien entwickeln. Es gibt eine aktive projektive Fantasie und eine, die sich eher im Erleben von inneren Anschauungen, von Vorstellungsbildern vollzieht, eine Imagination, die unsere Denkprozesse begleitet, ohne in einen Prozess aktiven Fantasierens einzumünden. Michael Tschechow benutzt beide Funktionen der Imagination in seinen Übungen.

Der Schauspieler soll in eine Verfassung kommen, in der sich Fantasien entwickeln, denen er mit Aufmerksamkeit und Konzentration folgen kann: Er lässt Fantasiebilder entstehen und schaut ihnen zu: Er lässt sich inspirieren. Der weitere Schritt, der für die Rollengestaltung bedeutsam wird, besteht darin, aktiv zu imaginieren und Bilder, Wahrnehmungen und Empfindungen auszulösen.

Imaginieren und Konzentrieren

Es macht einen Unterschied, ob wir im Geiste ein Bild empfangen oder ein Vorstellungsbild aktiv hervorbringen. Beide Male handelt es sich um Imaginationen. Tschechow hat für beides, das eher *passive* und das *aktive* Imaginieren, Übungen entwickelt.

Ausgangspunkt sind die Bilder, die wir im Zustand des Einschlafens in unserem Geiste vorbeiziehen sehen. Tschechow fordert dazu auf, sie weitgehend passiv zu beobachten und ihr Eigenleben zu akzeptieren.[142] Erst in weiteren Schritten geht es um das bewusste Erschaffen und Umgestalten von Vorstellungsbildern und schließlich in der Methode der *Psychologischen Geste* um die Verbindung des Körpers zur bewussten Imagination.

Voraussetzung aber ist stets die Konzentration. Mit diesem Thema beginnt Tschechow seine *Lektionen für Schauspiellehrer* aus dem Jahre 1936:

> »KONZENTRATION – wie wichtig. Jeder Mensch besitzt ein gewisses Maß an Konzentration. Aber dieses gewöhnliche Maß reicht für unsere Arbeit nicht aus. Sie können ein Ensemble von Genies haben, aber wenn sie sich nicht konzentrieren können, nützt ihnen all ihr Talent überhaupt nichts und wird gar nichts bewirken. Während andererseits jemand, der vielleicht weniger talentiert ist, aber sich wirklich konzentrieren kann, die Kraft hat, unsere Aufmerksamkeit zu fesseln.«[143]

Tschechow unterteilt den willentlichen und bewussten Prozess des Konzentrierens in vier Schritte:

> »a) Genaues Betrachten und Aufnehmen von Gegenständen. b) [...] sich dann die gleichen Gegenstände innerlich vorstellen. c) Statt äußere Gegenstände zu beobachten, nutzen wir unser Vorstellungsvermögen. d) Die Augen schließen, sich den Raum vorstellen und sich dann auf verschiedene Gegenstände im vorgestellten Raum konzentrieren.«[144]

ÜBUNG 7: KONZENTRIEREN

»Wählen Sie einen Gegenstand im Raum und betrachten Sie seine Eigenschaften aufmerksam.

Schließen Sie dann die Augen und versuchen Sie, in ihrer Vorstellung den Gegenstand so deutlich wie möglich zu sehen.

Blicken Sie sich im Raum um und wählen Sie sich einen Bereich aus. Betrachten Sie diesen gut, dann schließen Sie die Augen. Versuchen Sie sich jetzt alles, was Sie eben gesehen haben, sich deutlich vorzustellen. Dann beschreiben Sie, was Sie sehen.

Wählen Sie einen Ton aus und lauschen Sie ihm.

Versuchen Sie weiterhin auf Ihren Ton zu lauschen, obwohl jetzt gleichzeitig ein anderer gespielt wird.

Denken Sie an eine Melodie, während eine andere gespielt wird.

Wählen Sie eine Stelle im Raum und spüren Sie sie, und dann spielen Sie ein Spiel. Versuchen Sie immerfort zu spüren, wo im Raum diese kleine Stelle ist.

Stellen Sie sich zwei unterschiedliche Objekte vor und verschmelzen Sie in Ihrer Vorstellung das eine mit dem anderen.

Sehen Sie im Geiste das Wachsen einer Pflanze.

Sehen Sie im Geiste eine Handlung und dann stellen Sie sich dieselbe Handlung rückwärts vor.« (Michael Tschechow)[145]

Die Übungen zur *Konzentration* beginnen stets mit der genauen Beobachtung eines Gegenstands der äußeren Welt, eines Raums oder auch nur eines Punkts an der Wand. In einem zweiten Schritt müssen diese Gegenstände innerlich imaginiert werden. Wir haben es hier mit einer Art *reproduktiver Imagination* zu tun. Sie reproduziert das äußere Bild in der Vorstellung. Tschechow schlägt Ähnliches auch für Klänge und Geräusche vor. Die Fantasie in einem weiteren Sinne als *produktive Imagination* ist dabei noch nicht gefragt, aber es wird das Vorstellungsvermögen trainiert, das ohne Konzentration nicht zum Zuge kommen kann.[146]

In der Moskauer Ausgabe *Die Kunst des Schauspielers* verbindet Tschechow die *Konzentration* mit der Imagination: Es werden dabei fiktive oder fantastische Gegenstände sowie Figuren aus der Literatur oder Landschaften der eigenen Fantasie u. Ä. imaginiert, für die es keine Wahrnehmungsobjekte in der Außenwelt gibt.[147]

Imagination – Wahrnehmung – Denken

Was heißt es, ein Bild zu haben? Mit dieser Frage beginnt der französische Philosoph Paul Ricœur (1913–2005) seine Vorlesungen über die Imagination im Herbst 1975 an der Universität Chicago.[148] Was Imagination ist, wie sie funktioniert und welche Rolle sie in unserer Weltbeziehung spielt, ist eine bis heute nicht erschöpfend erforschte Frage. Die unterschiedlichen theoretischen Ansätze zur Imagination von der Philosophie bis zu den Neurowissenschaften können hier nur unter dem Gesichtspunkt der praxisbezogenen Frage in den Blick genommen werden: Wie sind die psycho-physischen Wirkungen der Imagination, die durch die Tschechow-Methode hervorgebracht werden, zu erklären?

Um Michael Tschechows Methodik des Schauspiels und die Rolle, die der Vorstellungskraft dabei zukommt, zu verstehen, reicht der Verweis auf die historischen Einflüsse der Anthroposophie und der fernöstlichen Philosophie nicht aus. Sicher war das spirituelle System der Anthroposophie für Tschechow leitend. Was aber zur Genese seiner Methode beigetragen hat, ist die stete experimentelle Praxis der Arbeit als Schauspieler und Theaterlehrer, die ihm immer wieder vor Augen führen konnte, was die Aktivität der Imagination bewirken kann. Eine über lange Jahre geübte Praxis der Selbstbeobachtung und der Kontakt zu verschiedenen Schauspiel- und Bewegungslehren, wie beispielsweise Meyerholds Biomechanik, Steiners Eurhythmie und Labans Bewegungsanalyse ließen Tschechow das Zusammenspiel von imaginativen und körperlichen Vorgängen beobachten und erforschen.

Das Interesse, Erklärungen für das Zusammenwirken von Imagination, Körperbewegungen und psychischen Empfindungen zu finden, war seinerzeit ausgeprägt. In Russland wurden die Reflexologie und vergleichbare behavioristische Theorien lebhaft diskutiert. Auch Rudolf Steiner, der mit der Eurhythmie ein Übungssystem entwickelt hatte, in dem körperliche und seelische Kräfte verbunden werden, bot mit seiner Theorie Ansätze zum Verständnis. Im Anschluss an Goethes Anthropologie beschrieb er eine Überwindung der kartesianischen Subjekt-Objekt-Spaltung durch eine selbstreflexive Übungspraxis. Er verstand den Menschen als eine natürlich-übernatürliche Entität, die über die Fähigkeit verfügt, ihre Natur zu erweitern und Zugang zu höheren Welten zu erlangen, wobei der Vorstellungskraft eine besondere Rolle zukommt.[149] Auch heute noch stellt die Absicht, die konkreten praktischen Zusammenhänge zwischen Körperbewegung und imaginativer Aktivität zu erforschen, die in der Tschechow-Methode so offensichtlich werden, eine Herausforderung dar.

Wenn wir derzeit die Tschechow-Methode anwenden, gilt es zu verstehen, auf welche Weise sie vermittels imaginativer Übungen so deutlich sichtbare und spürbare Wirkungen erzielt. Was macht das Phänomen der Imagination aus? Was ist und wie funktioniert Imaginieren? Dazu gibt es zwei grundlegende Ansätze: Der eine besteht in dem, was philosophische Denker im Rahmen von Erkenntnistheorie und Ästhetik über das Vorstellungsvermögen und die Rolle der Imagination ausgeführt haben. Der andere Ansatz besteht in neuro- und kognitionswissenschaftlichen Theorien. Und natürlich gibt es Beziehungen und Verbindungen zwischen dem philosophischen und dem neurowissenschaftlichen Denken. Beides ist im Rahmen dieses Buches nur verkürzt zu behandeln und kann doch dazu beitragen, die Rolle der aktiven Fantasie und der Vorstellung in Michael Tschechows Schauspielmethodik zu erhellen.

Extra 1: Philosophie der Imagination (Vorstellungskraft – Denken – Erfinden)

»Einbildungskraft ist das Vermögen, einen Gegenstand auch ohne dessen Gegenwart in der Anschauung vorzustellen.«
Immanuel Kant[150]

Imagination, Vorstellungskraft, Fantasie, Einbildungskraft – all diese Begriffe führen ein selbstverständliches wie rätselhaftes Dasein. Im Deutschen werden sie bisweilen differenziert, dann wieder synonym verwendet.[151] Seit der Antike ist man versucht, die Imagination, die Bildung innerer Vorstellungen, von ihrem Verhältnis zur äußeren Wirklichkeit und deren Wahrnehmung zu verstehen. So sah Aristoteles (384–322 v. Chr.) die Vorstellungsbilder als eine Täuschung an. Was wir in der äußeren Welt wahrnehmen, bildet das Maß, und demzufolge ist die geistige Vorstellung eine Täuschung, eine Illusion. Die gedachte Traube ist eben nur gedacht, d.h. nicht wirklich, und das Bild kann trügen. Betrachten wir die Träume, die Wunschfantasien und die Wahnvorstellungen, so mag diese Auffassung plausibel erscheinen. Auch die Kunst wird dieser Sphäre der Illusion und Als-ob-Realität zugeordnet. Sie vermag uns zu täuschen, wenn sie gar zu perfekt daherkommt. Berühmt ist die Anekdote von den Trauben, die, exakt gemalt, sogar die Vögel verführen, nach ihrem Bilde zu picken. Auch kennen wir die Phänomene aus der Psychologie: Eine Wunschvorstellung kann unser Handeln leiten, um dann zu der desillusionierten Erkenntnis zu gelangen, dass wir uns bitter getäuscht haben. Die Vorstellung von der Fantasie und Imagination als einer Täuschung, einer Irreführung zieht sich durch die Philosophiegeschichte. Erst mit Immanuel Kants (1724–1804) Erkenntnistheorie und seinen Überlegungen zur Ästhetik wird ein neuer Weg eingeschlagen und die Auffassung von der inneren Vorstellung als eine Art von geistiger Kopie der Dinge grundlegend verdrängt. Und so kann Paul Ricœur anknüpfend an Kant eine Theorie der Imagination formulieren, die diese nicht auf ein bloßes geistiges Abbild der äußeren Welt oder der Sinnesempfindungen reduziert. Indem er die produktive Kraft der Imagination betont, hat das auch Konsequenzen für die Auffassung von der Rolle der Kunst.

Imagination und Wahrnehmung – innen und außen

Welchen ontologischen Status haben Imaginationen und Vorstellungsbilder? Für den Philosophen Spinoza (1632–1677) ist die Imagination nichts anderes als eine *Als-ob-Gegenwart*, also etwas Zweitrangiges: die bloße Illusion von Gegenwart, von Anwesenheit, eine Form des Nicht-Existenten.[152] Wie schon Aristoteles betrachtet er die Imagination unter dem Gesichtspunkt der Täuschung. Dieser verstand unter Imagination vor allem die geistige Vergegenwärtigung von Bildern, die aus der äußeren Realität stammen. Auch Spinoza bleibt in der antiken Denktradition, die der Imagination nicht allzu viel zutraut. Er betrachtet jedoch nicht Bilder, die in der Vorstellung reproduziert werden, sondern auch die Sinneseindrücke, die Erregungen, die die Gegenstände hinterlassen. Die Vorstellungen stehen im Kontrast zu den wirklichen Dingen der Außenwelt.[153] Auch was wir mit den Sinnen erfahren, kann geistig wieder hervorgerufen werden, ohne dass dies etwas an dem illusionären *Als-ob* ändert. Die Imagination bleibt ein *Nirgendwo*. Das *Als-ob* der Vorstellung wird gegenüber der Wahrnehmung als defizitär bewertet. Eine Einschätzung, die auch häufig der Theaterkunst begegnet: Alles ist *nur* Theater, also nicht echt, nicht wirklich, nicht so bedeutsam wie die Wirklichkeit. Wir werden auf dieses Argument zurückkommen. Für Tschechow und viele andere Künstler und Kunsttheoretiker stellt diese zweite Wirklichkeit des *Als-ob* dagegen eine höhere Wahrheit dar und ihr kommt eine besondere Bedeutung zu, womit die Theaterkunst aufgewertet wird gegenüber der empirischen Wirklichkeit, wie wir sie mit unseren Sinnen wahrnehmen. Im Verhältnis von Kunst und Wirklichkeit stellt die Imagination eine unverzichtbare Erweiterung unserer Weltzugänge dar.

Aber noch David Hume (1711–1776) leitet die Imagination aus der Erfahrung ab. Nur was wir wahrgenommen und erfahren haben, können wir geistig in Form von Vorstellungen vergegenwärtigen. Seiner Auffassung gemäß ist es zuerst die Sinneserfahrung, die einer Vorstellung vorausgeht. Das Bild der Vorstellung tritt hinter die Vitalität des unmittelbaren Sinneseindrucks zurück, es ist eine bloße Kopie, die den ursprünglichen Eindruck nicht erreicht. Das Vorstellungsbild ist eine Re-Präsentation. Auch hier haben wir wieder die herabsetzende Perspektive, wie wenn vom *bloßen* Theater die Rede ist. Aber es gibt einen weiteren Gesichtspunkt, unter dem Hume die Einbildungskraft betrachtet, der bis heute bedeutsam ist: Die Vorstellungskraft kann auseinanderliegende Erfahrungen verbinden. Sie ist es auch, die es ermöglicht, Vergangenheit und Gegenwart zusammenzuführen: »In this context, imagination is no longer a copy of an original but a freer form of projection between past and future.«[154]

Die freiere Bewegung, die Hume postuliert, ermöglicht es, die produktive Funktion der Fantasie in den Blick zu bekommen, wie sie Kant und dann auch Paul Ricœur in seinen Vorlesungen zur Imagination ausführen. Aber bei Hume ist diese aktive Funktion noch an die vorhandene Wirklichkeit von Sinneserfahrungen gebunden. Diese Auffassung der Imagination als eine Vergegenwärtigung, eine Re-Präsentation der wahrgenommenen Welt scheint zunächst plausibel. Paul Ricœur nennt diese Dimension in seiner Theorie der Imagination in Anlehnung an Kant *die reproduktive Vorstellungskraft*.[155] Was aber in Humes Perspektive nicht erfasst wird, ist das produktive Potential der Imagination, die *produktive* Imagination. Wieso und auf welche Weise kann die Fantasie etwas hervorbringen, das nie zuvor gedacht oder vorgestellt worden ist?

Kant öffnet den Zugang zu einer Theorie der Imagination, die Fiktion und neue ungekannte Dimensionen erschließen kann. Neben der Frage: Was ist eigentlich ein inneres Vorstellungsbild?, stellt sich auch folgende: Wieso können wir uns Dinge vorstellen, die es außerhalb der Vorstellungswelt nicht gibt?

Zunächst beschreibt Kant die Rolle der Einbildungskraft, wie er sie nennt, als eine der Synthesis (nicht anders als Hume). Aber er versieht sie mit einem dynamischen Attribut. Auch da, wo sie noch nichts Neues hervorbringt, sondern nur der Erkenntnis des Bestehenden dient, muss sie als aktiv begriffen werden! Kant nennt als Beispiel einen einfachen Gedankengang, der verschiedene Vorstellungen im Geiste aneinanderreiht: Wenn man sich den Zeitraum von mittags zum Mittag des nächsten Tages oder nur den Abstand von einer Zahl zur anderen vorstellen will, so darf man die ersteren nicht aus dem Denken verlieren: Man muss beide Teile des Gedankens, einen nach dem anderen im Geiste miteinander verbinden.[156] Diese Verbindung leistet die Einbildungskraft, die Imagination. In einem weiteren Beispiel beschreibt er, wie die Vielfalt des Gegebenen in der Anschauung in einen Zusammenhang gebracht werden muss.[157] Das geschieht immer, wenn wir wahrnehmen, denken und erkennen: Der Geist ist kein statischer Apparat, der etwas Äußeres nach innen abbildet, sondern er ist in Tätigkeit. Aber die reproduktive Rolle der Einbildungskraft lässt sich von der produktiven kaum abgrenzen; auch Kant tut sich damit schwer.

Für unseren Zusammenhang bedeutsam ist die produktive Rolle der Fantasie, die Kant in der Verknüpfung von Sinnlichkeit und Vernunft erkennt. Auch sie spielt eine konstitutive Rolle für die Gestalt unserer Erkenntnis. Sie erhält in der Ästhetik eine besondere Bedeutung. Immer da, wo von der Einbildungskraft die Rede ist, handelt es sich auch um ein freies Spiel dieser Erkenntniskraft. In seiner Schrift zur Ästhetik, der *Kritik der Urteilskraft* (1790), macht Kant deutlich, dass sich die Einbildungskraft nicht unter das Joch des Verstandes zwingen lässt: Sie assoziiert auseinanderliegende Gegenstände und kann sie in neue überraschende Anordnungen bringen.[158] Allerdings koppelt sich die produktive Einbildungskraft nicht ganz von der reproduktiven ab. Sie ist an der Wahrnehmung beteiligt![159] Die Gegenstände, die uns durch unsere Erfahrung gegeben sind, die wir in der Vorstellung reproduzieren und vergegenwärtigen, können in freie assoziative Verhältnisse treten! Dabei spielen auch Begriffe und Kategorienbildung eine Rolle, ohne dass sie die Einbildungskraft letztlich eingrenzen können. Denn wäre das so, dann gäbe es keine Entdeckungen, keine Experimente und keine Utopien, von Kunst und Literatur ganz zu schweigen.

So gibt es grob gesagt zwei Ebenen, auf denen die Imagination in Erscheinung tritt, einerseits die erkenntnistheoretische, mit der Kant sich ausführlich beschäftigt, die ihre Bedeutung in der dynamischen Verknüpfung und Vermittlung der Erkenntnistätigkeit hat, und darüber hinaus gibt es mit der produktiven Einbildungskraft die poetische Funktion der Imagination, die über die Erkenntnis des Bestehenden hinausgeht und als Fiktion in Kunst und Literatur eine Rolle spielt.[160]

Reproduktive und produktive Einbildungskraft – Denken und Erfinden

> »Wir haben also eine reine Einbildungskraft, als ein Grundvermögen der menschlichen Seele, das aller Erkenntnis a priori zum Grunde liegt.«
> Immanuel Kant[161]

Aber wie ist die Beziehung beider Dimensionen zueinander? Kann die produktive Einbildungskraft ohne die reproduktive, die sich auf Erfahrenes und Wahrgenommenes bezieht, tätig werden? Braucht die objektive wissenschaftliche Erkenntnis gar die produktive Einbildungskraft, die gerne der Poesie und Kunst zugeordnet wird?

Anders als es unser Alltagsverständnis vorsieht, ist es tatsächlich so, dass die produktive Imagination unser Verständnis für die Realität erweitert.

> »Erfinden durch einen kreativen Gebrauch der Vorstellungskraft ist eine allgemeine Funktionsweise des Denkens. Die Universalität der produktiven Vorstellungskraft impliziert, dass wir Parallelen in der Funktionsweise der produktiven Vorstellungskraft sowohl auf der Seite der Poesie als auch auf der Seite der Wissenschaft finden.«[162]

Diese Erweiterung, formuliert von Ricœur, wirft ein Licht auf die Sphäre der Kunst, wo wir der besseren Unterscheidung halber die *produktive Imagination* als poetische bezeichnen können. Nach Paul Ricœur sind poetische und wissenschaftliche Erkenntnis in dieser Hinsicht nicht streng geschieden. Es gibt eine Wechselbeziehung zwischen den poetischen und erkenntnistheoretischen Dimensionen der Imagination. Für die Kunst heißt das: »Weil [...] die Fiktion sich von der Herrschaft des Originals befreit hat, bietet sie der Realität einen neuen Aspekt, eine neue Dimension.«[163] Eben dies ist der Ansatz Michael Tschechows, der sich von Stanislawskis System der Schauspielkunst grundlegend unterscheidet: Die Schauspielkunst ist eine Kunst mit eigener Dimension, die den Erfahrungshorizont der Menschen überschreiten kann.

Für unsere Erkenntnisfähigkeiten und die Orientierung in der Welt stellt die Einbildungskraft, unsere Fähigkeit, Vorstellungen zu bilden und diese auch aktiv zu formen, eine unverzichtbare Quelle dar. Imagination ist in der Tschechow-Methode in mehrfacher Hinsicht zentral. Verfolgen wir die Übungsanweisungen Tschechows, so taucht immer wieder diese Formel auf: »Stellen Sie sich vor ...!« Der Körper wird als ein anderer imaginiert, die Umgebung nimmt in der Vorstellung veränderte Qualitäten an, die *Atmosphäre* füllt sich mit einer besonderen Eigenschaft ... Es ist sowohl die *reproduktive Einbildungskraft*, die in der Außenwelt Wahrgenommenes mental im Innern reproduzieren kann, als auch die schöpferische, die *produktive*, oder, wie Ricoeur sie nannte, die poetische, die in den zahlreichen Übungen zum Tragen kommen.

Wenn Tschechow vom *höheren Ich* spricht, von den Eingebungen der Fantasie, wenn er die Imagination für die Rollengestaltung als ein handwerkliches Mittel einsetzt, dann haben wir es mit der *produktiven Funktion der Fantasie* zu tun, die nicht auf die biografische Erfahrung der Schauspieler begrenzt ist. Aber zu ihr gehört die genaue Beobachtung sowohl der äußeren als auch der inneren Welt. Viele der Übungen beziehen sowohl die *reproduktive* als auch die *produktive* Vorstellungskraft ein. Dafür müssen Aufmerksamkeit, Konzentration und genaue Beobachtung immer wieder geschult werden: Bewusste Wahrnehmung und Imagination gehören in der Übungspraxis zusammen.

Aber Imagination spielt auch dann eine Rolle, wenn wir in den Körper hineinspüren, wenn wir ein inneres Körperschema abrufen, um bestimmte Empfindungen zu lokalisieren. Sie begleitet körperliche Bewegungen insofern, als das *erste Prinzip* der Methode von einer psycho-physischen Einheit ausgeht. Der Begriff des Psychischen umfasst in Tschechows Verständnis wie in der antiken Tradition geistig-seelische Vorgänge, ist also nicht auf den engeren psychologischen Bereich im modernen Sinne begrenzt. Das bewusste Erspüren von inneren Prozessen, das Tschechow stets verlangt, geht einher mit Vorstellungen, die wir uns darüber bilden.

IV.
KÖRPER UND IMAGINATION – AUSSTRAHLUNG UND ENERGIE

Die verschiedenen Dimensionen und Funktionen der Imagination verbunden mit den Emotionen erschweren es, die Wechselwirkungen mit körperlichen Vorgängen genau zu beschreiben.

Die Rolle des Körpers im Verhältnis zur Vorstellungskraft ist in der Tschechow-Methode von zentraler Bedeutung. Sie ist besonders im Prozess der Rollengestaltung wirksam. Der Weg ist dabei kein einseitiger: Nicht nur die Imagination kann Wirkungen auf den Körperausdruck erzielen, sondern umgekehrt können Körperhaltungen und Bewegungen die Imagination stimulieren. Es gibt eine wechselseitige Beeinflussung von Körper und Vorstellung. Nicht umsonst hatte Tschechow in seinem Studio eine Fülle physischer Übungen für die Schauspieler vorgesehen. Allerdings wendet er sich explizit gegen eine seinerzeit übliche Praxis der Gymnastik, die rein körperlich orientiert ist. Das Kapitel »Der Leib des Schauspielers« in seinem Werk *Die Kunst des Schauspielers* beginnt mit dem Abschnitt: »Es darf keine rein physischen Übungen geben.« Körperliche Übungen müssen sich stets mit inneren Wahrnehmungen verbinden. Der Körper soll »beweglich, feinnervig und geschmeidig«, offen sein für die »Schwingungen des Denkens«, der Imagination, des Fühlens und Wollens.[164]

Es geht um Körper, die empfänglich und durchlässig sind für innere wie äußere Impulse. Was aber sind Impulse und *Schwingungen des Denkens* und der Imagination? Die differenzierte Aufmerksamkeit, die Tschechow allen Schritten der Schauspielarbeit widmet, veranlasst dazu, auch die Rolle der Energien einzubeziehen. Es gibt keine rein energetischen Übungen, ebenso wenig wie rein physische oder nur psychische. Wenn wir an das *erste* der *Fünf Prinzipien* denken, das beinhaltet, dass die Arbeit stets psycho-physisch aufgefasst wird, sodass eine Geste untrennbar ist von ihrem damit einhergehenden Vorstellungsbild, dann bedeutet dies: Alle Bereiche – Körper, Geist und Emotionen – sind miteinander verbunden und von jedem Punkt aus aktivierbar. Zudem verlangt Tschechow bei allem, was Schauspieler tun, ein waches Bewusstsein, das in der Lage ist zu erspüren, *was* auf welche Weise *wie* geschieht! Der Körper wird bei Tschechow niemals als rein materieller betrachtet, so wie ihn beispielsweise die Anatomie sieht. Ein lebender Körper ist immer ein belebter Körper, der niemals bewegungslos ist. Auch im Ruhezustand sind Atembewegungen, Herzschlag und Blutfluss wahrnehmbar.

Ausstrahlung und Präsenz

> »Ausstrahlung ist eine Aktivität, die den inspirierten Schauspieler begleiten wird. Sie kann ebenfalls das Ergebnis von Willenskraft sein. […] Sie ist einfach ein Vorgang, bei dem das, was im Körper lebendig ist, über die Grenzen des Körpers hinaus gesendet wird. Sie berührt den Zuschauer, weil sie ihn unmittelbar erreicht.«
> Lenard Petit[165]

Der menschliche Körper interessiert im Theater nur als belebter, lebendiger: als Leib. Was Tschechow am wenigsten akzeptieren konnte, waren mechanisch ausgeführte Bewegungen und Übungen. Die Bedeutung des Unsichtbaren und der im weitesten Sinne geistigen Dimensionen, die das *zweite Prinzip* der Methode kennzeichnen, entspricht aktuellen wissenschaftlichen Erkenntnissen über die Zusammenhänge motorischer, mentaler und emotionaler Vorgänge. Das *zweite Prinzip* formuliert die Erkenntnis, dass sich der intensivste Ausdruck des Schauspielers der Arbeit mit dem Unsichtbaren verdankt, der Imagination und, wie wir später sehen werden, der Atmosphäre. Dass das Gehirn an der Ausführung und Steuerung von Handlungen beteiligt ist, steht nicht in Zweifel. Wie aber können Imaginationen auf den Körper wirken und der Körper wiederum Impulse an Denken und Vorstellungskraft senden? Bisher sind diese Zusammenhänge nur für die Schauspieler selbst spürbar und erfahrbar, aber kaum angemessen dokumentierbar. Vermittels elektronischer Bildgebungsverfahren sind sie inzwischen im Hirnscanner zu beobachten. Jedoch können die Geräte nichts erspüren, sondern nur zeigen, welche Regionen im Gehirn jeweils bei bestimmten Vorstellungen oder Körperbewegungen aktiviert werden.

Einen Testfall für den Zusammenhang von Körper und Geist, Imagination und Physis stellt das Phänomen der *Ausstrahlung* dar. »Radiation« bzw. »Radiating« ist ein Schlüsselkonzept Michael Tschechows. Er benutzt zur Kennzeichnung sowohl die Verb- wie die Substantivform.[166] Aber immer ist damit eine Aktivität gemeint. Aktive *Ausstrahlung* geht über die Grenzen des physischen Körpers hinaus und trägt zu dem bei, was als Phänomen der *Präsenz* bzw. der Bühnenpräsenz bekannt ist.[167] Tschechow betont die inneren Bilder, das innere Spiel, die unsichtbaren Bewegungen des Schauspielers, die notwendig sind, damit das Spiel auf der Bühne nicht leer erscheint.

Dabei wird eine aktivische Dimension der *Ausstrahlung* vorausgesetzt, die sowohl geistig als auch energetisch aufgefasst wird. Tschechows Lehrer Konstantin Stanislawski nahm noch an, dass die Fähigkeit zur Präsenz nicht erlernbar sei, sondern ein gegebenes Talent. Unbestritten gibt es natürliche Begabungen, aber Tschechow geht von der Erlernbarkeit aus. Von daher spielt *Ausstrahlung* eine zentrale Rolle, sowohl wenn es um innere als auch um äußere Bewegungen geht. Der Schauspieler auf der Bühne wird als ein energetisches Zentrum beschrieben, das unaufhörlich in alle Richtungen ausstrahlt:

> »On the stage the actor will feel himself as a kind of center that continuously expands in any and all directions he chooses. More than this, the actor will be able, through the power of *Radiation* to convey to the audience the finest and most subtle nuances of his acting, and the deepest meaning of the text and situations.«[168]

Die Fähigkeit, über die Körpergrenzen hinaus auszustrahlen, ist eines der stärksten Ausdrucksmittel des Schauspielers. »[...] as soon as he becomes aware of it, he can support and increase it by means of his conscious effort.«[169]

Radiating, das englischsprachige Gerundium, drückt die Kontinuität des Phänomens der *Ausstrahlung* deutlich aus. Es ist verbunden mit der Qualität des Feuers, dementsprechend handelt es sich um ein energetisches Phänomen, um eine Bewegung, von innen nach außen zu strahlen. Inwiefern Tschechow davon ausging, dass sich mentale Zustände und Vorstellungen auf direkte Weise nach außen übertragen, bleibt schwierig zu beurteilen. So gibt es in der Ausgabe von 1991 ein Kapitel mit der expliziten Überschrift »Radiation«, die in anderen Publikationen fehlt.

Das *Ausstrahlen* gehört zu den vier *Bewegungsqualitäten*, die in Anlehnung an die Elemente bezeichnet werden als *formen* (Erde, Lehm), *fliegen/schweben* (Luft), *fließen* (Wasser) und *strahlen* (Feuer, Licht).[170] Die gedankliche Vorstellung spielt eine immense Rolle für die Methode, sie kann den Körper beeinflussen, aber auch als energetische *Ausstrahlung* einen Zuschauer oder die Mitspieler erreichen. In den Anweisungen heißt es: »Stellen Sie sich vor …«, beispielsweise, den Raum gefüllt mit Wasser, mit Licht u. a. m. In Übung 4, »Sechs Richtungen«, wird etwa verlangt, mit der Vorstellung des Ausstrahlens zu arbeiten und die Energie über die Körpergrenze hinaus auszustrahlen. In Übung 5 ist es eine vorgestellte Schwelle, die überschritten wird, physisch oder nur gedanklich, in der bildhaften Vorstellung, um damit ein anderes energetisches Niveau zu erreichen.

Die praktischen Übungen zur *Ausstrahlung* sind sowohl mental als auch energetisch fokussiert. Sie verbinden sich mit der aktiven Imagination in beiden Dimensionen: als *reproduktive* und *produktive* Einbildungskraft. Sie können mit starken Körperbewegungen einhergehen. Diese sind aber nicht notwendig, um den Vorgang des *Ausstrahlens* und später auch die Arbeit mit *imaginären Körperzentren* (Übungen 8 und 9) zu unterstützen. Die Übung »Das ideale Zentrum« bedient sich in besonderer Weise der Vorstellung des Ausstrahlens.

Die Übung »Das ideale Zentrum« ist die zweite in Tschechows *To the Actor*, in der deutschen Ausgabe erscheint sie als Übung 11. Während Tschechow sie relativ kurz und konzentriert beschreibt, haben heutige Tschechow-Lehrerinnen und -Lehrer für sie eine Fülle von Variationen gefunden, die vor allem die Qualität des *Ausstrahlens* beinhalten und Bilder von Sonne, Wärme und Energie freisetzen. Tschechow spricht hier vom *imaginären* Zentrum, nennt es aber später das *ideale Zentrum*, denn es gibt weitere *imaginäre Zentren* (siehe Übung 9). In der englischen Ausgabe wird betont, dass von diesem *idealen Zentrum* ein Energiestrom ausgeht, der jeder Bewegung *vorausgeht* und über die physische Grenze hinausstrahlt. Ausgehend von Tschechows Auffassung einer Dreigliedrigkeit des Organismus, die der anthroposophischen, aber auch schon der antiken Denkweise entspricht, bildet der Herz- und Gefühlsbereich das *ideale Zentrum*. Es stellt die Verbindung her zwischen dem klaren Denken, das mit dem Kopf verbunden ist, und der Kraft, die im Becken lokalisiert wird.[171]

ÜBUNG 8:
DAS IDEALE ZENTRUM

(In der hier zitierten Ausgabe von 1998 nennt Tschechow das *ideale Zentrum* noch das »imaginäre Zentrum« und benutzt die im Russischen übliche distanzierte Anrede.)

»*Das imaginäre Zentrum in der Brust*

Stellen Sie sich in ihrer Brust ein *Zentrum* vor. Von ihm gehen die Lebensströme aus. Sie fließen in Kopf, Hände und Füße. Ihren Körper durchdringt ein Gefühl von Festigkeit, Harmonie, Gesundheit und Wärme.

Bewegen Sie sich. Der Bewegungsimpuls geht vom Zentrum in der Brust aus. Achten Sie darauf, daß Schultern, Ellbogen, Schenkel und Knie die Strahlung aus dem Zentrum nicht hemmen, sondern ungehindert durch sich durchlassen. Machen Sie sich das ästhetische Vergnügen bewußt, das eine solche Art, sich zu bewegen, Ihrem Körper bereitet.

Machen Sie einfache Gebärden. Heben und senken Sie die Arme, strecken Sie sie in verschiedene Richtungen aus, gehen Sie vorwärts, rechts, links, rückwärts, setzen Sie sich, stehen Sie wieder auf, legen Sie sich usw. Stellen Sie sich dabei vor, daß ihre Arme und Beine nicht an den Schultern bzw. Oberschenkeln ansetzen, sondern mitten in Ihrer Brust, im imaginären Zentrum. Bewegen Sie sich im Raum und stellen Sie sich vor, daß das Zentrum in der Brust Sie in eine bestimmte Richtung führt.

Gehen Sie dann, wenn Sie auf das Zentrum in der Brust, das Ihnen die Handlungsimpulse spendet, konzentriert sind, zu komplexeren Bewegungen und einfachen Improvisationen über. Üben Sie weiter, bis Sie sich an die Wahrnehmung des Zentrums gewöhnt haben und Sie sich nicht mehr eigens darauf konzentrieren müssen.

Das imaginäre Zentrum in der Brust sollte Ihnen immer mehr das Gefühl vermitteln, daß ihr Leib sich harmonisiert und dem Idealtypus näherkommt.« (Michael Tschechow)[172]

In einer weiteren Übung präzisiert Tschechow die Vorstellung des *Ausstrahlens*.

»Ihre Arme, die Brust und der ganze Leib senden Strahlen in jede gewünschte Richtung. Ändern Sie den Bewegungs- und Strahlungscharakter: staccato, legato, langsam, schnell; senden Sie Strahlungen in nähere oder weitere Entfernung aus, kontinuierlich oder mit Unterbrechungen. Stellen Sie sich vor, die Luft, die Sie umgibt, sei lichterfüllt. Improvisieren Sie.« (Michael Tschechow)[173]

In der Arbeit mit dem *idealen Zentrum* steht nicht die Körperbewegung, sondern zunächst eine Vorstellung an erster Stelle, die auf den Körper wirkt. In der Übungspraxis beinhaltet das *Ausstrahlen* die imaginative Projektion von Strahlen, die vom Körper ausgehend jeder Bewegung sowohl vorausgehen als auch ihr folgen.[174]

> »Wenn Sie weitermachen, indem Sie die *innere Kraft in der Richtung der eingeschlagenen Bewegung ausstrahlen, dann führen Sie trotz des Stillstehens Ihres physischen Leibes diese Bewegung fort.* Sie haben dabei die Wahrnehmung, dass

> Ihre innere Bewegung die Grenzen der äußeren, physischen Bewegung überschreitet, daß Ihre Kraft wächst und der Körper sich von der Muskelspannung freimacht.«[175]

Wie und warum funktioniert *Ausstrahlen*?

Wie kann *Ausstrahlung* wahrgenommen werden? Das ist eine bisher kaum zufriedenstellend gelöste Frage. Die Evidenz des Phänomens ist offensichtlich und der Erfahrung zugänglich, wir kennen es unter dem Begriff Präsenz. Präsenz und *Ausstrahlung* sind dynamische Vorgänge, hier bewegt sich etwas von innen nach außen, überträgt sich, schafft Resonanzen. Das Phänomen ist nicht auf die Tschechow-Methode begrenzt. Die Wirkungen von Performern, die über eine starke Präsenz verfügen, sind wahrnehmbar, ob im Tanz, in der Musik oder im Schauspiel. Das Phänomen der *Ausstrahlung* ist nicht kulturell begrenzt, sondern findet sich kulturenübergreifend in den verschiedensten Körpertechniken aus den performativen Künsten wieder. Aber was steckt dahinter?

Der Prüfstein ist der scheinbar reglose Körper, der äußerlich unbewegliche Schauspieler auf der Bühne. Warum kann er die Aufmerksamkeit von Zuschauern über längere Zeit aufrechterhalten? Wie gelingt es ihm, auch scheinbar reglos eine Faszination zu erzeugen? Ist der nach außen unbewegte Körper tatsächlich bewegungslos?

Die Erklärungsansätze für das Phänomen der *Ausstrahlung* differieren entsprechend der jeweiligen schauspielmethodischen Praxis, aber auch der wissenschaftlichen Disziplinen, in deren Kontext sie betrachtet werden. Die Forschungen zum Körper-/Geist-Verhältnis, die unter Body/Mind firmieren, haben zusammen mit den Neurowissenschaften Ansätze gefunden, die Wirkungen von Vorstellungen und mentalen Repräsentationen auf den Körper zu erklären. Bei beiden, den theateranthropologischen wie den neurowissenschaftlichen Forschungsergebnissen, handelt es sich um empirisch begründete materialistische Erklärungsansätze. Erstere fußen auf den trans- und interkulturellen Experimenten mit Schauspielern und Tänzern aus aller Welt, die die International School of Theatre Anthropology (ISTA) zusammen mit dem Odin Theater und ihrem Gründer und Leiter Eugenio Barba seit 1979 mit wissenschaftlicher Begleitung durchführt.[176] Sie finden ein Fundamt in den Erkenntnissen der Neurowissenschaften und begünstigen einen produktiven Dialog zwischen beiden.[177] Wir wissen nicht, was Tschechow dazu sagen würde. Für ihn war die Kraft des Geistes nichts, was in Frage stand oder einer besonderen wissenschaftlichen Erklärung bedurfte, so wenig wie in den fernöstlichen Lehren und in Rudolf Steiners geisteswissenschaftlich begründeter Anthroposophie. Von ihr war zu lernen, dass der Körper nicht der Container des Geistes ist, sondern Geist und Körper eine Einheit bilden, wobei das Geistige die Körpergrenzen übersteigt.[178] Zusammen mit Stanislawski beschäftigte sich Tschechow schon im Ersten Studio des MChAT mit den Yogatechniken des Prana, was als Atem und »ausgestrahlte Energie« verstanden wurde, aber auch Möglichkeiten von Gedankenübertragung, die um die Jahrhundertwende populär waren, und deren wissenschaftlichen Grundlagen, wie die physiologisch-psychologischen Studien von Théodule Ribot (1839–1916), gehörten zur Arbeit. Die Verbindung spiritueller und physiologischer Prozesse bildet bis heute eine Herausforderung für die Erforschung unsichtbarer Phänomene der Energieübertragung und Ausstrahlung im Zusammenwirken von Körper und Geist.

Die theateranthropologische Forschung findet eine eher physiologische Erklärung für die *Ausstrahlung* eines Performers in Verbindung mit ihrer mentalen Entsprechung. Im Vergleich unterschiedlicher Performance-Techniken und -Traditionen aus westlichen und östlichen Kulturen kommt sie zu dem Ergebnis, dass es sich bei dem Phänomen der Präsenz um ein psychophysisches Ungleichgewicht handelt, das beständig innerhalb des Körpers ausbalanciert wird. Auf bewusste oder unbewusste Weise wird eine Körpertechnik aktiviert, die innerliche, aber unsichtbare Bewegungen beinhaltet. Diese inneren Bewegungen widersetzen sich auf subtile Weise dem Gleichgewicht. Dabei wird beispielsweise der Atem kontrolliert und die Muskulatur enerviert. In der Weise, wie ein Seiltänzer sein Gleichgewicht durch die Verteilung von Energie und Masse in einem Prozess beständigen Balancierens aufrechterhält, so gelingt es dem präsenten Schauspieler, die Aufmerksamkeitsspannung des Publikums scheinbar mühelos zu erhalten. Clelia Falletti beschreibt dieses Phänomen in der Einleitung zu einem interdisziplinären Band über Theater und kognitive Neurowissenschaft:

> »Though everything about him seems immobile, in actual fact everything is in motion, with exaggerated tensions at play all over. What sustains the stillness is a hidden dance, a continuous dynamism of opposing forces, similar to that of the tight-rope walker.«[179]

Es ist ein verborgener Tanz dynamischer Kräfte, der den äußeren Ruhezustand aufrechterhält. Dabei spielen, wie die Tschechow-Übungen immer wieder zeigen, die gedankliche Kraft und das Vorstellungsvermögen eine immense Rolle. Wie ist die Beziehung zwischen einer inneren Handlung, einer Vorstellung und dem hier beschriebenen Prozess der Balance? Könnten die unsichtbare

Balance und Bewegung nicht als eine Dynamik von Energien beschrieben werden?

Die Arbeit mit den Körperzentren und dem imaginären Körper

> »To be concentrated on something means not only to be able to think of it in a certain special way as we know it (thinking as imagining) but at the same time to feel the objective and at the same time to wish, to desire to *do* it. Three main powers are coming together actively: thinking or imagining, feeling and willing.«
> Michael Tschechow[180]

Auf welche Weise sich explizit imaginäre, körperliche und energetische Aktivitäten untereinander verbinden, ist in der Arbeit mit den *Körperzentren* zu erfahren. Wie Rudolf Steiner und vor ihm Aristoteles und auch verschiedene asiatische Körperlehren sieht Tschechow eine Dreigliedrigkeit des menschlichen Organismus, die dem *Denken, Fühlen* und *Wollen* entspricht. Er lokalisiert sie im Kopf, der mit dem Denken verbunden ist, im Brustbereich, der das Herz beinhaltet und den Gefühlsbereich ausmacht, sowie dem Becken-Bauch-System, in dem der Wille und die essentiellen Bedürfnisse stecken.[181]

Die Übungen zu den *Körperzentren*, wie sie Lenard Petit im Rahmen der MICHA-Master Classes durchgeführt hat, beziehen die Wahrnehmung der *drei Zentren* ein, um dann das *ideale Zentrum* im Brustbereich zu fokussieren und so weiter zu Übungen mit verschiedenen *imaginären Zentren* zu führen. Hier ist eine Anknüpfung an Übung 6 »Der imaginäre Körper« und Übung 8 »Das ideale Zentrum« festzustellen. Diese imaginierten

Körperzentren werden mit jeweils anderen Qualitäten bedacht. Es werden sogar gedanklich Gegenstände in unterschiedlichen Regionen des Körpers platziert. Von dem amerikanischen Schauspieler Clint Eastwood (*1930) wird kolportiert, dass er für seinen berühmten kalten Blick, den er erbarmungslos über die Landschaft und seine Gegner gleiten lässt, mit der Vorstellung arbeitet, seine Augen seien Rasierklingen.[182] Diese Technik des *imaginären Körpers* erlaubt, vermittels der Imagination jeden beliebigen Gegenstand in den Körper oder in bestimmte Körperteile zu platzieren und die Bewegungen und das Spiel von den dadurch ausgelösten Empfindungen beeinflussen zu lassen. Auch Farbvorstellungen können dazu beitragen, die Methode der *imaginären Körperzentren* zu unterstützen.

ÜBUNG 9: KÖRPERZENTREN

Diese Sequenz ist den MICHA's Master Classes Videos entnommen. Es handelt sich um Session 8, geleitet von Lenard Petit. Die Übungseinheit wird eingeleitet mit der Aufmerksamkeit auf die drei Zentren Kopf, Brust, Becken mit dem Bauchraum (die der Dreigliederung von *Denken, Fühlen, Wollen* entsprechen), von denen jeweils Bewegungsimpulse ausgehen werden. (Entsprechend der heute üblichen Praxis der informellen Anrede wird das englische »You« hier mit »Du« übersetzt.)

»Das ideale Zentrum

Platziere eine imaginäre Sonne in deinen Brustkorb.
Führe kleine Bewegungen aus, gehe, sitze, stehe etc.
Nimm dir ein Requisit und interagiere mit deinen Partnern.
Nimm deine Erfahrung aktiv wahr.

Imaginäre Zentren
Bewege die imaginäre Sonne von deiner Brust in deinen Kopf.
Bewege die imaginäre Sonne vom Kopf in dein Becken.
Verändere das Bild der Sonne in andere Bilder, z. B.:
ein Block von tropfendem Eis (in deinem Becken);
ein Block von tropfendem Eis (in deiner Brust);
ein Topf mit überfließendem Honig (in deinem Bauch);
ein Topf mit überfließendem Honig (in deinem Kopf);
Rasierklingen (deine Augen);
Kerzenflammen (deine Augen);
ein Schmetterling (deine Brust);
ein glatter kühler schwarzer Stein (dein Herz);
eine angespitzte Bleistiftspitze (deine Nase);
ein Marshmallow (über deinem Kopf).
Zu welcher Art von Person wirst du mit jedem einzelnen Bild?«
(Lenard Petit)[183]

Die Arbeit mit jedem einzelnen imaginären Zentrum sollte genügend Zeit in Anspruch nehmen, um dabei Folgendes wahrzunehmen: Wie verändert sich mein Körpergefühl? Was löst das Bild des in meinem Körper platzierten *imaginären Zentrums* aus? Verändert sich der Muskeltonus, das innere Tempo, der Rhythmus meines Gangs, meine Stimmung, meine Empfindung? Wie verändert sich die Stimme? Mit welchem Blick nehme ich meine Umwelt, meine Übungspartner wahr...?

Zur Habitualisierung der Körperzentren: Führe eine alltägliche Handlung aus, z. B. Haare kämmen, Schuhe anziehen, einen Gegenstand im Raum suchen... Nimm den Einfluss wahr, den das *imaginäre Zentrum* auf eine solche einfache Handlung hat. Was für eine Figur entsteht? Welcher Charakter? Welche Art Person?

Die Arbeit mit den *Körperzentren* und dem *imaginären Körper* erweist sich nützlich zur Entwicklung von Figuren und Charakteren und zeigt verblüffende Wirkungen. Mit der Vorstellung eines Eisblocks im Brustbereich verändern sich Muskeltonus, Stimme und Bewegungsqualität. Die Vorstellung, z. B. statt der Finger Würste an den Händen zu haben, führt zu ungewöhnlich bizarren Körperwahrnehmungen. (Vgl. Übung 6.) Mit den großen Händen verändert sich das Gefühl der Arme; die Bewegung der Schultern und die Haltung werden beeinflusst. Dabei sind zugleich psychische Veränderungen wahrnehmbar, die vom Schauspieler nun zusammen mit den physischen Sensationen verstärkt wahrgenommen und so intensiviert werden können. Die Frage »Welche Bilder stellen sich innerlich ein, welche Gefühle entstehen in mir?« sollte für die Ausführenden präsent sein oder von den Übungsleitenden vorgeschlagen werden. Auch die Vorstellung, drei Meter groß zu sein, verändert die Raum- und Selbstwahrnehmung enorm. Wenn anschließend mit der Vorstellung gearbeitet wird, nur fünfzig Zentimeter klein zu sein und mit diesem inneren Bild im Raum zu gehen, zu stehen, zu sitzen, mit den Partnern zu interagieren, sackt in der Regel die Wirbelsäule zusammen, die Körperwahrnehmung und mit ihr die Wahrnehmung des Raums, z. B. der Deckenhöhe, verändert sich, die sozialen Beziehungen werden beeinflusst. In dieser Arbeit ist es wichtig, sich das *fünfte Prinzip* zu vergegenwärtigen, das der künstlerischen Freiheit: Es gibt auch in der Arbeit mit den *imaginären Zentren* kein Richtig oder Falsch, keine festgelegten Bedeutungszuweisungen! Es gilt, die Fülle der unterschiedlichen Wahrnehmungen, Erfahrungen und individuellen Zugänge wertzuschätzen. Im Austausch darüber zeigt sich häufig eine bisher ungeahnte Komplexität menschlicher Erfahrungen und Widersprüche. Die Arbeit mit den *imaginären Zentren* und dem *imaginären Körper* ist auch mit

Laien und selbst in der Theaterarbeit mit Kindern umsetzbar und provoziert in der Regel große Freude. Rein medizinisch betrachtet bleibt der Körper derselbe, egal welche Körpergröße oder Konsistenz imaginiert wird, und dennoch werden ganz andere Empfindungen spürbar und für die Zuschauer von außen sichtbar.

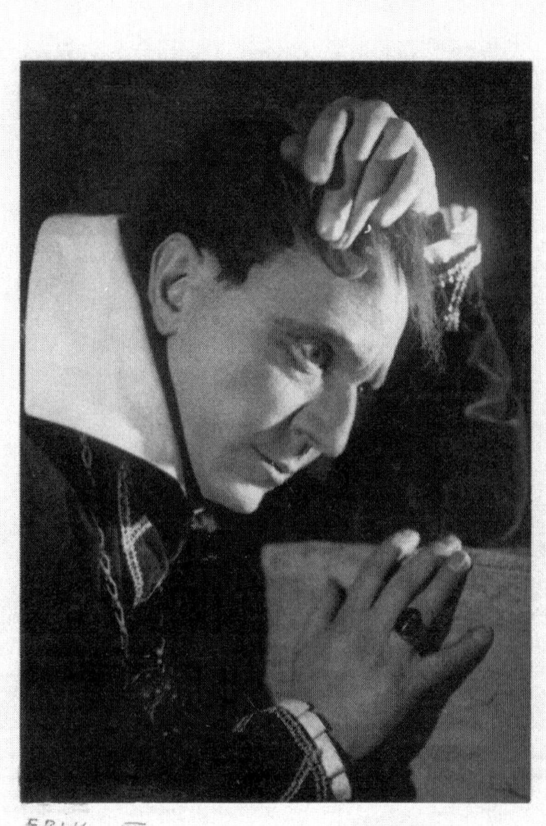

Rollenfoto Erik XIV., um 1921

V.
PSYCHOLOGISCHE GESTE (PG) UND ARCHETYPISCHE GESTEN: WEGE ZUR ROLLE

> »Man kann nicht immer eine Emotion produzieren,
> aber du kannst immer eine Geste machen.«
> Joanna Merlin[184]

> »Wir können jeden Punkt der Methode nehmen
> und ihn in eine Geste verwandeln.«
> Michael Tschechow[185]

Das wohl berühmteste und auch bisweilen mystifizierte Werkzeug der Schauspieltechnik von Michael Tschechow ist die *Psychologische Geste*, kurz *PG* genannt. Als Tschechow 1921 mit Jewgeni Wachtangow an seiner berühmten Rolle in Strindbergs *Erik XIV.* arbeitete, entdeckte er, was später die *Psychologische* und *Archetypische Geste* genannt werden sollte.

> »Wir fanden etwas Kompliziertes, das fast eine Geste war, doch uns war nicht klar, dass es bis zu einer Geste hin vereinfacht werden konnte. Wachtangow sagte mir, es könne etwas für Erik Sinnvolles sein, dass ich einen imaginären Kreis auf dem Boden habe und versuche, durch ihn hindurchzugehen, mir das aber nicht gelinge. Darüber fan-

> den wir eine bestimmte Form von Geste und Lautstärke für das ganze Stück.«[186]

Noch eine weitere Erfahrung ging in die Ausarbeitung dessen ein, was dann die *Psychologische Geste* werden sollte. In der Probenarbeit für Gogols *Revisor* schlug Stanislawski Tschechow, der in dieser Rolle dann brillierte, vor, er solle versuchen, Dinge zu fangen und sie plötzlich wieder fallen zu lassen. »Dadurch gab er mir den Schlüssel zur Psychologie des Revisors: [...] Etwas passiert völlig sinnlos. Genauso kann eine einzige einfache Geste für die Figur des Revisors alles Wesentliche beinhalten.«[187]

Die Methode der *Psychologischen Geste*, die Tschechow später in verschiedensten Zusammenhängen ausarbeiten sollte und über die er mit zahlreichen Beispielen sprach, darf nicht mit ihrer Verwendung auf der Bühne verwechselt werden! Sie dient den Schauspielern dazu, einen persönlichen Schlüssel zu ihrer Rolle zu finden, wobei auch hier die Freiheit und individuelle Kreativität, die Tschechows Methode insgesamt kennzeichnen, zum Ausdruck kommen. Es sind die Schauspieler, die sich experimentierend und spielerisch den Zugang zu ihren Rollen, aber auch zur Szene und zum Stück erschließen können.

Tschechow betont immer wieder, dass es nicht die intellektuelle Analyse ist, die zur Darstellung führt, sondern der genuin schauspielerische Zugang, wie er dem *dritten* der *Fünf Prinzipien*, der *Synthesis,* entspricht: »Sie [die Geste] entsteht *im Prozess der Synthese, nicht in dem der Analyse.*«[188]

> »Es wird kein philosophischer oder psychologischer Ansatz sein, sondern ein schauspielerischer, egal ob es sich um eine innerliche oder eine äusserliche Geste handelt.

> Deshalb ist die absolut beste Sache für uns Schauspieler eine *Sprache der Gesten.*«[189]

Bei der *Psychologischen Geste* handelt es sich um eine Bewegung, die zunächst körperlich aus der Improvisation heraus entwickelt wird und Vorstellungsbilder und Empfindungen freisetzt, die in verschiedenen Bereichen genutzt werden können. Die Anwendung ist nicht auf die Rollenarbeit beschränkt. Tschechow gibt insgesamt fünf Anwendungsbereiche an: die Rolle als Ganzes, einzelne Momente der Rolle, einzelne Szenen, die Partitur von *Atmosphären* und die Rede. Fortgeschrittene können sie auch für die Lektüre eines Stücks benutzen, um es für sich zu erschließen.[190]

Der besseren Verständlichkeit halber beschränken wir uns hier zunächst auf die Verwendung der *PG* für die Erarbeitung einer Rolle, wie es auch Tschechows Ausgangspunkt war.

Jewgeni Wachtangow, auf den die Anregung zur *PG* zurückging, studierte bei dem Regisseur und Lehrer Sergei Wolkonski (1860–1937), der das Bewegungssystem von François Delsarte (1811–1871) und die Eurhythmik von Émile Jaques-Dalcroze (1865–1950) lehrte, sodass sein Vorschlag, die Rolle von Erik XIV. mit der Hilfe eines imaginären Kreises zu verbinden, der Tschechows Bewegung als Darsteller einschränkt, naheliegt. Dalcroze konzentrierte sich auf die physischen Mittel, um den Geist zu stimulieren und das Nervensystem so zu aktivieren, dass es in der Lage ist, auf mentale Stimuli zu reagieren. Das Erforschen physischer Reflexe, damit die Muskeln dem Willen des Geistes leicht und schnell folgen können, war seinerzeit für verschiedene Künstler ein Thema. Auch Stanislawski arbeitete mit dem »körperlichen Leben der Rolle«, und in seiner späten *Methode der physischen Handlungen* wurde der Zusammenhang zwischen äußeren und inneren Handlungen genutzt. Sofern eine Handlung nicht nur mechanisch ausgeführt wird, beinhaltet sie auch innere Handlungen. Ihm waren auch Delsartes Bewegungssystem und Dalcrozes Eurythmik bekannt.[191] Tschechow fand demnach zahlreiche Anregungen für die Entwicklung der berühmten *Psychologischen Geste*; den Austausch mit Künstlern aus Frankreich, Deutschland und Russland muss man sich in den Anfangsjahren des 20. Jahrhunderts weitaus intensiver vorstellen, als wir es heute kennen.

Die *PG* wird im Ausprobieren und im vielfach wiederholten Tun gefunden. Sie ermöglicht es dem Schauspieler, eine Rolle, aber auch eine Szene genauer kennenzulernen und schließlich zu verkörpern. Es handelt sich um die Verdichtung der Ziele und Wünsche sowie der Antriebe einer Figur, ausgedrückt in einer einzigen Bewegung.

Die Geste wird zunächst groß und kraftvoll ausgeführt mit einem klaren Anfang und Ende und schließlich nur gedanklich vollzogen zur Grundlage der Rolleninterpretation.[192] Sie ist nicht für das Publikum gedacht, sondern dient einzig und allein der Vorbereitung der Schauspieler. Georgette Boner, mit der Tschechow im Exil in Paris eng zusammenarbeitete, betont den dynamischen Charakter der *PG*. Sie wirkt im Innern des Künstlers und soll sein »professionelles Geheimnis« bleiben. »Ihre Tätigkeit ist ein Aufnehmen und Abgeben, ein Empfangen und Entlassen. Zwischen diesen beiden Funktionen liegt das Speichern. Die *PG* speichert des Schauspielers Arbeitspotential.«[193] Sie wirkt und wohnt im Innern.

Um die Technik der *Psychologischen Geste* zu erarbeiten, wird der Zusammenhang von körperlicher Bewegung und der Wahrnehmung innerer Bilder trainiert. Dabei spielen der energetische

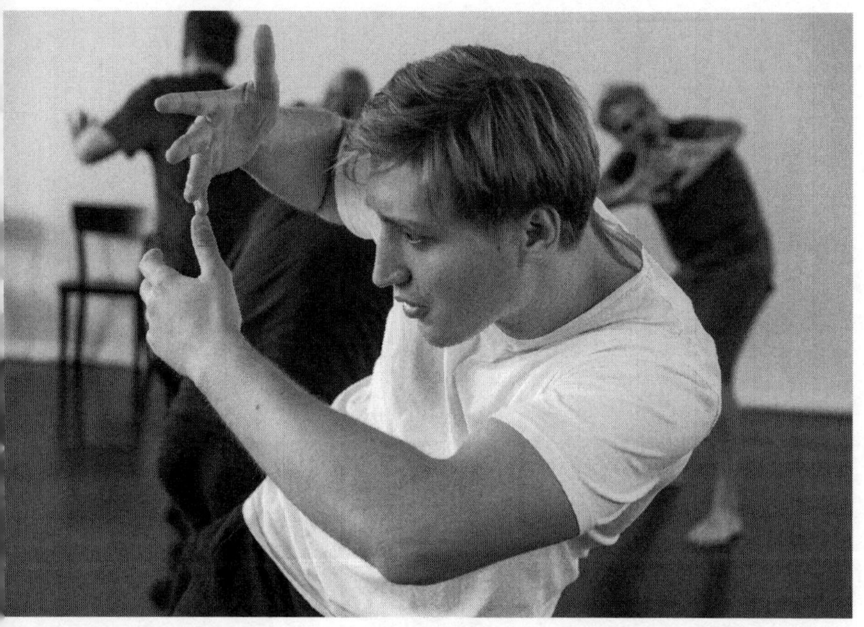

Arbeit mit der *Psychologischen Geste*. Schule für Schauspiel Hamburg 2018

Aspekt und seine bewusste Wahrnehmung eine wichtige Rolle, ebenso wie die Imagination, die sich dabei einstellt.

Zunächst wird ein Repertoire von Gesten erprobt, die unter dem Begriff der *Archetypischen Gesten* gefasst werden. Tschechow unterscheidet zwei Arten von Gesten: alltägliche, gewöhnlich ausgeführte – um die es ihm aber nicht geht – und diejenigen, die gewissermaßen als Prototyp von Gesten zu verstehen sind. Er bezeichnet sie als *Archetypische Gesten*, die als Modell für alle anderen desselben Typs gelten können. Dabei denkt er an Handlungen wie Nehmen, Geben, Öffnen, Schließen, Stoßen, Heben, Ziehen u. Ä. Sie werden zur Vorbereitung der Arbeit mit der *PG* genutzt. Alltägliche Gesten allein sind, wie er sagt, zu begrenzt, zu schwach und nicht imstande, den ganzen Körper, die ganze Psychologie und Seele zu ergreifen. Deswegen werden *Archetypische Gesten* – wie dann auch die *PG* – zugleich auf die wesentliche Bewegung reduziert und äußerst kraftvoll ausgeführt, sodass sie vollständig vom Schauspieler Besitz ergreifen können.[194]

Indem die Geste häufig wiederholt wird, bildet sich eine Art muskuläre Erinnerung an sie, die anschließend in der Rolleninterpretation mental abgerufen werden kann. Die *Psychologische Geste* bringt nicht nur den stärksten Wunsch oder Antrieb einer Figur zum Ausdruck, sondern auch ihre Hemmung, wie es Tschechow in seiner Arbeit am *Revisor* oder an *Erik XIV.* geschildert hat. Aber sie darf nicht als symbolisch oder deskriptiv missverstanden und dazu benutzt werden, einen Gedanken zu illustrieren! Wenn sie mit dem ganzen Körper ausgeführt wird, stimuliert sie das Innere, die Imagination und die Emotionen des Ausführenden.

Wie in vielen anderen Übungen Tschechows wird auch hier die Imagination durch physische Aktivität angeregt, und dabei gilt auch das Umgekehrte. Insgesamt ist es schwierig, beide Vorgänge auseinanderzuhalten. Auch wenn man von einem Body-Mind-Kontinuum ausgeht, wie beispielswiese Rick Kemp in seinen Überlegungen zum Beitrag der Neurowissenschaften zum Theater[195], so ist es doch so, dass die *PG* ihren Ausgang zunächst beim Körperlichen nimmt. Ohne die Möglichkeit zur deskriptiven Unterscheidung zwischen innen und außen wären die Übungen nicht zu praktizieren und die Wahrnehmung kaum zu fokussieren oder zu kontrollieren. Was in Verbindung von körperlicher Aktivität und psychologischer Wirkung der *Psychologischen Geste* gesucht und dann immer wieder erprobt wird, ist die stärkste Motivation, der stärkste Wunsch oder Antrieb einer Person oder einer Rolle.

Archetypische Gesten und Basisgesten

Die Arbeit mit der *Psychologischen Geste* wird in der Regel mit *Archetypischen Gesten* eingeleitet. Sie können auch als Basisbewegungen verstanden werden, die dem entsprechen, was der Tänzer Rudolf von Laban (1879–1958), der sich zur gleichen Zeit wie Tschechow in Dartington aufhielt, als »primäre Bewegungen« bezeichnet hatte.[196] Die genaue Anzahl der *Archetypischen Gesten* variiert in der Literatur, auch Tschechow war nicht immer genau in der Verwendung der Begrifflichkeiten. Überhaupt bedauerte er nach Aussage von Jack Colvin die Wahl des Begriffs, der Studierende dazu verleiten könne, die Gesten symbolisch aufzufassen.

Es geht bei den Bewegungen von Öffnen, Heben, Stoßen, Nehmen, Geben, Eindringen usw. um die Qualität der Bewegungen und die damit verbundenen inneren Wahrnehmungen und Empfindungen. Die konkrete Anzahl der Gesten wird in der Fachliteratur unterschiedlich angegeben. Die zwanzig Gesten, die Tschechow in *To the Actor* anführt, werden von derzeitig Lehrenden auf zehn bzw. zwölf (Joanna Merlin) oder elf (David Zinder) reduziert. Lenard Petit kondensiert eine Gruppe von nur fünf wesentlichen Bewegungen, die er mit grundlegenden Handlungsaussagen verbunden betrachtet: Ich will, ich lehne ab, ich gebe, ich nehme, ich behaupte meinen Standpunkt, ich gebe nach.[197]

Wie die *Archetypischen Gesten* mit alltäglichen Haltungen verbunden sind, demonstriert Joanna Merlin in der Einführung zu ihrer Lektion zur *Psychologischen Geste*.[198] Während sie vor der Gruppe steht, macht sie die Teilnehmer auf ihre Haltung aufmerksam: Was genau tue ich jetzt gerade, während ich unterrichte? Sie öffnet leicht die Hände: Es ist ein Anbieten, ein Geben. Was tun die Teilnehmer? Sie öffnen sich innerlich für die Worte, empfangen, nehmen an, saugen vielleicht sogar auf. So entsteht ein Gespür für die fundamentale Geste des »Gebens« verbunden mit einer Öffnung und dem »Annehmen«, nicht anders, als es hier in der Übung 1 am Beispiel des Balls beschrieben worden ist: Der Ball wird bewusst *gegeben* und ebenso *angenommen*: Geben und Nehmen. So wird deutlich, wie die *Archetypischen Gesten* im alltäglichen Handeln verankert sind.

ÜBUNG 10: ARCHETYPISCHE GESTE: GEBEN

Die Übung erfolgt in drei Abschnitten:

1. Steh zu Beginn mit geschlossenen Augen. Sag zu dir: »Ich gebe« oder »Geben«. Lass deine Hände folgen, während du sprichst, mache normale alltägliche Bewegungen, die dem Verb geben entsprechen. Wahrscheinlich wirst du die Hände vor dir öffnen. Dann beginne mit geöffneten Augen, die alltäglichen Gesten als Grundlage für eine Bewegung zu nehmen, die den ganzen Körper erfasst. Vergrößere die Bewegung. Wiederhole eine Geste, gib ihr einen klaren Anfang und ein klares Ende. Wiederhole sie mehrmals, probiere unterschiedliche Gesten aus. Überprüfe, ob du mit deinem ganzen Körper gibst, nimm unnötige Spannung aus der Bewegung. Hüte dich davor, das Geben zu spielen! Die Geste sollte einfach und klar sein. Halte die Geste, wenn sie abgeschlossen ist, innerlich aufrecht, sodass dein ganzer Körper sie ausstrahlen kann. Wenn die physische Bewegung zu Ende ist, geht die ausstrahlende Bewegung weiter! Nimm die Wirkung, die die Geste auf dich hatte, wahr, wenn du sie beendet hast. Dieser ganze Ablauf kann mit dem Aussprechen des Satzes »Ich gebe« verbunden werden, du kannst ihn aber auch innerlich stumm zu dir sagen.

2. In einem nächsten Schritt fühle, wie die Bewegung »zu geben« in dir entsteht, und erst dann führe die Geste auch körperlich aus. Wenn die Bewegung beendet ist, strahle Geben aus, über die Körpergrenzen hinaus. Halte die Geste mindestens zehn Sekunden, nimm die Energie wahr und sende sie in den Raum hinaus über die Fingerspitzen und behalte die Verbindung zu deinen Beinen! Wiederhole die Geste mehrmals und kehre immer wieder in eine neutrale Position zurück. Beginne wieder aus der neutralen Position heraus. Nimm wahr, wo und an welchem Punkt sich die Geste am stärksten anfühlt, ihren sogenannten *sweet point.*

3. Dann visualisiere die Geste nur noch innerlich. Der Körper steht ruhig, aber du fühlst eine kontinuierliche Bewegung: Geben. Dann lass dich von der vorgestellten Geste inspirieren, bewege dich im Raum, nimm Kontakt zu anderen Teilnehmern auf, nimm wahr, zu welcher Art von Bewegungen oder Handlungen du inspiriert wirst. Sprich einen kurzen Text, während die Bewegung in dir lebendig ist, so, als würde die Geste die Worte hervorbringen. (nach Rushe)[199]

Derselbe Ablauf kann mit den unterschiedlichen Gesten wie Öffnen, Nehmen, Heben, Werfen, Umarmen, Stoßen, Schieben usw. durchgeführt werden.

Partnerübung:
In einem weiteren Schritt können auch unterschiedliche *Archetypische Gesten* in der Improvisation untersucht werden. Chamberlain schlägt folgende kleine Partnerübung mit wechselnden innerlich ausgeführten Gesten vor:

A schiebt: »Ich hatte nicht erwartet, dich hier zu sehen.«
B zieht: »Ich hatte auch nicht erwartet, dich hier zu sehen.«
A umarmt: »Wie geht es dir?«
B dringt ein: »Sehr gut. Wie geht es dir?«[200]

Die *Archetypischen Gesten* als Vorbereitung zur *Psychologischen Geste* dienen dem Zweck, die Energie zu wecken und die Sensibilität zu entwickeln. Nach jeder Bewegung, wenn wieder eine neutrale Position eingenommen wird, ist zu spüren, wie die Bewegung noch innerlich nachklingt. Lenard Petit betont die Bedeutung des »energetischen Körpers« zur Durchführung der *PG*, ein Begriff, den er selbst geprägt hat. Es geht darum, einen Fluss von Energie zu erzeugen, der die Handlung oder Geste auflädt. Dieser Energiefluss ist auch aufrechtzuerhalten, ohne dabei die äußere Geste auszuführen, und kann die Rollendarstellung nähren.[201] Mit dem Energiefluss verbunden stellt sich ein Strom von Vorstellungsbildern ein, den die Schauspieler für ihre Rollengestaltung nutzen können. Die Intensivierung der Imagination durch die Geste entspricht dem *zweiten Prinzip* der Tschechow-Methode, das besagt, dass der intensivste Ausdruck sich der Arbeit mit dem Unsichtbaren verdankt. Das ist kaum deutlicher zu erfahren als in der Anwendung der *PG*.

Psychologische Geste als Hinführung zur Rolle

Die Arbeit mit der Methode der *Psychologischen Geste* lässt sich sehr gut in dem MICHA-Master-Classes-Video 7 beobachten. Die Art und Weise, wie sie dort mit den wesentlichen Basisgesten gelehrt wird, fußt auf den Erfahrungen von Jack Colvin und der einstigen Tschechow-Schülerin Joanna Merlin und wird

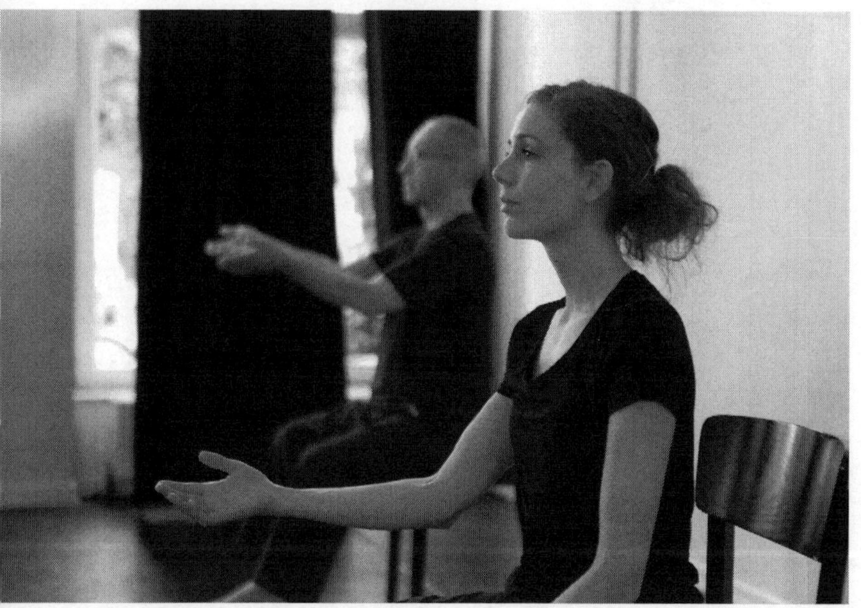

Archetypische Geste: Geben. Schule für Schauspiel Hamburg 2016

heute so in Workshops der MICHA-Dozentinnen und -Dozenten vermittelt.[202] Im Vergleich unterschiedlicher Darstellungen der *PG* in der Fachliteratur fallen Differenzen auf, die hier im Einzelnen nicht ausgeführt werden können.[203] Insbesondere das Verhältnis von *Archetypischen* zu *Psychologischen Gesten* wird unterschiedlich dargestellt. Die folgende Wiedergabe des Ablaufs der Session 7 ist ein originärer Beitrag Joanna Merlins. Sie beginnt zunächst mit *Archetypischen Gesten* und unterscheidet sie von der *Psychologischen Geste.* »Every Psychological Gesture is archetypal, but not every Archetypal Gesture is necessarily a Psychological Gesture.«[204]

ÜBUNG 11: PSYCHOLOGISCHE GESTE (PG)

Eine Einheit zur *PG* beginnt mit einer *Archetypischen Geste* wie »Kontraktion–Expansion (Öffnen/Schließen)«.[205] (Die folgende Master Class wird mit der heute gebräuchlichen Arbeitsanrede »Du« übersetzt.)

»Benutze deinen gesamten Körper und bewege dich von einer kontrahierenden Geste in eine ausdehnende. Spüre den Effekt, den diese Geste auf dich hat (›die innere Vibration‹). Versuche einen Laut zu finden, der aus dieser Geste erwächst. Wechsle in eine andere Bewegungsqualität (z.B.: staccato).

Basis (Archetypische Gesten):
Öffnen (Ausdehnen) – Schließen (Zusammenziehen) – Drücken (Schieben) – Ziehen – Heben – Umarmen – Penetrieren – Zerschmettern – Zerreißen – Wringen.

Führe eine dieser Gesten aus, indem du nur einen Teil deines Körpers bewegst. Lass deine Geste zu einer Bewegung des ganzen Körpers werden. Bewege dich vermittels dieser Geste mit einer bestimmten Bewegungsqualität (z.B. staccato, formend, fließend …). Führe die Geste äußerlich aus, während du sprichst, z.B. »Guten Morgen!«

Archetypen: Stell dir einen spezifischen Archetyp vor (z.B. einen Politiker). Folge deinem Bild. Mache eine kleine Bewegung. Involviere deinen Körper nun stärker in die Bewegung. Nimm wahr, was du tust (z.B. greifen). Versuche einen Laut für diese Geste zu finden.

Archetypen für Rollenfiguren: Stell dir einen Archetyp für deine Bühnenfigur vor. Erkunde ihn, indem du mit kleinen Bewegungen beginnst, vergrößere deine Bewegungen, indem du den ganzen Körper verwendest. Vereinfache sie, indem du sie auf eine Bewegung reduzierst. Während du diese Geste ausführst, sprich eine Textzeile. Sprich sie, während du die äußere Geste versteckst.« (Joanna Merlin)[206]

Joanna Merlin arbeitet hier mit *Archetypen,* also Vorstellungsbildern, die nicht verwechselt werden sollten mit *Archetypischen Gesten*, also mit Körperbewegungen. *Archetypen* sind typisierte Vorstellungsbilder, wie die Süchtige, der Eroberer, das eingesperrte Tier, der Liebhaber, die Mutter, der König u. Ä.

Archetypen und *Psychologische Geste*

> »Der Vater, den ich auf der Bühne porträtiere, ist etwas absolut Individuelles und nicht der Archetyp, aber er ging *aus* dem Archetyp hervor und hat bestimmte Verbindungen mit ihm.«
> Michael Tschechow[207]

Joanna Merlin verbindet die Arbeit an der *PG* nicht nur mit *Archetypischen Gesten,* sondern auch mit *Archetypen.* Bevor näher darauf eingegangen wird, ist es wichtig, sich in Erinnerung zu rufen, dass es sich dabei um Vorbereitungen zu späteren Rolleninterpretationen handelt! Andernfalls könnte die Arbeit mit der *Psychologischen Geste* und den *Archetypen* in Gefahr geraten, Stereotype abzurufen. Tschechow betont, dass die Bühnendarstellung immer individualisiert ist, so kann sie nicht zum Klischee werden. Der *Archetyp* ist niemals für die Zuschauer sichtbar, sondern bleibt das Geheimnis des Schauspielers, ebenso wie die *PG,* die verinnerlicht wie ein interner Motor die Figurendarstellung antreibt. Beides, *Archetypen* im Sinne von Merlins Beispiel und *PG,* sind Möglichkeiten, eine Rolle zu erforschen und ihr Ausdruckskraft und Tiefe zu verleihen. Es geht Tschechow bei dieser Technik um die spielerische Befreiung der Schauspieler von Steifheit und voreiliger Festlegung auf eine Interpretation. So können mit der *Psychologischen Geste* nicht nur menschliche Tätigkeiten ausgedrückt werden, sondern ebenso ist es möglich, dass auch Tiere, Pflanzen oder Gegenstände, wie z. B. ein Paar rote Schuhe, zum Bild werden, das eine Geste inspiriert. Zusammen mit der Spontaneität ist bei der Anwendung eine spielerische Neugier und Freude, die Tschechow gerne mit der von Kindern vergleicht, durchaus erwünscht.

Joanna Merlin nennt verschiedene Beispiele für die Verbindung der *Archetypen* mit der *PG* aus Anton Tschechows *Drei Schwestern,* einem Stück, das 1901 unter der Regie von Konstantin Stanislawski am Moskauer Künstlertheater uraufgeführt worden ist.

So wird die junge Irina, die sich nach Liebe und großstädtischem Leben sehnt, im Prozess der Erarbeitung der Rolle als »die Träumerin« bezeichnet, die in ihrer Ehe unglückliche vitale Mascha als »das eingesperrte Tier« und die aus kleinbürgerlichen Verhältnissen ins Offiziershaus gekommene Natascha als »die Süchtige«, die alles, was um sie herum ist, den ganzen Besitzstand, in sich aufsaugen will. Die Schauspieler finden jeweils eine *Psychologische Geste* für den von ihnen gefundenen *Archetyp* der Figur. Diese Geste soll so einfach und klar, so deutlich wie möglich sein. Dann wird sie mit einigen Textzeilen des Stücks verbunden und schließlich nur noch innerlich ausgeführt, unsichtbar von außen, aber klar in der Zielrichtung des jeweiligen Dialogs oder Monologs.

In den Gesten zeigen sich die Ziele oder Antriebe einer Figur, das, was ihr Verhalten bewusst oder unbewusst antreibt. Die *Psychologische Geste* kann für die gesamte Charakterisierung einer Rolle verwendet werden, aber auch nur für eine Situation. Innerhalb einer Szene ist es möglich, unterschiedliche Gesten einzusetzen.[208]

In einer Unterrichtsstunde vom 30. September 1937 in Dartington schilderte Tschechow, wie er in *Erik XIV.* die gesamten vier Akte mit einer *Psychologischen Geste*, die auf einer *Archetypischen* beruhte, gespielt hatte:

> »When I got this gesture inside, I could play four acts of the long play, having this gesture in all my movements, in all the words, in the psychology, in the outer exercises, everything. It is possible by having only one gesture to make it the ground for a four act play. How rich the gesture is if it is archetypal.«[209]

Es ist nicht leicht, die *Archetypische* von der *Psychologischen Geste* zu unterscheiden, und so entsteht in der Literatur immer wieder Verwirrung, denn beide sind mit starken körperlichen Bewegungen verbunden und werden häufig im Zusammenhang unterrichtet. Sinéad Rushe macht das Verhältnis beider mit folgender Definition deutlich : »A psychological gesture, also known as PG, is an *invented* archetypal gesture produced specifically for the particular character we are playing.«[210] Während der *Archetyp* konventionell ist, kann die *PG* frei erfunden werden. Mit der *PG* ist es möglich, die Vielzahl der *Archetypischen Gesten* zu übersteigen und eine einzigartige originelle Bewegung zu kreieren.

Der *Archetyp* dagegen ist wesentlich festgelegter. Er entspringt zunächst einer Vorstellung, wie Tschechow mit verschiedenen Beispielen ausführt, ehe er mit einer Geste verbunden wird:

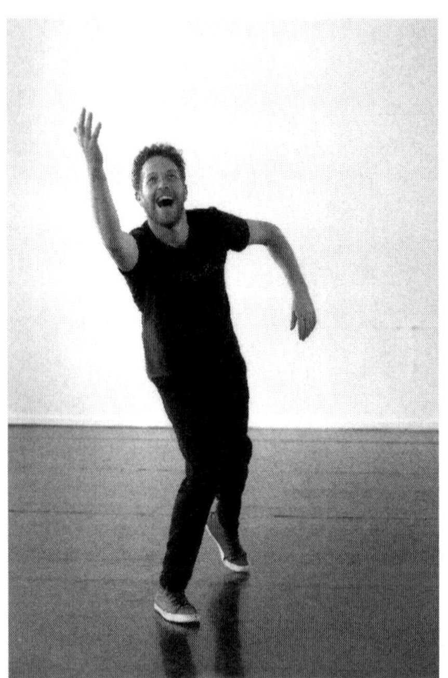

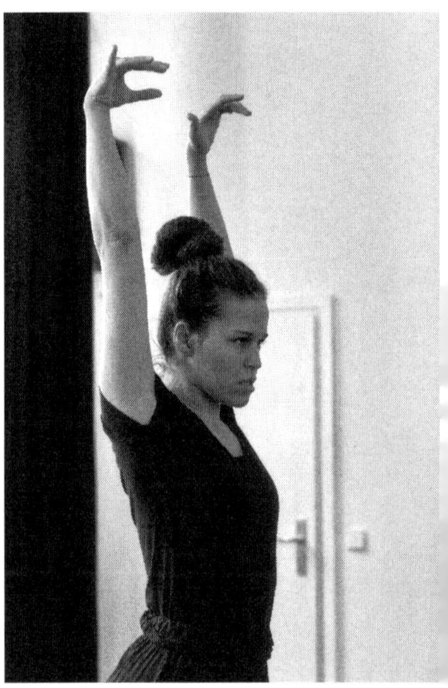

> »Es existieren zum Beispiel viele unterschiedliche Löwen, die in der Wüste herumlaufen. Jeder von ihnen ist ein Löwe, der eine ein größerer, der andere ein kleinerer, aber es gibt den Löwen als Archetyp. Es gib die *Vorstellung* eines Löwen als Ursprung aller Löwen.«[211]

Der *Archetyp* betrifft das Bild, während die *Psychologische Geste* durch die freie Bewegung gefunden wird.

Für seine Rolle als Iwan der Schreckliche 1932 in Riga fand Tschechow das Bild eines verwundeten Adlers mit gebrochener Schwinge. Es ist also, so betont er weiter in der neunten der *Lektionen für professionelle Schauspieler*, ein anderer Weg, die Rolle zu finden.

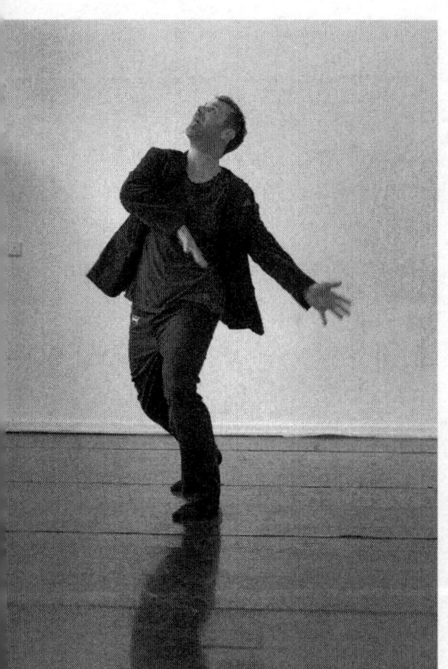
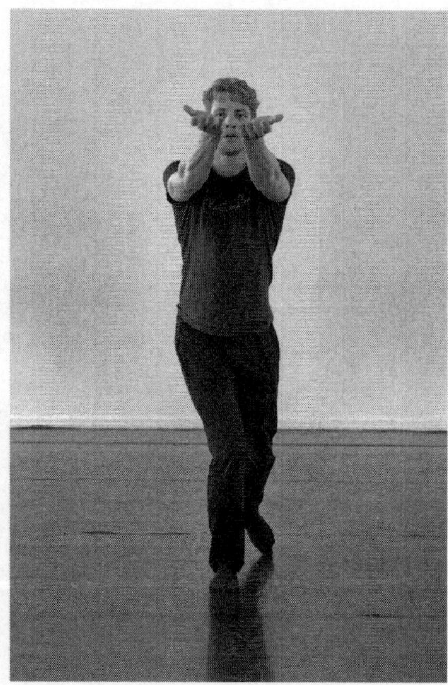

Arbeit an *Psychologischen Gesten.* Schule für Schauspiel Hamburg 2018

Auf die Frage, in welcher Beziehung beide Mittel der Methode, die *PG* und die *Archetypen* stehen, antwortet Tschechow: »Es kommt auf den Schauspieler an und darauf, ob er das eine oder das andere benutzt, aber wenn er sie wirklich benutzt, wird er herausfinden, dass der Archetyp zur Geste führt und die Geste zum Archetyp.« Und er betont nochmals den Zusammenhang der verschiedenen Elemente der Technik: »All die Punkte der Methode, die ich analysiert habe, kommen zusammen, wenn man sie benutzt.«[212] Und so produziert das Bild des *Archetyps* von Don Quichotte eine Geste und umgekehrt die Geste das Bild, wobei Don Quichotte, so wie Cervantes ihn geschaffen hat, selbst schon einen *Archetyp* darstellt, wie Tschechow bemerkt.[213]

Wichtig ist bei der Anwendung der *Psychologischen Geste* oder des *Archetyps* zu berücksichtigen: Tschechow empfiehlt, nicht den Archetyp mit der zu spielenden Figur gleichzusetzen!!! Er ist eher ein inneres Bild, das die Darstellung und die Folge der Handlungen und Dialoge ernährt.[214]

Michael Tschechow ist sich der Unsicherheit bewusst, die Schauspieler befallen kann, ob sie die richtige Geste, den richtigen Archetyp für ihre Rolle gewählt haben. Auf die Frage, wer sagt mir, dass es die richtige *PG* für die Figur ist, antwortet er: »*Nobody but yourself.* It is your own free creation, through which your individuality expresses itself. *It is right if it satisfies you as an artist.*«[215] Entscheidend ist die Freiheit, die sich der Schauspieler nehmen kann. Hier zeigt sich einmal mehr die konsequente Wertschätzung, die Tschechow den Schauspielern als Künstlern entgegenbringt. Als Realist fügt er verschmitzt hinzu: Aber der Regisseur kann natürlich Veränderungen der Geste, die man gefunden hat, vorschlagen.

Qualitäten von Bewegungen

> »Machen Sie mit dem ganzen Körper ausladende, kraftvolle Bewegungen. (Sie dürfen PG einsetzen.) Sagen Sie sich: Ich bin Bildhauer und *plastiziere* den Raum meiner Umgebung. Die Bewegungen meines Körpers hinterlassen in der Luft lebendige Formen.«
> Michael Tschechow[216]

Wenn wir uns daran erinnern, dass alle Elemente der Methode miteinander verknüpft sind und man sie von jedem Punkt aus anwenden kann, wie es im *vierten* der *Fünf Prinzipien* formuliert ist, dann trifft das auch auf die *Psychologische Geste* und die Arbeit mit den *Archetypen* zu. So ist die *PG* nicht nur mit dem Prinzip des Psycho-Physischen verbunden, mit dem Unsichtbaren und der spielerischen Freiheit des Schauspielers, sondern auch mit der *Atmosphäre*, dem *imaginären Körper* und den *Bewegungsrichtungen* sowie den *Bewegungsqualitäten*.

Im Experimentieren mit einer *PG* können sowohl *staccato* als auch *legato* sowie unterschiedliche *Bewegungsqualitäten* angewendet werden. Wenn die *Psychologische Geste* vor allem das, was eine Figur macht, zum Ausdruck bringt, so erlauben es die *Bewegungsqualitäten*, das Wie, die Art und Weise, mit der eine Geste und eine Handlungssequenz ausgeführt wird, zu variieren. Ausgehend von alltäglichen Bewegungen erklärt Tschechow in einem Vortrag 1942 in New York die grundlegenden Qualitäten, mit denen Bewegungen gemacht werden können: *Formen, Fließen, Fliegen* und *Ausstrahlen* entsprechen den Elementen Erde, Wasser, Luft und Feuer.

ÜBUNG 12: BEWEGUNGSQUALITÄTEN: FORMEN, FLIESSEN, FLIEGEN, AUSSTRAHLEN

»Führen Sie eine kreisförmige Bewegung aus, so als formten Sie die Luft und müssten dabei einen gewissen Widerstand überwinden. Haben Sie das richtig gemacht, bekommen Sie ein Gefühl gesteigerter Kraft, zuerst in dem Körperteil, den Sie bewegen, und danach im ganzen Körper. [...]

Als Nächstes führen wir eine weitere Bewegungsweise aus – *fliessende Bewegungen*. Machen Sie sich überhaupt keine Gedanken darüber, wie Sie dabei aussehen. Daran dürfen wir bei diesen Übungen nicht denken. Versuchen Sie, durchgehende, fliessende Bewegungen auszuführen, die von nichts behindert werden. [...] Setzen Sie dazu Ihren ganzen Körper ein – jede

Bewegung wird passend sein. Wenn Sie diese fliessende Bewegung richtig und lange genug ausführen, entsteht bei Ihnen das Gefühl, dass Sie sich psychologisch wärmer fühlen, dass Sie ausstrahlen und Ihre Wärme an das Publikum weitergeben wollen. Sie möchten mit Ihrem *Herzen* spielen. [...]

Die dritte Bewegungsweise sind *fliegende Bewegungen*. Wenn wir auf psychologische Art fliegen - wir brauchen dabei nicht den Eindruck eines fliegenden Lebewesens zu erwecken - ist es wichtig, dass wir beim Ausführen dieser Bewegungen das *Gefühl* haben zu fliegen. Diese fliegenden Bewegungen vermitteln uns den Eindruck, wir seien glücklich und zufrieden. [...] Fliegen zu können ist eine psychologische Tatsache, genauso wie die Fertigkeiten, kräftig zu formen oder zu fliessen, psychologische Tatsachen sind.

Die letzte Bewegungsweise ist eine *ausstrahlende Bewegung*. Strecken Sie Ihren Arm aus oder spreizen Sie Ihre Hand und strahlen Sie aus - einfach ohne jedes Zögern ausstrahlen. Sie werden bemerken, wie leicht Ihnen das fällt. Wir können sogar ohne jede Bewegung ausstrahlen. Strahlen Sie aus, sodass Sie das Gefühl haben, Raum einzunehmen. Strahlen Sie in Richtung der Sterne aus. Wenn es der Schauspieler auf der Bühne versteht auszustrahlen, wird ihm das auch das Publikum abnehmen.« (Michael Tschechow)[217]

In Tschechows Anleitung wird deutlich, wie sich diese vier Arten der Bewegung – *Formen*, *Fließen*, *Fliegen* und *Ausstrahlen* – mit Gefühlen verbinden und die Imagination nutzen: »so als formten Sie die Luft und müssten dabei einen Widerstand überwinden.« Zur Erarbeitung der *Bewegungsqualitäten* wird inzwischen die Vorstellungskraft extensiver eingesetzt, wie es in der Master Class der amerikanischen Schauspielerin und langjährigen Tschechow-

Lehrerin Fern Sloan deutlich wird.[218] Die Bewegungserfahrungen werden durch Hilfsvorstellungen unterstützt: So ist der ganze Raum »angefüllt mit Lehm«, durch den sich die Teilnehmer formend gegen einen imaginierten Widerstand des Materials bewegen. Sie befinden sich »im Wasser« und bewegen sich wie Seegras hin und her, mal ruhig, mal lebhaft, je nach imaginierter Strömung. Sie werden »von der Luft getragen« oder »senden Feuer bzw. Lichtstrahlen in alle Richtungen aus«.

Tschechow denkt bei den *Bewegungsqualitäten* an die Erarbeitung von Rollen, deren Erforschung die Übungen dienen. Vorstellbar sind ein fluider Charakter, der sich allem entzieht, ein feuriger Revolutionär, eine Person, deren Habitus davon geprägt ist, dass sie beständig gegen Widerstände ankämpft, und vieles andere mehr. Auch im tänzerischen Bereich sind die *Bewegungsqualitäten* einzusetzen, ebenfalls in der Arbeit mit *Atmosphären,* wie noch zu sehen sein wird. Sie können auch lediglich der Sensibilisierung für differenzierte Wahrnehmungen dienen, wie Tschechow mit Bezug auf die Körpererfahrung ausführt:

> »Wenn wir König Lear auf der Heide rennen sehen und unser Körper wach ist und in der Lage, diesen vier psychologischen Bewegungen zu gehorchen, können wir Lear folgen. Und wir sind fähig, an ihm noch viele weitere Dinge wahrzunehmen. Denn ein auf diese Weise trainierter Körper fängt an, zu denken und Sachen zu verstehen. Ausreichend beweglich wird der Körper zu einem Verständnisorgan.«[219]

Tschechow bezeichnet hier die Bewegungsqualitäten auch als »psychologische Bewegungen« und betont damit die Beziehung zu den Gefühlen und zum intuitiven Verstehen. Damit ist die Frage nach den Zusammenhängen von Denken, Vorstellen, Imaginieren und körperlichen Bewegungen und Handlungen aufgeworfen.

VI.
VERKÖRPERUNG – MIT VORSTELLUNGSBILDERN HANDELN

»Stürzt Lear zu Boden, kann ich das in meiner Vorstellung mittels meines eigenen Körpers nachvollziehen. Er vollzieht es exakt nach – dafür genügt bereits der Impuls dazu. Mein Körper entdeckt die Psychologie Lears. Unsere Körper werden unsere Gehirne, die alles zu hören, zu sehen, zu fühlen und zu tun vermögen.«
Michael Tschechow[220]

Wie kann die Imagination Veränderungen in der Körperwahrnehmung hervorbringen, wie sie in den Übungen – angefangen vom *imaginären Körper* und den *Zentren* bis zu den *Archetypischen* und *Psychologischen Gesten* – zu erfahren sind? Im zweiten Kapitel ist Imagination als die Art und Weise thematisiert worden, wie wir uns als Menschen die Realität und unsere Wahrnehmungen vergegenwärtigen. Ohne Vorstellungskraft sind wir nicht in der Lage zu denken, zu erkennen und zu gestalten. Die Tschechow-Methode fordert uns dazu heraus zu fragen: Welche Rolle spielt der Körper dabei? Ist er nur ein Gefäß für unser Denk- und Vorstellungsvermögen? Worin besteht der Zusammenhang zwischen Vorstellungsbildern und körperlichen Vorgängen?

In den letzten Jahrzehnten hat die Forschung zur Bedeutung des Körpers für unser Denken und Handeln neue Dimensionen erhalten, indem experimentelle Verfahren zur Verfügung stehen und Zusammenhänge zwischen Körper und Geist neurowissenschaftlich basiert beschrieben werden. Die Verbindung mentaler und körperlicher Phänomene sowie ihre wechselseitige Beeinflussung stellt ein faszinierendes Forschungsfeld dar, das von der Philosophie über Anthropologie und Psychologie bis zu den Kognitions- und Neurowissenschaften reicht. Weil Schauspieler im Rahmen ihrer Übungsrepertoires und Improvisationen mit Körper und Geist gezielt und methodisch arbeiten und beides trainieren, sind sie in ihrer täglichen Praxis immer wieder mit diesen Beziehungen befasst. Sie erfahren das Zusammenwirken von Leib und Seele im Spiel, aber ebenso deutlich auch ihre jeweiligen unterschiedlichen Dimensionen.

Neurowissenschaftliche Ansätze werden inzwischen häufiger im Zusammenhang mit dem Theater behandelt.[221] In der theaterwissenschaftlichen Literatur zu Tschechow finden sich vor allem zwei Theorieansätze, die vorrangig herangezogen werden, um die Wechselwirkung von Körper und Imagination zu erfassen: die Metapherntheorie von Seiten der kognitiven Sprachwissenschaft und die Studien zum Resonanzsystem im Gehirn, das unter dem Begriff der Spiegelneuronen bekannt und populär geworden ist. Beide Konzepte werden auch miteinander verbunden, wie später noch zu sehen sein wird. Eine Schwierigkeit bei der Rezeption dieser Versuche erwächst aus der Komplexität der herangezogenen, zunächst fachfremden Forschungsergebnisse, die mit umfangreichen fachlichen Kontroversen, die in theaterwissenschaftlichen Darstellungen weitgehend unberücksichtigt bleiben, verbunden sind. Nichtsdestotrotz sind die Versuche fachübergreifender interdisziplinärer Forschung wichtig, und so sollen hier die gängigen Konzepte behandelt werden, die für die Tschechow-Methode von Bedeutung sein können.

Die vorliegenden Studien deuten an, dass der Erkenntnisgewinn kognitions- und neurowissenschaftlicher Perspektiven darin bestehen könnte, die Schauspielpraxis mit ihrem transformativen Potential für Körper, Geist und Psyche genauer zu beschreiben und damit einen Beitrag zur Erweiterung gegenwärtiger anthropologischer Erkenntnisse zu liefern. Sie könnten auch helfen, die Tschechow-Methode für Nicht-Schauspieler verständlicher zu machen.

Sprachbilder und konzeptuelle Metaphern – Orientierung für das Handeln

Sowohl unser Denken als auch unsere Sprache kommen nicht aus ohne Vorstellungsbilder. Von der Baumkrone über den Geistesblitz bis zum Geschäftsmann als schlauem Fuchs werden unterschiedliche Bilder miteinander verknüpft. Auch *Archetypische Gesten* können im übertragenen Sinne, also metaphorisch, gebraucht werden, wie wir gesehen haben. Neuere Forschungen machen auf die Bedeutung von Metaphern für unser körperliches Handeln aufmerksam. Es ist die Theorie der konzeptuellen Metaphern, auf die schon Tom Cornford im Jahre 2012 in seiner Arbeit über das Tschechow-Studio in Dartington aufmerksam gemacht hat, die sich als bedeutsam erweist, um die Zusammenhänge von körperlich-räumlichen Handlungen und Vorstellungsbildern zu erklären.[222] Im selben Jahr wie Cornford publizierte Rick Kemp, Professor für Schauspiel und Regie, seine Arbeit *Embodied Acting*[223], in der er das Konzept metaphorischer Konzeptualisierung auch im Zusammenhang mit der Tschechow-Methode behandelt und weitere kognitions- sowie neurowissenschaftliche Studien heranzieht. Die Forschungen zur Bedeutung von Metaphern für unser körperliches Handeln bilden eine Grundlage für das Verständnis der Zusammenhänge von körperlichen und geistigen Prozessen und können die Rolle der Imagination näher thematisieren. Hier sind besonders der Linguist George Lakoff und der Philosoph Vittorio Gallese als Vertreter einer kognitiven Sprachwissenschaft zu nennen, die davon ausgehen, dass Imaginationen verkörpert sind.

Wie Wahrnehmung und Handeln sind auch Vorstellungen mit körperlichen Vorgängen verbunden: »[…] imagination, like perceiving and doing, is embodied, that is, structured by our constant encounter and interaction with the world via our bodies and brains.«[224] Die beiden Forscher argumentieren mit Bezug auf verschiedene Studien, dass aktive Imagination dieselben neuronalen Netze verwendet wie Wahrnehmen und Handeln. Sie begreifen Imaginieren als eine Form mentaler Simulation. Darunter sind auch Projektionen in die Zukunft zu fassen. Wir sind in der Lage, uns mental in zukünftige oder alternative Situationen zu versetzen. Auf diesen Fähigkeiten beruhen nicht nur jegliche Praxis des Schauspielens und die Rezeption von Theateraufführungen, sondern auch unsere alltägliche Orientierung. Diese mentalen Leistungen werden als konzeptuelles Denken ab einem Alter von vier Jahren konstatiert. »These activities are: envisioning the future, remembering the past, conceiving the viewpoints of others (theory of mind), and some forms of navigation.«[225] Die Befähigung, hypothetische Situationen zu entwerfen, zu analysieren und sich in sie mental hineinzuversetzen, gehört mit der Fähigkeit zum abstrakten Denken zusammen. Wir haben diese Verbindung bereits früher mit der Bedeutung der synthetisierenden Rolle der Einbildungskraft in der Philosophie Kants angesprochen. Ohne die *Einbildungskraft* in ihren beiden Funktionen, der *reproduktiven* und der *produktiven*, so hieß es dort, lässt sich Erkenntnis nicht begründen.[226] Die mentale Reproduktion von Wahrnehmungsbildern aus der äußeren Welt ist für unsere Denkvorgänge ebenso wichtig wie die Hervorbringung neuer unbekannter Ideen, wie es in der spielerischen Erfahrung bereits bei Kindern geschieht.

Mit George Lakoff und Mark Johnson kann von einem körperbasierten Verständnis unserer Umwelt gesprochen werden, in dem Metaphern eine wesentliche Rolle spielen. Wir benutzen Metaphern, also Sprachbilder, nicht nur verbal, sondern sie sind auch mit unseren Handlungen verbunden. Inzwischen weiß man: Das menschliche Gehirn ist dergestalt strukturiert, dass Aktivitätsmuster von der sensomotorischen Ebene in die höheren Hirnregionen projiziert werden. Bewegung ist demzufolge auch eine Quelle für unser abstraktes Verstehen, was sich auch in der sensomotorischen Entwicklung von Kindern zeigen lässt. Lakoff und Johnson entwickelten ein Modell zum Verständnis von Kognition, in dem sie zeigten, dass grundlegende räumliche oder richtungsbezogene Konzepte (die sie »Orientierungs- und Bildschemata« nennen) die Grundlage für unsere meist unbewussten konzeptionellen Systeme für das Verstehen und die Perzeptionen bilden. Als Beispiel kann die Zeitwahrnehmung dienen. Das in Europa wirksame Basiskonzept besteht darin, dass ein Beobachter in der Gegenwart der Zukunft gegenübersteht, während die Vergangenheit hinter ihm liegt. Wir stellen uns also Zukunft als etwas vor uns Liegendes vor. Lakoff sieht darin eine ständige neuronale Verbindung von räumlicher Position und konzeptuellem Denken.[227]

Auf der praktischen Ebene hatte Tschechow die psycho-physische Natur von Bewegungen schon vor Lakoff und Johnson entdeckt und mit den *Archetypischen Gesten* und der *Psychologischen Geste* für die Schauspielpraxis nutzbar gemacht. Die Liste von »Konzepten direkter menschlicher Handlungsfähigkeit – schieben, ziehen, schlagen, werfen, heben, geben, nehmen und so weiter« – die Lakoff und Johnson als Quelldomänen von Metaphern beschreiben, entspricht im Wesentlichen der Liste von Handlungen in der Übung 1 in Tschechows *To the Actor* und den *Archetypischen Gesten*.[228] Aber schon früher, in *On the Technique of Acting* ist zu lesen, wie Tschechow in der dortigen Übung Nr. 20 dazu auffordert, Gesten mit dem größtmöglichen Ausdruck zu vollführen, wobei er von ziehen, drücken, heben, eindringen bis brechen, nehmen, geben, zurückhalten und anderen mehr als zwanzig verschiedene Handlungen anführt, die mit unterschiedlichen Qualitäten verbunden werden können: schmerzhaft, freudig, kalt, liebevoll, wütend u. Ä. Um die psychologische Wirkung der Gesten zu erfahren, gibt er den wichtigen Hinweis: »The suggested movements must not become a kind of acting. You must avoid pretending, for instance, that you are pulling something with difficulty, and you are becoming tired.«[229] Die Bewegungen sollen so pur wie möglich ausgeführt werden, ohne dabei in einen Modus des So-tun-als-ob zu verfallen und zu schauspielern. Tschechow spricht hier auch von einer »archetypal form« der Bewegungen.

Die Gesten und Bewegungen, die wir als *Archetypische Gesten* kennengelernt haben, können als verkörperte Interaktionen mit der Umwelt betrachtet werden und bilden die Quelle für eine große Anzahl von konzeptuellen Metaphern, die an unserem abstrakten Denken beteiligt sind.

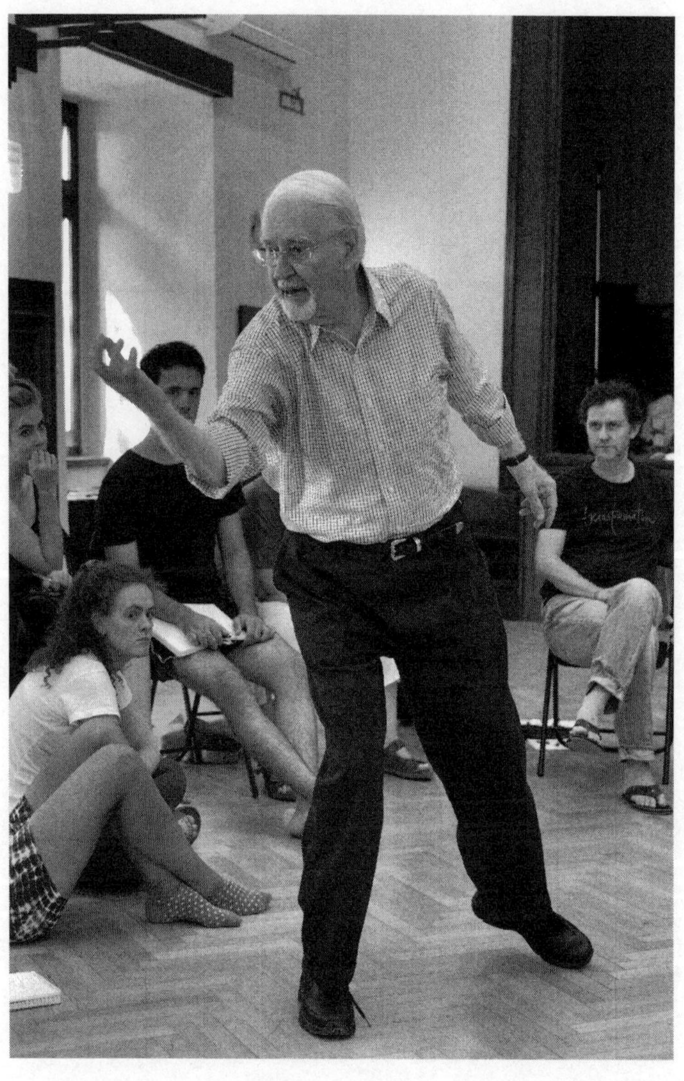

Archetypische Geste: Den Gedanken aufnehmen.
Michael Chekhov Europe Training, Groznjan 2018

ÜBUNG 13: ARCHETYPISCHE GESTE: ÖFFNEN/SCHLIESSEN (AUSDEHNEN/ ZUSAMMENZIEHEN)

Steh ruhig, nimm dein *ideales Zentrum* (vgl. Übung 8) wahr. Stell dir ein Kreuz vor, das durch deinen Körper geht (wie bei einem Strichmännchen). Dort, wo sich die imaginären Linien schneiden, beginne dich zusammenzuziehen, werde kleiner und kleiner, bis du ganz zusammengerollt bist. Dann fange an, dich von diesem inneren Punkt aus wieder zu öffnen. Werde größer und größer, bis du dich physisch nicht mehr weiter ausdehnen kannst, sage innerlich zu dir: Ich öffne mich. Du kannst dich so weit in alle Richtungen ausdehnen, bis du die Form eines geöffneten Sterns angenommen hast.

Halte diese Position und strahle die Energie über die Körpergrenzen hinaus aus. Auch wenn du nicht mehr größer werden kannst, stell dir vor, dich weiter in den Raum auszudehnen. Erspüre die Wirkung dieser Position. Dann beginne dich zu schließen (zusammenzuziehen). Du schließt dich immer mehr, nimmst immer weniger Raum ein, bis du einen Endpunkt erreicht hast. Führe beides je dreimal staccato und legato aus. Nimm viel Raum ein, nimm so wenig Raum wie möglich in Anspruch. Wie fühlt sich die geschlossene/offene Position an? Welche Bilder und Gefühle löst sie aus?

Experimentiere weiter mit den Vorstellungen und Gesten des Öffnens und Schließens. Nimm die Polarität wahr! Du kannst nun variieren und musst nicht bis zur jeweils äußersten Position kommen, vielleicht öffnest du dich nur ein wenig und schließt dich dann wieder ... Es kann sich auch nur eine Hand öffnen und wieder schließen. Probiere auch staccato, legato: Du schließt abrupt und öffnest ebenso.

Die Übung kann als Partnerübung weitergeführt werden, in Form eines körperlichen Dialogs von Öffnen und Schließen/ Ausdehnen und Zusammenziehen.

Nimm wahr, wie das Öffnen verbunden sein kann mit Empathie und Entgegenkommen, aber auch mit Ungeschütztheit, nimm ebenso verschiedene Qualitäten des Schließens wahr.
(nach aktuellen Quellen)[230]
(Vgl. auch Übung 10: »Archetypische Geste: Geben«)

Die Bedeutung der Gesten im Zusammenhang mit konzeptionellen Metaphern wird in ihrer Verwendung in der konkreten Probenarbeit deutlich: Die Ausführung von Gesten wie öffnen, schließen, geben, nehmen u. Ä. helfen, die *Zielsetzung* einer Figur, einer Rolle oder einer Szene zu erarbeiten. Tschechow bestand darauf, das *Ziel* einer Handlung im Sinne von Stanislawskis *Überaufgabe* nicht wie dieser allein mit unseren Denkfähigkeiten anzustreben, sondern der Schauspieler sollte seine ganze Person mit einer Handlung füllen und diese unter Einbeziehung des gesamten Körpers in eine Geste verwandeln.

Die von Stanislawski als *Überaufgabe* bezeichnete Zielsetzung spielt eine wichtige Rolle für die psychologische Aktivität einer Rollenfigur und ihre Interaktion mit den anderen. Wir können uns das Ziel, das eine Figur oder Person anstrebt, auf ganz einfache Weise vorstellen. So kann *manipulieren* sowohl wörtlich als auch im übertragenen Sinne aufgefasst werden: Die Absicht, jemanden zu manipulieren, kann zunächst körperlich mit einer Geste ausgedrückt und erprobt werden. Das eben ist die berühmte Technik der *Psychologischen Geste*. Sie nutzt dabei die konzeptuellen Metaphern, die in verkörperter Erfahrung begründet sind. Ein anderes Beispiel betrifft die Geste *Öffnen*. Wir öffnen eine Tür, aber öffnen uns auch für eine neue Idee, einen Gedanken

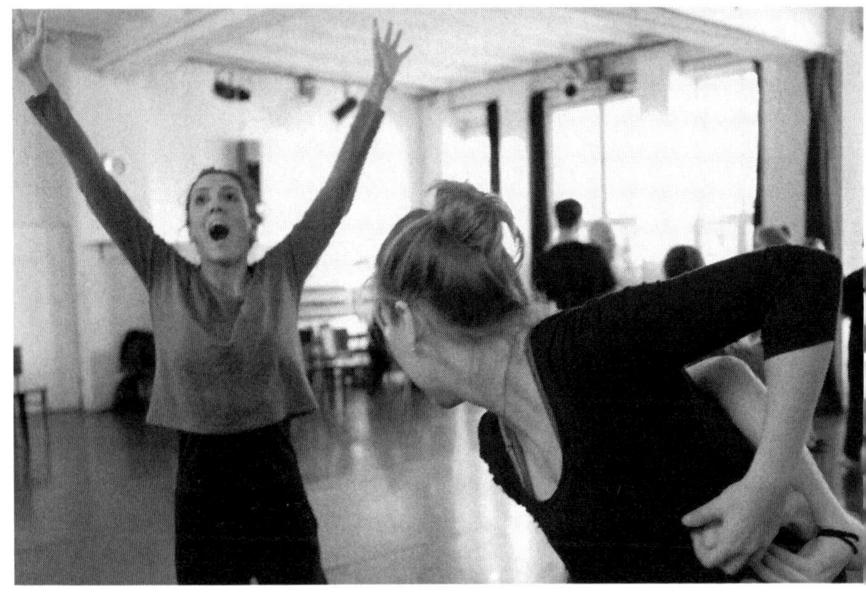

Öffnen und Schließen. Schule für Schauspiel Hamburg 2016

oder eine Begegnung. Die sprachliche Verwendung von Metaphern wird häufig unbewusst simultan von Gesten begleitet, z. B. wenn von einem beruflichen Aufstieg oder einem sozialen Abstieg die Rede ist. Jemanden zu unterstützen ist in der Regel mit einer Aufwärtsbewegung verbunden: heben. Wir sprechen auch von gehobener Stimmung, vom Unterdrücken von Gefühlen, Gedanken oder der Unterdrückung von sozialen Gruppen oder Menschen.

Die Zusammenhänge, die in der Theorie der konzeptionellen Metapher zwischen Körper und Geist formuliert werden, bereiten das Verständnis für einen weiteren Forschungsansatz vor: die Entdeckung des Resonanzsystems im Gehirn, das für Verstehen und Ausführung von körperlichen Handlungen verantwortlich gemacht wird.

Die Entdeckung des Resonanzsystems: Schauspielen und Spiegelneuronen

> »As we have seen, action is a process; it is neither a result nor a product. Action has phases, it unfolds in time; neuroscientists know this very well, but theatre-makers have always known it.«
> Clelia Falletti[231]

Die italienischen Forscher Giacomo Rizzolatti und Corrado Sinigaglia leiten ihr aufsehenerregendes Buch über die Geschichte der Entdeckung und die Bedeutung der Spiegelneuronen im Jahre 2008 mit folgender Vorbemerkung über die komplexe Situation zwischen Zuschauern und Schauspielern ein:

> »Peter Brook sagte vor einiger Zeit in einem Interview, die Neurowissenschaften hätten mit der Entdeckung der *Spiegelneurone* zu verstehen begonnen, was das Theater seit jeher gewusst habe. Für den großen britischen Bühnendichter und Regisseur wäre die Mühe des Schauspielers umsonst, verstünde er es nicht, über alle sprachlichen oder kulturellen Schranken hinweg die Laute und Bewegungen seines eigenen Körpers den Zuschauern mitzuteilen und diese dadurch zu Mitwirkenden eines Ereignisses zu machen, zu dessen Entstehung sie beitragen müssen. Auf dieser unmittelbaren Teilhabe beruhe die Realität und Rechtfertigung des Theaters, und für sie lieferten die Spiegelneurone mit ihrer Fähigkeit, sich zu aktivieren, wenn man eine Aktion ausführt oder andere sie ausführen sieht, die biologische Basis.«[232]

Was hat es mit den Spiegelneuronen auf sich, die als neurophysiologische Basis schauspielerischen Handelns und der Theaterwirkungen herangezogen werden?

Mit dem Begriff Spiegelneuronensystem wird eine Reihe von Hirnarealen bezeichnet, die in der Lage sind, Handlungsbeobachtung mit Handlungsausführung abzugleichen. Ein Kernmerkmal des Spiegelneuronensystems ist die Aktivierung für Motorik zuständiger Areale im Gehirn allein durch Beobachtung. Diese Fähigkeit des Spiegelneuronensystems, die Wahrnehmung und Ausführung von Handlungen aufeinander abzustimmen, regte die Idee an, dass das Spiegelneuronensystem eine entscheidende Rolle beim Verstehen des Inhalts von beobachteten Handlungen spielt und am prozeduralen Lernen beteiligt sein könnte. Das prozedurale, nicht-deklarative Gedächtnis beinhaltet Fertigkeiten, die automatisch, ohne Nachdenken eingesetzt werden. Dazu gehören vorwiegend motorische Abläufe wie Fahrradfahren, Schwimmen, Tanzen, Klavierspielen, Zähneputzen, Schreiben, Stuhlgangbeherrschung u. a.[233] Auch beim Schauspielen mit seinen wiederholbaren Abläufen wird diese Form des Gedächtnisses in Anspruch genommen.

Es wird aber nicht nur Gelerntes, durch Erfahrung Erworbenes spontan abgerufen, sondern es ist auch intuitives Verstehen gefordert, denken wir an die Bedeutung von Improvisationen in der Theaterarbeit. Spontane Reaktionen und intuitives vorbewusstes Handeln werden mit Hilfe von Spiegelneuronen beschrieben. Ihre Aktivität wird beobachtet, wenn es darum geht, die Intention hinter einer Bewegung bzw. Handlung einer anderen Person zu verstehen.

Noch bevor diese eine Handlung zu Ende geführt wurde, werden bei einem Beobachter entsprechende Areale im Gehirn aktiviert. Man erkennt intuitiv, ob eine Hand sich zur Faust schließen wird oder zu einem Gruß (Extra 2). Dieses intuitive Verstehen ist in der Interaktion von Schauspielern unverzichtbar.[234] Die Aktivierung von Spiegelneuronen funktioniert unbewusst. Die Bewegungsmuster, Körperzeichen, Körperhaltung, Mimik, Gestik, Signale des anderen werden schnellstens dechiffriert, ohne dass wir diese Vorgänge bewusst wahrnehmen. Spiegelneuronen haben eine Schlüsselfunktion für das Lernen und sind unentbehrlich, um andere imitieren zu können. Zunächst glaubte man, dass Spiegelneuronen nur reagieren, wenn es um Bewegungen geht. Sie seien also im motorischen Kortex des Gehirns angesiedelt, heute macht man sie auch für Gefühle verantwortlich. So werden mittlerweile Spiegelneuronen nicht nur im Prämotorischen Kortex, der für Bewegungen zuständig ist, lokalisiert, sondern auch im Insularen Kortex, wo Gefühle, wie z. B. Ekel, verarbeitet werden, und im Sekundären Somatosensorischen Kortex, der Berührungen registriert.[235]

Angesichts der Korrespondenzen zwischen Gehirn-, Nerven- und Muskelaktivität stellen sich eine Reihe von Fragen: Warum werden die Signale nicht immer an Nerven und Muskeln weitergeleitet? Warum können wir etwas ausschließlich mental miterleben? Warum werden wir beim Anschauen emotionaler Filmszenen nicht ständig von Gefühlen übermannt? Warum schmerzen unsere Glieder nicht beim Anblick eines Verletzten? Wie ist angesichts der Aktivitäten des Resonanzsystems ein distanziertes Beobachten möglich?

Offenbar gibt es eine Art Sperrmechanismus, der uns davor schützt, alles, was wir beobachten, auch am eigenen Leibe zu spüren. Aber wie und wann dieser umgangen oder verringert werden kann, ist eine Frage, die sich besonders in Bezug auf das Schauspieltraining stellt. Hier werden anders als im Alltagsleben intensive körperliche und emotionale Wirkungen bewusst herbeigeführt! Diese Fragen sind bisher weitgehend unbeantwortet und betreffen die Rolle des Bewusstseins und der komplexen Denkprozesse, von denen mit der Theorie des Spiegelneuronensystems nur Bruchteile beantwortet werden können (vgl. Extra 2).

Insofern erfüllen sich die anfänglichen Hoffnungen auf einen reichen Ertrag neurowissenschaftlicher Forschungen für die Schauspieltheorie nicht ganz. Aber *dass* es Zusammenhänge zwischen mentalen Prozessen und körperlichen Bewegungen gibt, ist unbestritten. Leider liegen zu den konkreten Zusammenhängen von Imagination und Körperbewegungen und den damit verbunden Empfindungen und Emotionen bisher nur wenig Studien vor.

Präreflexivität und Präexpression

> »Denn ein auf diese Weise trainierter Körper fängt an, zu denken und Sachen zu verstehen. Ausreichend beweglich wird der Körper zu einem Verständnisorgan.«
> Michael Tschechow[236]

Was geschieht, wenn sich ein Schauspieler eine Szene nur vorstellt und sie mental durchspielt? Erste experimentelle Versuche, die in einem Forschungsprojekt der Zürcher Hochschule der Künste, angestoßen von Anton Rey, in Zusammenarbeit mit dem Schweizerischen Epilepsie-Zentrum unter der Leitung von Jochen Kiefer und Hennric Jokeit 2011 bis 2014 mit Schauspielern durchgeführt wurden, konnten zeigen, dass bei geübten Schauspielern, die ihre Rollen mental durchspielen, die Amygdala und weitere Areale im Gehirn aktiviert werden. Bei ungeübten, also bei Schauspielschülern, wurden durch das rein imaginäre Durchspielen der Rolle dagegen wenige bis gar keine Aktivierungen sichtbar.[237]

Was bedeuten diese Erfahrungen für Tschechows Übungen mit Imaginationen? Diese arbeiten – wenn wir die Übung 5 »Die Schwelle überschreiten« anschauen – mit der Ausformung einer

Bewegung in der Vorstellung, ehe sie durchgeführt wird. Bevor die Bewegung, der Schritt über die Linie, getan wird, soll sie auf präzise Weise in der Vorstellung ausgeführt, imaginiert werden. Das Prinzip der zunächst mental vorgestellten Bewegung kann auf viele einfache und alltägliche Handlungen angewendet werden.

ÜBUNG 14: AUSFORMUNG DER BEWEGUNG IN DER VORSTELLUNG

Du sitzt auf einem Stuhl. Steh auf. Setz dich wieder hin. Stell dir vor, dass du gleich aufstehen wirst, dann tue es wirklich. Nimm den Unterschied der beiden Bewegungen wahr.

Die Teilnehmer stehen im Raum. Stell dir vor, dass du gleich losrennen wirst. Du siehst deinen Körper in der Vorstellung losrennen, dann renne wirklich los.

Wiederhole die Übung mit und ohne vorherige Ausformung der Handlung in der Vorstellung.

Nimm die Unterschiede wahr!

Die Erfahrung zeigt, dass Schauspieler durch die vorherige Ausformung einer Handlung in der Vorstellung eine veränderte Bewegungsqualität wahrnehmen. Das gleiche Prinzip wird in der Feldenkrais-Methode *Bewusstheit durch Bewegung* wirksam, die von dem israelischen Bewegungsexperten Moshé Feldenkrais (1904–1984) auch in der Behandlung körperlicher und seelischer Störungen als *funktionelle Integration* Anwendung findet. Die Durchführung einer Bewegung in der bloßen Vorstellung bereitet das Nervensystem und damit zusammenhängend die Muskulatur auf die bevorstehende Veränderung vor.

Feldenkrais hat sich schon früh mit neuro- und kognitionswissenschaftlichen Theorien befasst und baut sein Übungssystem auf der Beeinflussung neuronaler Strukturen durch Bewegung und vice versa auf.[238] Inzwischen wird diese Methode auch in Kombination mit der Tschechow-Methode gelehrt.[239] Es zeigt sich, dass beide dieselben Verbindungen zwischen Imagination und Körper stimulieren.

Insgesamt kann gefolgert werden, dass die bewusste Imagination von Bewegungen mit einer Aktivität im Gehirn einhergeht und für die Ausführung von Bewegungsabläufen genutzt werden kann. Ein Zusammenhang, der zum Erfahrungswissen von Sportlern gehört und mit dem mentalen Training aus der Sportpsychologie Anwendung findet. Das Spiegelresonanzsystem kann überdies beschreiben, dass in Interaktions- und Beobachtungssituationen, wie sie im Zusammenspiel vorkommen, intuitives Verstehen von Bewegungsabläufen stattfindet. Wir müssen ein solches System annehmen, auch wenn damit die komplexen Zusammenhänge zwischen sichtbaren und unsichtbaren Wirkungen der Tschechow-Methode noch nicht befriedigend erschlossen werden.

Es liegt nahe, das vorbewusste Verstehen von Handlungen und Intentionen sowie die Aktivität von Spiegelneuronen im Zusammenhang mit assoziativem Lernen zu verstehen. Dann wäre beides das Produkt sozialer Interaktionen, wofür auch die Beobachtung spricht, dass das Spiegelneuronensystem durch sensomotorisches Lernen bei Erwachsenen verändert werden kann. Die Gedanken der kulturellen Evolutionspsychologin Cecilia Heyes (*1960) über die Plastizität spiegelneuronaler Prozesse könnten in Bezug auf die Schauspielmethode Michael Tschechows eine wichtige Rolle spielen. Denn nur, wenn wir eine Lernfähigkeit des Systems annehmen, wird verständlich, inwieweit die schauspielerische Praxis von der Übung und dem Training des Zusammenhangs von mentalen und körper- und bewegungsbasierten Prozessen profitieren kann.

> »The associative account implies that mirror neurons come from sensorimotor experience, and that much of this experience is obtained through interaction with others. Therefore, if the associative account is correct, the mirror neuron system is a product, as well as a process, of social interaction.«[240]

Es geht um ein dynamisch zu verstehendes Zusammenspiel von Körper und Geist, in dem das, was im Gehirn zu beobachten ist, abhängig ist von und geformt wird durch die Interaktionen mit der Umwelt. Es sind keinesfalls die Neuronen selbst für die Prozesse des Verstehens in Bezug auf die motorischen Ebenen menschlichen Verhaltens verantwortlich, wie es zuweilen in populärwissenschaftlichen oder journalistischen Beiträgen formuliert wird. Im Gehirn entstehen keine *Spiegelbilder* der äußeren Welt! Die Komplexität und Plastizität neuronaler Prozesse findet in der Formel »embodied, situated, enactive« Ausdruck, derzufolge Kognition dynamisch eingebettet ist in jeweils spezifische körperliche Vorgänge und in aktiver Interaktion mit der Umwelt erfolgt.[241] Gerade die Schauspielausbildung zeigt, wie präreflexive und spontan verfügbare Kompetenzen erweitert, gesteigert und erlernt werden können, weit über das im Alltagshandeln geforderte Maß hinaus. Michael Tschechow ist ein Spezialist für die Weiterentwicklung der expressiven und imaginativen Fähigkeiten von Schauspielern bis hin zur Fantastik. Ein Forschungsprojekt an der Universität Bologna konnte experimentell bestätigen, dass Schauspieltraining die Neurobiologie von Handlungen verändert. In einer Pilotstudie mit Schauspielern und als Kontrollgruppe Nichtschauspielern wurden die Zusammenhänge zwischen Handlungswörtern und Spiegelneuronenaktivität untersucht. Dabei konnte vorläufig gefolgert werden, dass »[...] this is the first time that a study has sought to show how theatre training modifies the neurobiology of action.«[242] Bisher sind es nur Ansätze und vorsichtig zu interpretierende Ergebnisse, die in aufwendigen Studien zur neuronalen Aktivität von Schauspielern vorliegen. Auch eine erst kürzlich publizierte Studie an der Arizona State University über den Zusammenhang von Affekten und der individuellen Höhenwahrnehmung der Schauspieler in der Ausführung von Michael Tschechows Übung »Öffnen/Schließen bzw. Ausdehnen/Zusammenziehen« konnte lediglich die Auswirkungen auf die Stimmungslage, nicht aber auf die Wahrnehmung der Körperlichkeit messen.[243]

Die erwähnten Forschungsprojekte in Arizona, Bologna, Zürich und Karlsruhe mit der Zusammenarbeit von Neurowissenschaft und Theaterforschung und -ausbildung zeigen wichtige Ansätze und machen zugleich den enormen finanziellen Aufwand deutlich, den experimentelle Untersuchungen mit Hilfe von funktioneller Magnetresonanztomografie, kurz fMRT bedeuten. Auch die Schwierigkeit, angesichts der komplexen Versuchsanordnungen zu im naturwissenschaftlichen Sinne validen verallgemeinerbaren Ergebnissen zu kommen, sollte nicht verschwiegen werden.[244] Es ist insgesamt von Vorteil, die neurowissenschaftliche Forschung für die Theaterwissenschaft mit allen derzeit noch nötigen Einschränkungen heranzuziehen. Phänomene, die bisher nur gefühlt, gespürt und introspektiv wahrgenommen werden konnten, die eine fundamentale Rolle in der Schauspielpraxis spielen, können nun objektiviert und wissenschaftlich zumindest konstatiert werden. Sie bleiben nicht im Bereich des nur subjektiv gefühlten oder esoterischen Wissens. Inzwischen erscheinen vermehrt theaterwissenschaftliche Studienbücher mit der ausdrücklichen Verbindung zu den Kognitions-

und Neurowissenschaften.[245] Wenn es sich dabei nicht nur um modische Bezugnahmen handelt, so ist zu schauen, was sie im Einzelnen zur Erklärung der Phänomene wie Schauspielen und Zuschauen beitragen. Deutlich wird, dass die Forschungsergebnisse einen Teil künstlerischer Praxiserfahrung, der bisher nur durch Introspektion und durch Selbstbeobachtung zugänglich war, wissenschaftlich basiert bestätigen. Sie können damit dazu beitragen, die Bedeutung des Unsichtbaren in der Tschechow-Methode verständlicher zu machen. Die neurophysiologischen und -psychologischen Forschungen zu den Spiegelneuronen stellen Ansätze zur Verfügung, die Wirkung von Bühnenhandlungen im Verhältnis zwischen den Akteuren und auch zwischen Schauspielern und Publikum zu verstehen und die Praxis ihrer Erzeugung zu erhellen. So werden intuitives Verstehen von Handlungen, präexpressives (inneres) Handeln, der Zusammenhang körperlicher und mentaler Phänomene beschreibbar, was nicht heißt erklärbar. Darüber hinaus bleibt die spannende Frage, wie das Resonanzsystem auch auf mentale Reize reagieren kann, die nicht mit dem motorischen, also dem Bewegungssystem, dem Motorkortex verbunden sind und die nicht in ein interaktives Setting eingebunden sind.

Eine neurowissenschaftliche Theorie der Imagination und des abstrakten Denkens steht noch weitgehend aus.

Extra 2: Theater und Neuroscience

Untersuchungen zum Resonanzsystem im Gehirn, bekannt unter dem Begriff der Spiegelneuronen, haben sich als populär und auf den ersten Blick relativ verständlich erwiesen. Man hatte zunächst durch Zufall, dann experimentell untermauert, beobachtet, dass bei der Ausführung einer Handlung bzw. einer Bewegung die gleichen motorischen Areale im Gehirn aktiviert sind wie bei der bloßen Beobachtung einer solchen Aktion. Experimente zur Bildgebung des Gehirns unter Verwendung der funktionellen Magnetresonanztomographie (fMRT) konnten dann zeigen, dass der untere Frontalkortex beim Menschen und der obere Parietallappen aktiv sind, wenn die Person eine Aktion ausführt, und genauso, wenn die Person eine andere beobachtet, die eine Aktion ausführt. Es wurde vermutet, dass diese Gehirnregionen Spiegelneuronen enthalten, und sie wurden als menschliches Spiegelneuronensystem definiert. Auch neuropsychologische Studien, die sich mit Verletzungen von Hirnbereichen befassen, die für das Verständnis von Handlungen zuständig sind, z. B. für die Interpretation von pantomimischen Handlungen, konnten einen kausalen Zusammenhang mit der Aktivierung bzw. der ausbleibenden Aktivierung spiegelneuronaler Bereiche im Gehirn feststellen. Die Aktivierung dieser Systeme ist also, so wird gefolgert, kein nebensächliches Phänomen für Handlungswissen.

Aus diesen Experimenten wird abgeleitet, dass eine Handlung verstanden wird, bevor sie ins Bewusstsein dringt. Dieses von der Neurowissenschaft experimentell entdeckte Phänomen der Präreflexivität kommt den künstlerischen Forschungen zur theatralen Präexpressivität, die in zahlreichen inter- und transkulturellen Workshops mit Schauspielern aus den verschiedensten Traditionen untersucht worden ist, entgegen. Der Befund, dass es eine Ebene des »Verstehens« gibt, die vor allem im Bewusstsein liegt und besonders in kreativen Prozessen und in den Künsten zum Ausdruck kommt, entspricht dem Erfahrungswissen von Künstlerinnen und Künstlern. Ohne spontanes Verständnis ließen sich weder musikalische noch theatralische, aber auch kaum sportliche Leistungen erzielen. Und wir hätten keine Möglichkeit, uns in andere Personen und ihr Empfinden hineinzuversetzen. Die Fähigkeiten zum vorbewussten spontanen Handeln werden in zahllosen Übungen und Trainings entwickelt und gesteigert – eben das geschieht, wenn die Tschechow-Methode das *höhere Ich* mit seiner künstlerischen Potenz stimulieren möchte. Es vollzieht sich, wenn Schauspieler miteinander improvisieren, wenn sie eine der Vielzahl von Übungen ausführen, die in den unterschiedlichen Schauspielschulen und -traditionen den Zweck haben, die Wahrnehmung, die gegenseitige Reaktionsfähigkeit und Intuition zu schulen und zu entfalten. Aber auch während der Aufführungen, wenn die Konzentration der Schauspieler nahezu ungebrochen den Darstellungs- und Spielvorgängen zur Verfügung steht, kommen diese intuitiven Vorgänge zum Zuge.

Betrachten wir, was im Einzelnen geschieht: Wenn die Versuchsperson A die Hand in einer Weise ausstreckt, dass sie einen Becher, der vor ihr steht, greifen könnte, so antizipiert die beobachtende Person B das Ergreifen des Bechers. Wenn die Hand den Becher umfasst, so wird eine Bewegung des Anhebens und möglicherweise des Zum-Mund-Führens beim Beobachter präreflexiv angenommen. Wie bei der ausführenden Versuchsperson A. Bei beiden Personen werden nahezu identische Hirnareale mit dem aktiviert, was als Spiegelneuronen bezeichnet wird.[246]

Es ist offensichtlich, dass diese Versuche für die Forschung in Bezug auf Zuschauerreaktionen jedweder Art, aber besonders auch im Theater interessant sind, worauf zurückzukommen sein wird.

Komplexität und Plastizität

So evident diese Zusammenhänge zwischen Körper und Geist auch erscheinen, so schwierig ist es, die theoretischen Konzepte und Forschungsergebnisse für das Verständnis der Schauspielpraxis gezielt heranzuziehen. Der hohe Spezialisierungsgrad der einzelnen Wissenschaften sowie der außerordentliche experimentelle Aufwand neurowissenschaftlicher Untersuchungen erschweren es, diejenigen Erkenntnisse herauszufiltern, die für die spezifischen Zusammenhänge körperlicher und neuronaler Prozesse in der Schauspielpraxis von Bedeutung sind. Darüber hinaus ist die Debatte äußerst komplex.

Selbst bei der Ausführung der kleinsten Bewegung handelt es sich nicht um ein eindimensionales Geschehen: Wenn für motorische Handlungen zuständige Bereiche im Gehirn aktiviert werden, so werden zugleich auch andere Systeme angesprochen.[247] Von daher scheinen theoretische Ansätze, die von vornherein eine grundlegende Verbindung zwischen Körper und Geist annehmen, naheliegend und für die Untersuchung der Schauspielpraxis von Vorteil zu sein. Es ist offensichtlich: Körper und Gehirn arbeiten zusammen. Ohne den Körper kann das Gehirn nicht verstanden werden. Aber umgekehrt sind Bewusstseinsinhalte selbst nicht im Gehirn zu finden, auch wenn entsprechende Areale für Sprache, Bewegung, Klang u. Ä. aktiviert sind, findet sich darin kein Wort, keine Geste, kein Lied.

> »Das Gehirn ist mit dem Körper nicht einfach nur durch den Hals verbunden, sondern Gehirn und Körper bilden eine untrennbare funktionelle Einheit. [...] Es ist also keine allzu erstaunliche Entdeckung, wenn die Wissenschaft nun auch mit Hilfe ihrer objektiven Messverfahren nachweisen kann, dass etwas im Körper passiert, wenn im Gehirn bestimmte Prozesse in Gang kommen und angestoßen werden, und dass

sich umgekehrt auch im Hirn, also auf der Ebene des Denkens, Fühlens oder Verhaltens etwas verändert, wenn auf der körperlichen Ebene eine bestimmte Veränderung eintritt oder ausgelöst wird.«[248]

Die mangelnde Berücksichtigung der Komplexität mentaler Prozesse ist auch die Kritik, die von Seiten philosophischer Erkenntnistheorie formuliert wird. Tatsächlich sind Phänomene wie das Bewusstsein nicht im Gehirn zu finden. Auch in der Hardware des Klaviers ist Mozarts *Nachtmusik* nicht auszumachen, lediglich Klänge, Vibrationen von Saiten sind messbar. Bildgebende Verfahren wie die fMRT können darstellen, *dass* etwas geschieht, nicht jedoch, *was*, geschweige denn: *warum* etwas im Gehirn geschieht. FMRT kann erklären bzw. sichtbar machen, dass mit gewisser Wahrscheinlichkeit gewisse Hirnregionen aktiv sind bzw. aktiv sein werden, wenn entsprechende Stimuli zur Verfügung stehen, nicht aber, warum das so ist. Die funktionelle Magnetresonanztomografie ist ein bildgebendes, nicht aber ein die Realität abbildendes Verfahren; fMRT ergibt keinesfalls eine naturgetreue Abbildung von Gehirnaktivitäten. Vom Scanner bis zum Bildschirm sind zahlreiche Berechnungsverfahren und Darstellungsmethoden nötig.

Eine weitere Einschränkung der Aussagekraft von Untersuchungen dieses Typs betrifft die Verallgemeinerungsfähigkeit der gewonnenen Ergebnisse. Tatsächlich handelt es sich immer um Momentaufnahmen eines ganz spezifischen Gehirns in einer ganz spezifischen Situation. Um eine komplette Handlungsfolge abbilden zu können, bedürfte es einer Fülle von Aufnahmen, die aufgrund der individuellen Struktur eines Gehirns, das sich im Zusammenhang mit Erfahrungen und Wahrnehmungen im Kontakt mit der Umwelt individuell herausbildet und sich überdies sekündlich weiterentwickelt, in Echtzeit erfolgen müssten. Das Gehirn ist ja im weitesten Sinne ein *Social Brain* und weist eine immense Plastizität auf.[249] Menschen sind soziale Wesen und ihr Gehirn ist in besonderer Weise an die Erfordernisse des sozialen Zusammenlebens angepasst. Die das Denken, Fühlen und Handeln bestimmenden neuronalen Verschaltungsmuster und synaptischen Verbindungen sind weitaus plastischer, als man lange Zeit angenommen hatte. Die initial angelegten, zunächst genetisch determinierten Verschaltungen werden im Verlauf der weiteren Entwicklung in Abhängigkeit von der Art ihrer Nutzung weiterentwickelt, überformt und umgebaut.

Die »experience-dependent plasticity«, die erfahrungsabhängige Formbarkeit des menschlichen Gehirns, verlangt nach Erfahrungen, wie sie die Künste, allen voran Spiel und Theater bieten können. Vieles von dem, was menschliche Wesen einander mitzuteilen haben und mitteilen müssen, konstatiert der Hirnforscher Wolf Singer, lasse sich in rationaler Sprache allein nicht fassen. Daher müsse auch die nicht sprachliche Kommunikationskompetenz optimal entwickelt werden. Das geschieht zweifellos im Schauspieltraining auf besonders intensive Weise. Der Anteil vorsprachlicher, vorbewusster oder, wie es in der Theaterwissenschaft heißt, präreflexiver Vorgänge ist immens. Im Unterschied zur Alltagspraxis bedeutet Schauspielen aber hohe Grade von Bewusstheit dort, wo wir im Alltag mechanisch handeln. Gerade die Tschechow-Methode verlangt die bewusste Steuerung und Kontrolle spontanen Verhaltens. Die von Tschechow mit dem Begriff des *doppelten Bewusstseins* oder als *double consciousness* bezeichnete Kompetenz von Schauspielern verändert das übliche Verhältnis vorbewusster und bewusster Momente des Handelns.

Es wird deutlich, dass eine interdisziplinäre Forschung und Kooperation zwischen den Kultur- und Neurowissenschaften für die Theaterwissenschaft immenses Potential birgt. Bisher scheinen die Erkenntnisse eher noch der Absicherung von Phänomenen zu dienen, die der künstlerischen Praxis und der Theaterwissenschaft bekannt sind, ohne sie jedoch erklären zu können. Hier wäre auch der Platz, die Emotionsforschung zu behandeln, die im Erkennen, Spiegeln und Mitfühlen von Emotionen auch mit Resonanzsystemen und spiegelneuronalen Prozessen argumentiert. Aber bereits die bisherigen kognitions- und neurowissenschaftlichen Erkenntnisse sind dazu angetan, die künstlerische Praxis zu ermutigen, ihre besondere Art der *Forschung* weiterzuführen, wie sie auch in der Tschechow-Methode gefordert ist. Die Bedeutung der Theaterkunst für das gegenwärtige Verständnis menschlichen Handelns tritt umso deutlicher hervor: Die Schauspielpraxis trägt dazu bei, die »erfahrungsabhängige Plastizität« nicht nur des Gehirns, sondern des sozialen und kulturellen Lebens zu erweitern.

Die Experimente, die im Schauspieltraining stattfinden, könnten der anthropologischen Forschung wertvolles Material liefern. Zum Verständnis des Menschen gehört der große Bereich innerer Erfahrung und imaginativer Vorgänge (vgl. Extra 1), die mittels naturwissenschaftlicher Verfahren nur eingeschränkt zugänglich sind.[250] Zwischen den mittels naturwissenschaftlicher Verfahren gewonnenen Daten über die Aktivität von Gehirn und neuronalen Systemen sowie den Phänomenen des Bewusstseins mitsamt den Bewusstseinsinhalten, und noch weitgehender den Inhalten des Unbewussten, klafft eine Lücke, die bisher von der Forschung nicht geschlossen werden konnte. In der Erforschung von Spiegelneuronen befassen sich kognitive Neurowissenschaften und Neurophysiologie[251] mit der Untersuchung der biologischen Prozesse, die der Erkenntnis zugrunde liegen. Es werden die neuronalen Verbindungen, die im Gehirn an mentalen Vorgängen beteiligt sind, untersucht. Neuronen spielen die wichtigste Rolle, wenn es um die Beeinflussung oder die Steuerung kognitiver Aktivitäten geht. Untersucht werden also physische Prozesse auf der Basis

naturwissenschaftlicher experimenteller Methoden. Geistige Phänomene werden auf biologischer Grundlage betrachtet.
Auf der einen Seite haben wir es mit der materiellen Welt der Physik, der Biologie, gewissermaßen mit der Hardware zu tun, und auf der anderen mit einer immateriellen mentalen Welt der Kultur, der Überzeugungen, des Glaubens, der Imaginationen. Dass hier ein Dualismus besteht, ist unzweifelhaft. Aber wie wäre er aufzulösen? Auf welche Weise hängen diese Bereiche, diese Welten zusammen? Es ist auch die Trennung der Wissenschaften, die eine für das komplexe Phänomen des Theaters angemessene Theoriebildung erschwert. Die Naturwissenschaften, zu denen die Kognitions- und Neurowissenschaften gehören, nehmen die materielle Seite des Lebens in den Blick, während die Geistes- und Kulturwissenschaften die immaterielle Seite betrachten und beide dafür ihre je eigenen methodischen Forschungsdesigns entwickelt haben, die über weite Strecken inkompatibel sind. Die bisherigen Erkenntnisse der Neurowissenschaften für das Theater, insbesondere im Hinblick auf die Zuschau- und Schauspielkunst, zeigen die Kluft deutlich. Dabei spielt es eine wichtige Rolle, dass diese Vorgänge, die untersucht werden, auch mit kulturellen Bedeutungen einhergehen.[252] Die Theaterkunst aber arbeitet gerade damit, konventionelle und habitualisierte Bedeutungszusammenhänge zu irritieren und in Frage zu stellen. Deswegen sind künstlerische Vorgänge immer wieder eine große Herausforderung für die Forschung. Außeralltägliches Handeln – und das ist schauspielerisches Handeln auf der Bühne – folgt nicht den gleichen Handlungsmustern wie zweckgeleitetes Alltagshandeln, das Gegenstand neurowissenschaftlicher Untersuchungen ist.

VII. HANDELN UND ZUSCHAUEN – RESONANZ UND IMAGINATION

Mit der Annahme von Spiegelneuronen finden Resonanzphänomene, wie wir sie von der Schauspieler-Zuschauer-Beziehung sowie aus dem Zusammenspiel von Schauspielern untereinander kennen, eine wissenschaftliche Bestätigung. Auch angesichts der Vorsicht, mit der die Forschungsergebnisse und Hypothesen noch zu betrachten sind, werden die Phänomene experimentell feststellbar und können dazu beitragen, die Schauspielkunst zu entmystifizieren. Was bereits zu Anfang des 20. Jahrhunderts in vielen Zirkeln der Theatermetropole Moskau bekannt war und von den Theaterreformern Stanislawski, Meyerhold, Wachtangow und Tschechow praktisch erforscht worden ist – bis die Theaterstudios mit ihrem experimentellen Schauspielunterricht den materialistischen Bestrebungen des jungen Sowjetstaates zum Opfer fielen –, war die Erkenntnis, dass geistige Prozesse Resonanzen auf unterschiedlichen Ebenen hervorbringen.

Stanislawski und Tschechow experimentierten mit ihren Kollegen und Studierenden, inwiefern und auf welche Weise sich nur gedachte und imaginierte Handlungen auf andere Personen übertragen können. Dabei ging es aber um ganz schauspielpraktische und handfeste technische Fragen, weniger um das Interesse für parapsychologische Phänomene, das im revolutionären Moskau geradezu in Mode war.[253] Das Phänomen der Übertragung und der damit hervorgerufenen Resonanzen ist eines der wichtigsten in der Schauspielmethode Michael Tschechows und findet auch in der Theaterwissenschaft wieder Interesse.[254] Was überträgt sich, wenn ein Zuschauer einen Schauspieler auf der Bühne beobachtet? Das konnte an einer dem Schauspiel verwandten, aber wesentlich körperhafteren Kunst wie dem Zirkus untersucht werden.[255]

Zirkuskunst und Präexpression – Übertragung und kulturelle Bedeutungen

Der Zirkus stellte in der Kunst und für das Theater im ersten Drittel des 20. Jahrhunderts ein faszinierendes Sujet dar. Man denke an Picassos Bilder der Rosa Periode (1904–06) mit den Motiven von Artisten und Harlekinen und an die vielfältigen Bezugnahmen von Theaterregisseuren, wie z. B. auch Max Reinhardt, auf die Zirkuskünste. Stanislawski, Meyerhold, Tschechow und Wachtangow, sie alle ließen ihre Schüler mit Bällen jonglieren, Gleichgewichtsübungen ausführen und akrobatische Körperhaltungen trainieren. Am Zirkus wurde die direkte Aktion, der körperliche Einsatz und die lebendige Beziehung zum Publikum geschätzt und zum Vorbild für ein Theater, das die starren Konventionen der dramatischen Sprechkunst auflöste und ihnen Lebendigkeit, Kraft und Energie entgegensetzte. Für eine Avantgarde, die an der Aktivierung körperlicher Ressourcen interessiert war, bot die Zirkuskunst einen Fundus von Inspirationen. Auch lassen sich die Zusammenhänge von Körperbewegungen und mentalen Prozessen, die im Fokus der schauspielpraktischen Experimente im Umkreis von Tschechows Moskauer Zeit standen, am Beispiel der Zirkuskunst und Akrobatik deutlicher als beim Schauspiel beobachten. Das mag ein Grund sein, warum die Zirkuskunst bei Tschechow und auch bei Meyerhold auf so großes Interesse gestoßen ist. In der Jonglage, in Hochseilakten und akrobatischen Praktiken von Zirkuskünstlern spielen physische Aktivität und geistige Kontrolle und ihre stete Übung eine immense Rolle. Auch sind die Bedeutungssysteme, mit denen ein Zirkuspublikum konfrontiert ist, nicht so komplex wie in einer Schauspielszene, und die körperlichen Aspekte sind bei den Akteuren, den Artisten, weitaus ausgeprägter.

> »Circus actors actually *feel* this impossible dualism that supposedly sets thought and art in opposition to physics and biology; they spend their entire life combining them, alchemist transmuting matter into spirit, bodies and objects into works of art, emotions into thoughts, reality into imagination and imagination into reality. *All* of those elements forming the ›nature of art‹ of the circus must be addressed and clarified to understand what circus actors create and offer us.«[256]

Philippe Goudard (*1952), selbst als Zirkusartist tätig, beschreibt die Notwendigkeit für den Akteur im Zirkus, Körper und Geist auszubalancieren, Imagination und Aktion in jede Richtung zu verbinden. Für den Zuschauer kommen noch weitere Aspekte hinzu: So betont er die Komplexität, mit der ein Zirkuskunststück rezipiert wird. Ein wichtiger Aspekt, wenn wir uns mit den neuronalen Vorgängen in der Zuschauer-Schauspieler-Interaktion befassen! Goudard sieht den Akt am Trapez neben dem physischen Vorgang als eine Abstraktion an, die mit den persönlichen und kulturellen Bedeutungszuschreibungen von Seiten eines Zuschauers gefüllt wird.[257] Hier wird nicht nur die Spannung auf den Zuschauer übertragen, sondern dieser fügt dem beobachteten Akt etwas hinzu, das über die bloße Resonanz spiegelneuronaler Vorgänge hinausreicht. So erhöht die Trapeznummer unseren Sinn für Schwerkraft, für Höhe, für

Vertikalität und für Flugbahnen, aktiviert aber auch das kulturelle Verständnis sowie die Erfahrung von Risiko, Zusammenarbeit, gegenseitiger Unterstützung, den Sinn für Scheitern und Erfolg, Leben und Tod. Der Schwerkraft ausgeliefert, trifft der Akrobat auf den Traum vom Losgelöstsein. »Thanks to his cognitive system, a spectator at the circus can fly while remaining seated, survive the fall and triumph over the risk by way of delegation.«[258]

Imaginative Aktivitäten des Zuschauers

Um die Abhängigkeit beider Seiten, der der Akteure und der Zuschauer, genauer zu betrachten, ist es sinnvoll, ein simples Beispiel zu wählen, in dem neben den kulturellen auch emotionale Bedeutungen zum Tragen kommen:

ÜBUNG 15: DIE HAND HEBEN

»Nehmen Sie eine Position ein, heben Sie die Hand und sagen Sie: ›Bitte nicht.‹ Dann legen Sie sich die andere Hand auf die Brust und sagen wieder: ›Bitte nicht.‹ Sofort stellt sich eine andere Nuance ein. Das ist Schauspielkunst ohne jede Philosophie oder Psychologie dahinter. Wir bewegen uns auf bestimmte Weise und das erweckt unser emotionales Leben. Jetzt fügen Sie die nächste Bewegung hinzu: Lassen Sie Ihre Hände auf die Seite fallen und sagen Sie: ›Bitte nicht.‹ Denken Sie nicht durchgehend daran, machen Sie es einfach und schauen Sie, was passiert.« (Michael Tschechow)[259]

In der Übung »Die Hand heben« geht es um Phänomene, die *vor* dem Ausdruck bzw. *vor* der Bewusstwerdung liegen. Die Bewegung beeinflusst Empfindung und Vorstellungsbilder, und zwar auf beiden Seiten. Auch bei einem Zuschauer beziehungsweise Beobachter wird der Unterschied zwischen den Gesten andere Assoziationen erwecken, die ihm kaum zu Bewusstsein kommen werden. Es wäre aber möglich, sie nachträglich bewusst zu machen. Zu vermerken ist: Die Vorsilbe Prä ist hier nicht temporal zu verstehen, sie meint eher, dass diese Prozesse anderen komplexen Prozessen zugrunde liegen und am bewussten Verstehen beteiligt sind. Die Theateranthropologie[260] hat in der vergleichenden Erforschung unterschiedlicher Methoden der Schauspielkunst und des Tanzes mit dem Begriff der Präexpressivität die Vorbereitung des Nervensystems auf Bewegungsabläufe formuliert, wie sie mit dem Spiegelneuronensystem neuerdings beschrieben werden. Das war, noch bevor neurowissenschaftliche Untersuchungen für die Theaterwissenschaft rezipiert worden sind. Auch Meyerhold hatte bereits von der Bedeutung des »*Vor*-Spiels« gewusst und es entsprechend gewürdigt.[261]

Ein Problem für die Untersuchung von Veränderungen, die vermittels künstlerisch konzipierter, also ästhetischer Erfahrungen erfolgen, besteht darin, dass diese wesentlich komplexer sind als Alltagshandlungen. Von daher lassen Untersuchungen, wie wir sie im vorhergehenden Kapitel referiert haben, dem bisherigen Stand der Forschung entsprechend keine Verallgemeinerungen zu. Gefordert ist tatsächliche künstlerische Forschung, wenn das Zusammenspiel von Bühnenhandlung und Zuschauerreaktionen beschrieben werden soll. Das folgende Beispiel von McConachie zeigt deutlich die Begrenzung der neurowissenschaftlichen Argumentation auf einen bestimmten Typus von Bühnendarstellung und ihre Vereinfachung komplexer Vorgänge.

Um das intuitive Verstehen von Emotionen zu beschreiben, benutzt er die Phasentheorie von Evan Thompson.[262] Wie im Spiegelneuronenkonzept beschrieben, werden die Neuronen beim Anblick einer Handlung aktiv: Sie sitzen im Publikum und sehen eine Person auf der Bühne wütend werden. »As the actor's face and body express this emotion, your mirror neurons for facial and bodily anger will fire in the same way as the actor's.«[263] Weil alle Emotionen körperlichen Ausdruck beinhalten, verhilft die sensomotorische Verbindung dem Zuschauer dazu, innerhalb von Millisekunden zu lesen, was im Geist des Schauspielers vor sich geht. In der nächsten Phase identifiziert sich der Zuschauer mit dem Schauspieler und beginnt dessen Beweggründe zu verstehen, er entwickelt Hypothesen über die Entstehung des Ärgers in der Szene. Aber wie und womit macht er das? Dazu gibt McConachie keine Auskunft. Mit Thompson führt er aus, dass die sensomotorische Kopplung von Emotion und Körper nur zusammen mit der »imaginary transposition« funktioniert, also dadurch, dass sich ein Zuschauer in die Situation des anderen hineinversetzt.[264] Das aber ist ein weitaus komplexerer Vorgang als die sensomotorische Kopplung, die in Spiegelneuronenaktivität feststellbar ist. Nicht nur, dass biografisch verfügbares und kulturelles Wissen dazugehört, um eine Situation entschlüsseln und verstehen zu können, auch die Theaterkunst selbst hält eine Reihe von Hürden bereit, die simple Übertragungsmuster von der Bühne zum Zuschauer und umgekehrt in Frage stellen.

Was ist das Besondere an künstlerischer Schauspielpraxis, was macht sie aus? Es lässt sich am deutlichsten mit dem Begriff des *extradaily behaviour* bezeichnen. Anders als im Alltag besteht *extradaily behaviour* nicht darin, gewohnte Wahrnehmungsmuster zu bestätigen, sondern es geht darum, den Zuschauer zu irritieren, bekannte Abläufe zu verlangsamen, zu verfremden und sie ins Bewusstsein zu heben. Schauspieler sorgen mit ihrem Spiel dafür, dass es Überraschungen, unerwartete Wendungen einer Handlung gibt, oder andere als die erwarteten Richtungen einer Bewegung. Wenn also der Neurowissenschaft zufolge bei der Beobachtung von Bewegungen im motorischen Bereich des Gehirns Handlungsketten aktiviert werden, so geschieht dies beim Schauspiel anders als im Alltagsleben. Das ist eine entscheidende Differenz, die die vorschnelle Adaption der Theorie der Spiegelneuronen einschränken sollte.

Beim Zuschauer entsteht eine ständige Bewegung zwischen seinen Sinnen und dem Bewusstsein, zwischen Denken und Fühlen. Dabei sind Abschweifungen, Gedankensprünge und wechselnde Gefühle wahrzunehmen.

> »These sudden digressions, shifting intentions, leaps of thought and fluctuating rhythms are mirrored and felt by the spectator in his very being, leading him to move from one hypothesis to another, torn between predictions and rethinks by the swell of changes he finds himself caught in. For the spectator it is a dance of the senses and of the mind; [...]«[265]

Betrachtet man die Komplexität einer Rezeptionssituation, was mit dem Mittel der Introspektion möglich ist, so lässt sich schlussfolgern: Die Theorie der Spiegelneuronen scheint nur *einen* Aspekt der schauspielerischen Darstellung in Resonanz mit dem Zuschauer zu betreffen. In der Regel ist es so, dass die Fantasie des Betrachters dem Geschehen auf der Bühne stets etwas hinzufügt. Ja, sie ist an der Rezeption und an der Produktion von Sinn maßgeblich beteiligt.

Jedes Element einer Aufführung ebenso wie die Sitznachbarin, Bühnenelemente, Raumbeschaffenheit, Temperatur u. Ä. kann

Anlass einer gedanklichen Abschweifung sein.[266] Aber auch da, wo die Konzentration sich nahezu ungebrochen der Aufführung widmet, geht die Imagination ihre eigenen Wege und tut zu dem, was objektiv zu sehen und zu hören ist, etwas hinzu.

Häufig erinnert man sich an ein ganz bestimmtes Detail aus einer Aufführung. Wie auch Benjamin Wihstutz in seinen Überlegungen in *Theater der Einbildung. Zur Wahrnehmung und Imagination des Zuschauers* erinnere ich mich explizit an einen Rettungshubschrauber in einer Szene aus *Le Dernier Caravansérail* von Ariane Mnouchkine und dem Théâtre du Soleil (UA 2003, Paris), der Geflüchteten im Strom der Wellen mit einem Seil aus der Luft zu Hilfe kommen will. Tatsächlich aber war er in der Aufführung nie zu sehen: Lediglich das Dröhnen der Rotoren wurde eingespielt![267] Wie häufig sind wir konsterniert, wenn wir einen Film oder eine Theateraufführung zum zweiten Mal anschauen: Die im Gedächtnis gebliebene Szene ist überraschend kurz, und Details, die wir zu erinnern meinen, sind gar nicht vorhanden!

Angesichts dieser Phänomene ist zu folgern, dass die Theorie der Spiegelneuronen, wie sie in Publikationen zum Thema Theater und Mind beschrieben wird, auf einen unmöglichen Idealfall der hundertprozentigen Konzentration eines Betrachters zutreffen mag, aber empirisch unmöglich ist. Künstlerische Darbietungen streben zudem gerade etwas anderes an als die bloße Wiedererkennung und Übereinstimmung zwischen Akteuren und Beobachtern, wie sie den Forschungsdesigns notwendig vereinfacht zunächst zugrunde liegt. Individuelle Variationen und Abweichungen im Rezeptionsverhalten eines Publikums, z. B. in postdramatischen Theateraufführungen, werden ja nicht als störend empfunden, sondern sind geradezu erwünscht. Auch wenn die Künste und insbesondere das Theater in der lebendigen Erfahrung von Menschen ihre Grundlage haben, so unterscheiden sich ihre Gestaltungen doch deutlich von dem, was im Alltagsleben der Fall ist.

VIII.
SCHAUSPIELEN UND KUNST – ÄSTHETISCHE QUALITÄTEN

> »In every true, great piece of art you will always find four qualities which the artist has put into his creation: *Ease*, *Form*, *Beauty*, and *Entirety*. These four qualities must also be developed by the actor; his body and speech must be endowed with them because they are the only instruments available to him on the stage. His body must become a piece of art within itself, must acquire these four qualities, must experience them inwardly.«
> Michael Tschechow[268]

Es sind vier Eigenschaften, die für Tschechow in jedes wahre Kunstwerk eingehen müssen. In dieser Hinsicht gibt es für ihn keine Kompromisse. Es sollte ein Gefühl für *Leichtigkeit*, für *Form,* für *Schönheit* und für das *Ganze* darin spürbar sein. Die vier Qualitäten sind weniger normativ zu verstehen, als dass sie empfunden werden, und Schauspieler sollten in die Lage kommen, ihr Spiel und ihre Bewegungen damit zu verbinden: Sie müssen ein *Gespür*, im Original ›feeling‹, für die *Vier Brüder* oder *four brothers* entwickeln, wie die Qualitäten heute in der praktischen Arbeit kurz benannt werden. Die Reihenfolge, in der Tschechow sie unterrichtet und ausgedrückt hat, variiert in den verschiedenen Veröffentlichungen.

Für Menschen des 21. Jahrhunderts, die mit moderner Kunst, mit postdramatischen Theaterformen und Fragmenten, mit offenen Werken und einer Relativierung von Schönheitsnormen und ästhetischen Regelsystemen vertraut sind, mögen diese vier Eigenschaften zunächst etwas befremdlich und als Teil der Ästhetik des ausgehenden 19. Jahrhunderts erscheinen. Aber hier geht es nicht um ästhetische Theorie, sondern um Schauspielpraxis: Es handelt sich weniger um normative Kategorien als um unterschiedliche Erfahrungsweisen schauspielpraktischer Sachverhalte. Aus diesem Grund werden sie heute durchaus auch von experimentellen und postmodernen Künstlerinnen und Künstlern genutzt.[269]

In der Anwendung ist zu erkennen, in welchem Maße die *Vier Brüder* in den bisher hier schon beschriebenen Übungen mitschwingen, wenn sie auch zunächst auf einer übergreifenden Ebene zu verstehen sind. Auch bezogen auf die Elemente von *Leichtigkeit, Form, Schönheit* und dem *Ganzen* sind die eingangs erwähnten *Fünf Prinzipien*, denen die Tschechow-Methode folgt, zu berücksichtigen. Entsprechend dem *vierten Prinzip,* mit dem Tschechow formulierte, dass alle Elemente seiner Technik wie in einem Netzwerk zusammenhängen und alle in jedem einzelnen zu erfahren sind, lassen sich die *Vier Brüder* auf jede seiner Übungen anwenden und diese unterschiedlich gestalten.

Der Übungskomplex der *Vier Brüder* hat neben ästhetischen Vorstellungen Tschechows, die er mit Stanislawski ebenso teilte wie mit Rudolf Steiner, einen Grund in seiner Auffassung von der schöpferischen Qualität des Schauspielens und der Rolle, die Schauspieler im Theater und im künstlerischen Prozess einnehmen sollten. Sie müssen in der Lage sein, künstlerische Qualität – wie er sie in den Elementen der *Vier Brüder* gefasst hat – zu erkennen und hervorzubringen. Die komplexen Anforderungen, die er an die Schauspieler stellte, hängen mit dem Kollektivgedanken und der Forderung nach weitestgehender Kreativität des schauspielerischen Handelns zusammen.

> »Der Regisseur und der Autor können uns viele Umstände und Vorgaben an die Hand geben, doch wenn uns bestimmte Dinge bewusst sind, erkennen wir, dass nichts unsere Fähigkeit zur Improvisation unterbinden oder uns unsere Freiheit als Schauspieler nehmen kann.«[270]

In den Jahren in Dartington konnte Tschechow seinen Traum eines Ensembles, in dem alle Mitglieder ihre Fähigkeiten unter Studiobedingungen entwickeln und erproben können, am nächsten kommen. Der vielseitige Unterrichtsplan war auf die Ausbildung umfassend künstlerisch gebildeter Schauspieler ausgerichtet: Sie sollten in der Lage sein, nicht nur darstellerische Fähigkeiten zu zeigen, sondern sich selbst als aktiv schöpferische Bühnenkünstler zu begreifen. Die künstlerische Freiheit, die im *fünften* der eingangs genannten *Prinzipien* formuliert ist, war in Dartington Programm. Die traditionelle Arbeitsteilung zwischen Autor, Regisseur, Dramaturg und Darsteller sollte ein Stück weit aufgehoben werden.[271] So versuchte Tschechow Autoren zu gewinnen, die bereit waren, sich abseits ihrer Schreibtische auf die Probenprozesse mit seinen Schauspielern einzulassen und ihre Stücke in diesem Zusammenhang zu entwickeln. Ein Versuch, der zwar seiner Zeit voraus, aber leider nicht erfolgreich war, nicht zuletzt wegen der Frage der rechtlichen Autorschaft und der damit verbundenen Honorarverteilung. Die Konzeption eines dramaturgisch und künstlerisch kompetenten Schauspielensembles stand in gewissem Widerspruch zu Tschechows Autorität. Die Spannung zwischen einem egalitären Ethos und dem Zentralismus des Leiters und Regisseurs, die festzustellen war, ist typisch für kollektive kollaborative Prozesse.[272]

Der Übungskomplex der *Vier Brüder* dient der Ausbildung der künstlerisch-dramaturgischen Fähigkeiten der Schauspieler. Insbesondere das *Gespür für Schönheit, für Form* und *für das Ganze* fordert die gestalterische Wahrnehmung und dramaturgische Kompetenz der Akteure heraus, während das *Gespür für Leichtigkeit* dasjenige ist, das am ehesten zugänglich und mit den unterschiedlichen Bewegungsübungen zu vereinbaren ist. Man wird aber unschwer die Verwandtschaft der einzelnen Geschwister erkennen und sehen, wie die jeweiligen Elemente miteinander verbunden sind.

Das Gespür für das Ganze

Nachdem Tschechow Ende 1938 in die USA migrieren musste, eröffnete er am 16. Januar 1939 in Ridgefield, Connecticut, ein neues Studio mit einer Unterrichtsstunde, in der er seinen neuen Studierenden und denen, die ihm aus England gefolgt waren, auch die Bedeutung der *Vier Brüder* erklärte.[273]

Er nennt dort als Erstes das *Gespür für das Ganze* (»feeling of the whole«) und verbindet seine Ausführungen nicht gleich wie in *To the Actor* mit der *Leichtigkeit,* sondern mit der *Form*, sicher, um den neuen Schülern in Amerika einen erweiterten Sinn für seine Methode zu vermitteln und einen Einstieg zu wählen, der dazu anhält, über den Tellerrand der Schauspieltechnik hinauszuschauen. »Entirety« kann mit dem Ganzen, Ganzheit, aber auch mit Gesamtheit übersetzt werden. Heutige Tschechow-Lehrer sprechen von *feeling of the whole,* ein Begriff, der auch schon in der frühen Ausgabe *On the Technique of Acting* genannt wird. Worum es Tschechow dabei geht, lässt sich aus seinen Übungsbeispielen ablesen. Er fordert dazu auf, Architektur, Menschen, Pflanzen, Steine, eine Landschaft und Ähnliches als *ganzheitlich* wahrzunehmen. Auch der vergangene Tag, einzelne Episoden daraus, Musik und Alltagsbeobachtungen können als in sich abgegrenzte Einheiten betrachtet werden. In der konkreten Probenarbeit sind es das gesamte Stück, eine Rolle, eine Szene, ein Auftritt, die sowohl als gesonderte als auch als zusammenhängende Einheiten begriffen werden können. Es gilt, jeweils Anfang und Ende einer Einheit sowie auch die Raumgrenzen wahrzunehmen. Wo entsteht ein Gefühl für Vollständigkeit? Wo sind Elemente abgegrenzt? Dabei wird implizit auch ein Verständnis von *Rhythmus* geübt, Rhythmus nicht allein im engen musikalischen Sinne, sondern auch bezogen auf Ausdehnung, Raum und Ordnungsstrukturen. Bei der Durchführung der entsprechenden Übungen ist bereits zu erkennen, wie stark sie an das *Gespür für Form* grenzen.

Form – Körper – Schönheit

Im *Gespür für Form* verbinden sich genaue Beobachtungen mit Vorstellungen und inneren Wahrnehmungen. Die Übungen, die Tschechow zu diesem *Bruder* vorschlägt, sind deutlich angelehnt an Rudolf Steiners Vorträge zur Eurhythmie, die in der Moskauer Ausgabe von Tschechows Schrift auch in den Literaturhinweisen angegeben sind.[274] Tschechow fordert dazu auf, den äußeren Leib in all seinen Einzelheiten als Form zu betrachten. »Schauen Sie sich *in Gedanken* die Form Ihres Körpers an. Beginnen Sie, sich zu bewegen, genauso einfach und ruhig, und machen Sie sich dabei bewußt: ›Mein Leib ist *bewegte* Form.‹«[275] Tschechows Begriff der Form ist kein formaler, es geht nicht um Umrisse. Er ist angelehnt an eine Vorstellung von Gestalt, die auch in unvollendeten Werken anzutreffen ist. Hinter den Gedanken zur Vorstellung des ›Leibs als bewegter

Form‹ stehen die Steiners, die wiederum aus Goethes Naturphilosophie gespeist sind.

Das *Gespür für Form* hat neben ästhetischen auch ganz praktische Gründe. Tschechow denkt an chaotische Situationen während der Proben, an befremdlich anmutende und unverständliche Charaktere und Rollen. Die Schauspieler sind aufgefordert, auch für das Chaos eine Form zu finden. Klare Formen sind in jeder Kunstform von Vorteil.[276]

ÜBUNG 16: GESPÜR FÜR FORM

Steh ruhig und nimm den Körper als eine Form wahr. Fühle seine äußeren Grenzen im Raum, dann die innere Form. Akzeptiere das, was immer du findest, ohne es zu bewerten!

Nimm deine verschiedenen Körperteile als Form bewusst wahr.

Werde dir bewusst, dass du als Mensch auf zwei Füßen aufgerichtet stehst, während Tiere sich nah am Boden bewegen.

Konzentriere dich auf die Form deiner Hände. Bringe sie zusammen. Versuche die Form dieser Bewegung zu erspüren. Visualisiere das Auseinanderführen der Hände und mache dir die Form klar, die die Bewegung in der Luft hinterlässt. Stell dir vor, du machst sie in nassem Lehm und hinterlässt eine Form darin. Wiederhole die Übung zehnmal.

Nun bewege deinen ganzen Körper, Stück für Stück, behalte aber die Aufmerksamkeit bei den Händen. Nimm die Formen wahr, die du in der Luft erzeugst. Stell sie dir vor, bevor du dich bewegst. Visualisiere die Formen, die du in der Luft hinterlässt.

Partnerübung: Nimm eine Position im Raum ein, während dein Partner versucht, eine Position zu finden, die dieser entspricht oder damit harmoniert. Wenn ihr beide eure Position gefunden habt, macht euch die Form dieser Komposition bewusst. Bleibt immer in Kontakt, unsichtbar verbunden. Verlässt du die gemeinsame Komposition, versuche dir vorzustellen, was für eine Form du in der Luft hinterlassen hast.

Diese Übung kann auch mit mehreren Personen durchgeführt werden.

Wichtig sind dabei klare Formwahrnehmung und der ständige Kontakt zwischen den Partnern! (nach Franc Chamberlain)[277]

Eine leichtere Variation besteht darin, dass zunächst zwei Personen mit ihren Händen und Armen gemeinsam skulpturale Formen in die Luft malen. Dabei wird meistens schon ein Sinn für *Schönheit* entwickelt. Die Vorstellung, gemeinsam ein *Kunstwerk* zu kreieren, unterstützt die Übung.

Die Übungen zur Bewegungsqualität des Formens (Übung 12) können zur Entwicklung des Gespürs für Form beitragen.

Übungen mit der *Form* führen erfahrungsgemäß zu Gefühlen der Harmonie, des Wohlgefallens und zu dem, was als schön empfunden wird. So ist es naheliegend zum *Gespür für Schönheit* zu gelangen. Der dritte der hier behandelten *Brüder*, das *Gespür für Schönheit*, ist sicher am schwierigsten zu verstehen. Tschechow selbst bemerkt: »[...] Hier schneide ich ein gefährliches Thema an.«[278] Der Begriff ist mit vielen Werten behaftet und bietet einem zeitgenössischen Kunstverständnis Widerstand, wie zunächst ja auch der Begriff des *Gespürs für das Ganze*, der sich zunächst dem Sinn für das Fragmentarische, das wir aus der modernen Kunst kennen, widersetzt. Tschechow fordert dazu auf, alle Arten von Schönem an Menschen, in der Natur und Kultur zu beobachten, wie unscheinbar das auch im Einzelnen sein mag. Es geht darum, mit unbefangenen Augen wahrzunehmen und Dinge, Vorgänge und Begebenheiten, die als schön erscheinen, näher zu befragen. *Was* finde ich daran schön und *warum*? Ist es die Form, die Sinnhaftigkeit, der moralische Wert oder die Originalität, Stärke, Farbe, Meisterschaft u. v. a. m.?[279]

Tschechows Begriff von Schönheit ist auch von dem konventionellen Kunst- und Kulturverständnis seiner Zeit geprägt. Man darf aber nicht vergessen, dass er in seinen Moskauer und anschließenden Pariser Jahren ästhetische Umbrüche und Herausforderungen erlebte, die das Kunstverständnis des 19. Jahrhunderts, von dem anfangs auch Stanislawski noch geprägt war, erschütterten. Es geht ihm bei diesen Übungen nicht um äußere und äußerliche Schönheit, sondern darum, ein Gefühl bzw. ein *Gespür für Schönheit* zu entwickeln. So fordert er dazu auf, alle Bewegungen der Bewegungsqualitäten, also *Formen, Fließen, Fliegen, Ausstrahlen* (vgl. Übung 12), mit einem *Gespür für Schönheit* auszuführen, was auf keinen Fall vor dem Spiegel geschehen sollte![280]

Zunächst wehren sich Teilnehmer gegen solche Übungen, aus Ablehnung konventioneller ästhetischer Vorstellungen. Aber wenn sie tatsächlich versuchen, Bewegungen mit der jeweiligen Intention auszuführen oder sogar zu zweit ein kleines Kunstwerk von Bewegungen in der Luft zu improvisieren, dann stellt sich eine veränderte Erfahrungsqualität ein. Es geht nicht um Attraktivität, um Wohlgestalt, sondern um Wertschätzung, um tiefe Verbindungen zu den Dingen. Tschechow beschreibt in seinen autobiografischen Schriften unter dem Abschnitt »Das ›Lehrstück‹ des Chirurgen« sogar die Arbeit eines Chirurgen als schön, in dem Sinne, dass er sorgfältig arbeitet, mit Respekt vor dem Leben einer anderen Person. Er erkennt in der Arbeit des Chirurgen die Grundzüge des Schauspielerberufs: Leichtigkeit, Präzision, Konzentration, Kraft und Schönheit![281]

Wie Tschechow es aus seiner Ausbildung in Russland kannte, sind Studierende aufgefordert, sich auch im Alltagsleben und in ihrer Freizeit mit den Themen des Unterrichts zu befassen. Es wird eine intensive künstlerisch-ästhetische Bildung im weitesten Sinne verlangt, die nicht auf die Unterrichtsstunden begrenzt bleibt.[282]

ÜBUNG 17: GESPÜR FÜR SCHÖNHEIT

»Untersuchen Sie Kunstwerke, beobachten Sie Naturerscheinungen: Landschaften, Pflanzen, Wolken oder das Spiel des Lichtes; und suchen Sie Klarheit darüber, *was* Sie daran schön finden. [...] Schauen Sie sich genau die Portraits von Menschen an, die Sie nicht auf den ersten Blick durch ihre Schönheit beindrucken, und versuchen Sie, die schönen Züge darin zu entdecken.«[283]

»Warum finde ich es schön? Wegen seiner Form? Harmonie? Aufrichtigkeit? Schlichtheit? Farbe? Moralischem Wert? Stärke? Sanftheit? Sinnhaftigkeit? Originalität? Einfallsreichtum? Selbstlosigkeit? Idealismus? Meisterschaft?« Als Ergebnis der ausführlichen Beobachtungen wird sich ein feiner künstlerischer Geschmack herausbilden: »Sie werden spüren, dass Ihr Geist und Ihr Körper Schönheit akkumuliert haben, und Sie haben Ihre Fähigkeit geschärft, sie überall zu erkennen.«[284]

Danach kann die eigentliche Übung beginnen.

»Führen Sie einfache weite Bewegungen aus und nehmen Sie wahr, wie Schönheit *in Ihrem Innern* aufsteigt, bis der

Körper davon durchdrungen ist [...]. Vermeiden Sie tänzerische Bewegungen! [...] bewegen Sie sich mit dem imaginären Zentrum in der Brust [vgl. Übung 8, I. H.], führen Sie alle vier Bewegungsarten: *Formen, Fließen, Fliegen, Ausstrahlen* aus [vgl. Übung 12, I. H.]. Sprechen Sie ein paar Worte. Machen Sie einfache Alltagshandlungen [...] Widerstehen Sie der Versuchung schön zu *erscheinen*.« (Michael Tschechow)[285]

In heutigen Tschechow-Kursen werden die Alltagshandlungen präzisiert, wie das Haar ordnen, etwas trinken, sich setzen, eine Tasche öffnen, ein Fenster schließen u. Ä. Der Begriff *schön* wird auch mit *interessant* gekoppelt: Sieh dir deinen Partner an, was findest du interessant an ihm, ein Ohrläppchen, die Hände? Es gibt immer etwas zu entdecken!

Training als Kunst: Gespür für Leichtigkeit und Ganzheit

Wie bedeutsam Tschechow die *Vier Brüder* erachtet, kann daraus geschlossen werden, dass er das Thema in mehreren seiner Unterrichtsstunden in den USA für professionelle Schauspieler im Jahre 1941 ausführlich behandelt. Einmal mehr betont er, dass jede Übung als ein kleines *Kunstwerk* betrachtet werden sollte, das den kreativen Geist der Schauspieler herausfordert.[286]

Das *Gespür für Leichtigkeit* behandelt er wiederholt in der dritten, vierten, fünften und sechsten Stunde. Die Übungen sind für den Einstieg in die Methode geeignet, weil sie dazu beitragen, die anfänglich aus Unsicherheit resultierende verkrampfte Haltung der Teilnehmenden aufzulösen. Viele von Tschechows Unterrichtsstunden waren von einer leichten, unbeschwerten Atmosphäre getragen. Mel Gordon berichtet in seinem Vorwort zu den *Lektionen für professionelle Schauspieler* gar von einer Art Party-Stimmung, die bewusst eingesetzt wurde. »Tschechow gestaltete auch Blöcke von Übungen, die bei den Studierenden einen Schub an freudiger Erregung und Energie hervorriefen. [...] er bestand auf ›dem Gespür für Lebendigkeit auf der Bühne‹.«[287]

Leichtigkeit entspannt den Körper und befreit den Geist und lässt so Lebendigkeit entstehen. Manchmal reicht es, die Teilnehmer einer Übung nur darauf hinzuweisen, diese mit der Qualität von Leichtigkeit auszuführen, und schon ändert sich die angespannte Konzentration und macht einer Atmosphäre von Erleichterung Platz. Auch schwere Rollen können mit der Qualität von Leichtigkeit und Einfachheit ausgeführt werden. Tschechow denkt hier an die großen Clowns, die wie Grock und Charly Chaplin selbst misslichste Lagen mit artistischer Grazie bewältigen, sodass beim Publikum unmittelbar Gelächter evoziert wird. Obwohl *Leichtigkeit* eine Qualität ist, die mit dem Muskeltonus und der Atmung zu tun hat, kann man sie sehen. Es ist ein Unterschied erkennbar, ob eine Tätigkeit mit Anspannung und Mühe oder leicht und nahezu mühelos ausgeführt wird.[288] Um den Zugang zu dieser Qualität zu erleichtern, bieten sich die beiden Bewegungsformen *Fliegen* und *Ausstrahlen* an. (Vgl. Übung 12.)

ÜBUNG 18: GESPÜR FÜR LEICHTIGKEIT

Wann hast du dich in deinem Leben leicht und voller Freude gefühlt? Wann schwer und bedrückt? Konzentriere dich auf die Wirkungen dieser Situationen auf deinen Körper.

Egal, in welcher Position du dich befindest: Hebe die Arme in die Luft, dann senke sie wieder und stell dir vor, sie sind leicht wie Federn, lass sie schweben und nimm mit jeder

Bewegung mehr Leichtigkeit in deinen Körper auf. In deiner Vorstellung beginnen die Arme in der Mitte deiner Brust an der Wirbelsäule.

Die Übung verlangt eine bewusste Entscheidung und setzt den Wunsch nach Leichtigkeit voraus. Es ist naheliegend, dass sie nicht auf körperlicher Ebene zu trainieren ist, sondern unmittelbar der inneren Einstellung entspringt. Um das Gespür für Leichtigkeit zu entwickeln, sollte sie mehrere Male wiederholt werden.

Steh auf und setze dich mit dem Gefühl von Leichtigkeit.

Lege dich auf den Boden und komme in den Stand zurück.

Gehe mit dem Gespür für Leichtigkeit durch den Raum, sprich mit anderen, lass dich in einen Kampf verwickeln. Achte auf Anspannung in deinem Körper, nimm diese bewusst wahr und stell die Leichtigkeit wieder her.

Tschechow schlägt vor, zu einer Improvisation bedrückender Stimmungen überzugehen und diese mit Leichtigkeit zu *spielen.* »Leichtigkeit ist dem Sinn für Humor verwandt.«[289]

Die Tschechow-Methode ist gekennzeichnet durch eine netzwerkartige Verbindung aller Elemente untereinander. So sind die *Vier Brüder* nicht nur mit den *Bewegungsqualitäten* verbunden, die zu ihrer Erarbeitung hilfreich sind, sondern können für jedwede Übung in Anwendung gebracht werden. Hier darf das *fünfte Prinzip*, die künstlerische Freiheit, nicht vergessen werden.

Eine gute Anschauung liefert das Master Classes Video Nr. 2 unter der Leitung von Fern Sloan, die alle vier Elemente der Übungsgruppe hintereinander lehrt und dazu anhält, sie aufeinander aufbauend zu verbinden.

ÜBUNG 19: DIE *VIER BRÜDER* VEREINT

»*Gespür für Leichtigkeit:* Bewege deinen Körper mit Leichtigkeit.

Nimm wahr, wie sich diese Aktionen physisch anfühlen. Bewege einen Gegenstand mit Leichtigkeit.

Gespür für Form: Erkunde Formen, die dein Körper bilden kann.

Bewege dich in geraden oder kurvigen Linien.

Bewege ein Objekt und erkunde die Formen, die zwischen deinem Körper und dem Objekt entstehen können.

Gespür für Schönheit: Bringe *Leichtigkeit* und *Form* in einer Bewegung zusammen. Nimm wahr, ob du die *Schönheit* in diesem Moment erleben kannst.

Bewege einen Gegenstand. Untersuche, ob du seine Schönheit wahrnehmen kannst und die Schönheit seiner Bewegung.

Gespür für das Ganze: Finde einen Moment (deines Tuns), der einen Anfang und ein Ende hat.

Bewege dich durch diesen Moment hindurch und erlaube ihm zu enden.

Nimm wahr, ob du eine innere Zufriedenheit über diese Vollständigkeit erfahren kannst.« (Fern Sloan)[290]

Die Folge der Übungen in der Verbindung der Elemente der *Vier Brüder* fordert dazu heraus, über das Verhältnis der *Vier Brüder* zu den anderen Bestandteilen der Tschechow-Methode nachzudenken. Dass hier die *Fünf Prinzipien* zur Anwendung kommen, versteht sich inzwischen von selbst: die *psycho-physische* Einheit, der Fokus auf dem *Unsichtbaren*, die Intuition und Spontaneität des *höheren Ich*, die *Vernetzung der unterschiedlichen Elemente* der Technik und schließlich als fünftes die *künstlerische Freiheit.*

Bezogen auf die *vier Bewegungsqualitäten Fliegen, Fließen, Formen* und *Ausstrahlen* (vgl. Übung 12) können sich leicht Irritationen ergeben, will man die Methode in einer Systematik begreifen. Das *Gespür für Leichtigkeit* zeigt Verwandtschaft zum *Fliegen* und *Schweben.* Aber Tschechow denkt die *Vier Brüder* umfassender und begrenzt ihre Bedeutung nicht auf bestimmte Qualitäten von Bewegung. Es handelt sich eher um ästhetische als um technische Kompetenzen. Sie können durch Beobachtung geschult werden. So wie *Konzentration* und *Imagination* zu allem gehört, was in der Methode von Bedeutung ist, so auch die Fähigkeit, im Augenblick präsent zu sein. Mehr als einmal fordert Tschechow dazu auf, eine Übung oder Bewegung auszuführen, als würde man sie zum allerersten Mal ausüben, als würde man einen Gegenstand in dem Moment zum ersten Mal wahrnehmen.

Ein weiteres Element, das eine übergreifende Rolle spielt, ist das *Ausstrahlen.* Zwar gehört es zu den *Bewegungsqualitäten,* ist aber in der Tschechow-Methode durchweg unverzichtbar. Das innere Erleben einer Bewegung kann durch *Ausstrahlen* intensiver betont werden, sobald die eigentliche Bewegung beendet wurde. *Ausstrahlen* bedeutet ein bewusstes Verhältnis von äußerer Bewegung, innerem Erleben und der Verbindung beider! Einmal mehr wird die Verbindung aller Elemente entsprechend dem *vierten Prinzip* deutlich!

Eine weitere Komponente der Methode, die von umfassender Bedeutung ist, aber ebenso wie die anderen eben erwähnten auch gesondert geübt werden kann, ist die Arbeit mit der *Atmosphäre.*

IX.
ATMOSPHÄREN: DAS HERZ DER AUFFÜHRUNG

»Können wir uns diesen Raum voller Rauch vorstellen? Selbstverständlich. Können wir uns diesen Raum parfümgeschwängert vorstellen? Selbstverständlich. Hell erleuchtet? Selbstverständlich. In diesem Raum können wir uns um uns herum alles Mögliche vorstellen. Versuchen Sie sich vorzustellen, die Luft sei von Traurigkeit erfüllt. *Machen* Sie nichts, aber stellen Sie sich ganz objektiv vor, die Luft sei von Traurigkeit erfüllt.«
Michael Tschechow[291]

Atmosphären werden wahrgenommen und gespürt. Bewusst und unbewusst beeinflussen sie Stimmung und Handlungen. Auch Menschen haben persönliche Atmosphären ebenso wie ein Theaterstück, eine Szene, ein Text, ein Bild. Atmosphären sind fluide wie Nebel, Wasser, Dunkelheit. Sie durchdringen Umgebungen und werden von Menschen ausgestrahlt. Auf der Bühne haben wir es mit verdichteten Atmosphären zu tun, in die Zuschauer und Schauspieler eintreten. Sie können sich unabhängig von unseren Wünschen und unserer Kontrolle entwickeln, wie Mala Powers konstatiert.[292] Unbewusst werden Zuschauer von einer Atmosphäre ergriffen, ebenso wie die unsichtbaren Wellen der Atmosphäre vom Schauspieler absorbiert und an das Publikum ausgestrahlt werden. In seinem Text *On the Technique of Acting* widmet Tschechow ein ganzes Kapitel dem Zusammenhang von objektiver Atmosphäre und individuellen Gefühlen, wobei er *Atmosphere* durchweg mit großem A schreibt.[293] Atmosphären können nicht nur wahrgenommen, sondern auch bewusst hergestellt und verändert werden. Für Tschechow sind sie das Zentrum der Kunst! Er ermutigte die Schauspieler, in ihrer Fantasie verschiedene Atmosphären zu erschaffen, sich z. B. bei der Lektüre von Szenen darin zu üben, einen Sinn für die jeweils vorherrschende Atmosphäre zu entwickeln. *Atmosphären* können dabei wie Tonarten verstanden werden, wie musikalische Schlüssel für Stimmungen. In ihnen ist die vorherrschende Stimmung einer Situation, anders ausgedrückt, der dominante Ton zu finden. Atmosphären gehen von Menschen, Dingen, Orten, Beziehungen und Ereignissen aus. Aber sie sind nicht eindeutig damit verknüpft, sondern immer in Bezug zu einer Wahrnehmung: Sie befinden sich im Zwischenbereich von Subjekt und Objekt und sind deshalb so schwierig dingfest zu machen: Sie sind nicht zu beobachten, eher zu erspüren. Für die Tschechow-Methode sind sie in der gefühlten Verbindung mit dem Unsichtbaren umso bedeutsamer.

Weder innen noch außen, objektiv oder subjektiv

Tschechow benutzte gerne das folgende Beispiel: Man geht eine Straße entlang und stellt plötzlich eine unspezifische atmosphärische Veränderung fest. Das geschieht, noch bevor man begreift, dass sich eine Menschenmenge um den Ort eines Verkehrsunfalls, der soeben passiert ist, versammelt hat. Jeder Anwesende wird diese Situation anders wahrnehmen, und dennoch gibt es eine dominante Atmosphäre. In diesem Sinne ist die Atmosphäre für Tschechow etwas »Objektives«.[294]

ÜBUNG 20A: ATMOSPHÄREN SPÜREN

»1. Gehe spazieren. Plane einen Spaziergang an Orten ein, an denen du Grenzen überschreiten musst. Das heißt, gehe an Orte, an denen sich die Atmosphäre wahrscheinlich ändern wird. Wenn du z. B. ein Krankenhaus aufsuchst, könntest du von der Cafeteria zum Wartezimmer der Intensivstation gehen. Wenn du in einer Großstadt spazieren gehst, könntest du vom Finanzviertel zu einem öffentlichen Spielplatz in einem Park gehen. Wie Tschechow vorschlägt: ›Achten Sie darauf, dass jede Atmosphäre, die Sie beobachten, tatsächlich in der Luft ausgebreitet ist, Menschen und Ereignisse einhüllt, den Raum füllt, durch Landschaften schwebt, das Leben durchdringt.‹

2. Lass dich bewusst auf bestimmte Atmosphären ein, höre ihnen zu, als würdest du Musik hören. Lass sie auf dich wirken und rufe deine eigenen, individuellen Gefühle ab. Stehe, sitze, gehe [...], sprich und bewege dich usw. im Einklang mit der Atmosphäre, der du begegnest.

3. Erlaube dir auch, dich im Kontrast zur Atmosphäre zu bewegen, und versuche dabei, Gefühle zu entwickeln und aufrechtzuerhalten, die im Gegensatz zu dieser Atmosphäre stehen.« (MICHA Workbook)[295]

Wo befinden sich Atmosphären, wo sind sie lokalisiert? Das Phänomen der Atmosphäre stellt eine Grundtatsache menschlicher Wahrnehmung dar. Durch sein eigenes Empfinden spürt ein Mensch intuitiv sofort, wo er sich befindet.

»So gesehen sind Atmosphären etwas, das das menschliche In-der-Welt-Sein im Ganzen bestimmt, also seine Beziehung zu

Umgebungen, zu anderen Menschen, zu Dingen und Kunstwerken«[296], wie es der Kulturwissenschaftler und Philosoph Gernot Böhme formuliert.

Nun wäre anzunehmen, dass die Wahrnehmung von Atmosphären etwas ganz Persönliches, also Subjektives ist, das ein Mensch mitbringt. In Abgrenzung dazu und durchaus kompatibel mit Tschechows Verständnis der Atmosphäre weist Gernot Böhme auch der Dingwelt eine atmosphärische Ausstrahlung zu.

Auch Tschechow fordert seine Studierenden mehrfach dazu auf, die Atmosphären von Pflanzen, Dingen, Kunstwerken u. Ä. zu studieren und zu erspüren. Atmosphären sind so verstanden weder etwas Objektives noch etwas Subjektives, etwa Bestimmungen eines Seelenzustandes. »Und doch sind sie subjekthaft, gehören zu Subjekten, insofern sie in leiblicher Anwesenheit durch den Menschen gespürt werden und dieses Spüren zugleich ein leibliches Sich-Befinden der Subjekte im Raum ist.«[297]

Trotz dieser Ambivalenz im Zwischenbereich ist es möglich, sich über Atmosphären zwischenmenschlich auszutauschen. Über die Atmosphäre eines dunklen und muffigen Kellers wird man sich schnell verständigen können und auch über die in einem heiteren, hellen Raum.

Insofern meint *Atmosphäre* eine Art Gesamteindruck, in dem nicht zwischen den affektiven und reflexiven Elementen der Wahrnehmung unterschieden wird. Dazu gehört eine gewisse körperliche Affiziertheit des Zuschauers – sei es auf der Straße, wie zum Beispiel ein plötzlicher Verkehrsunfall, oder im Theater. Was ein Zuschauer spürt, macht sich *psycho-physisch* bemerkbar.[298] Übungen zur Atmosphäre beeinflussen den Körper der Schauspieler, die Haltung und den Muskeltonus, die Art und Weise der Bewegung sowie die Stimmfärbung. Die psycho-physischen Wirkungen von Atmosphären sind vergleichbar mit denen, die in den Übungen mit den diversen imaginären Körperzentren (hier Übung 9) auftreten, die verbunden sind mit vorgestellten Gegenständen und deren spezifischen Qualitäten wie Eis, Stein, Sonne, Marshmallow, Bleistift, Rasierklinge u. Ä.

Für Tschechow haben *Atmosphären* darüber hinausgehend noch eine weitere Bedeutung: Weil *Atmosphären* gespürt und geteilt werden können, dienen sie als eine besondere Art von sozialer Verbindung. In ihnen ist die Lebendigkeit der Theaterkunst und ihre Wirkung auf das Publikum zu finden. Es ist bekannt, in welchem Maße Tschechow und vor ihm und mit ihm Stanislawski mit dem Phänomen der *Ausstrahlung* experimentierten. Für Stanislawski war die *Atmosphäre* etwas, das ein Schauspieler von innen heraus an das Publikum ausstrahlt. Es handelt sich dabei um eine Übertragung von Gedanken und Gefühlen.[299] Tschechow dagegen nahm an, dass ein Schauspieler die nötige Inspiration für seine Darstellung auf direkte Weise aus der Atmosphäre beziehen kann. Das bedeutet, dass sie nicht nur aus dem Inneren kommt, sondern gewissermaßen in der Luft liegt.

> »Just as in everyday life one speaks, moves, and acts differently when surrounded by different Atmospheres, so on stage the actor will realize that the Atmosphere urges him to new nuances in his speech, movements, actions, and feelings [...]. The space, the air around the actor, will always be filled with life, and this life – which is the Atmosphere – will also keep him alive as long as he maintains contact with it.«[300]

Die Atmosphäre als Verbindung von Bühne und Publikum

> »Die Atmosphäre ist der Herzschlag der Aufführung.«
> Michael Tschechow[301]

Die Atmosphäre verbindet Bühne und Publikum, sie überschreitet die Grenze zwischen beiden, die sogenannte vierte Wand, wie auch die zwischen innen und außen.

Der Körper ist kein abgegrenztes Objekt im Raum. Er ist in die Umgebung eingebettet und so auch Teil von ihr. Mit dem Konzept einer Zwischenleiblichkeit stellt der Phänomenologe Maurice Merleau-Ponty (1908–1961) ein Konzept zur Verfügung, mit dem Atmosphären in Bezug auf ihre Wahrnehmung begriffen werden können. Die Grenze zwischen Körper und Umwelt wird nicht starr gezogen. Er betont den Körper als primären Ort der Welterkenntnis, ein Korrektiv zur langen philosophisch-kartesischen Tradition, die das Bewusstsein als Quelle der Erkenntnis ansah. Für den Philosophen stellt die Wahrnehmung nichts dar, was einfach Informationen aus einer separaten Umgebung filtert. Wahrnehmung wird vielmehr in der Art miteinander verbundener Interaktionen und Wechselverhältnisse von Körper, Objekt und Umgebung begriffen. Die im Alltagsbewusstsein vorherrschende Überzeugung, dass wir einen Körper *haben*, den wir wie ein Instrument gebrauchen können, ist nach Merleau-Ponty irreführend. Der Körper als Leib ist unser Medium des »Zur-Welt-Seins« und zugleich die konkrete Verbindung zu anderen. Vermittels unserer leiblichen Existenz stehen wir immer in Bezug zur Welt und zu unseren Mitmenschen: ein »Zueinandersein«.[302] Das einfache Beispiel für die Anschaulichkeit der Verflochtenheit von innerer Wahrnehmung und äußerer Welt: Die linke Hand berührt die rechte. Wenn sich beide berühren, so spüren wir *innen* und *außen* zugleich. Die Hand gehört zu uns, zugleich ist sie von *außen* berührbar und sichtbar. Wir können sie, wie auch andere Teile des Körpers, wie einen Gegenstand wahrnehmen und behandeln, z. B. wenn wir uns die Nägel schneiden oder wenn eine chirurgische Operation vorgenommen wird.[303] Aber die Hand ist auch von *innen* fühlbar. Es ist kaum möglich beide, außen und innen, gleichzeitig zu spüren, aber die Wahrnehmungen können sich rasch hintereinander abwechseln.

Für Tschechow macht die Atmosphäre nicht nur die entscheidende Qualität eines Kunstwerks aus, sondern sie ist das Medium, das für die Beziehung von Schauspieler und Zuschauer eine Rolle spielt. Atmosphäre ist dasjenige Element, das Bühne und Publikum miteinander vereint, wie Mala Powers es ausdrückt:

> »[...] both performer and spectator are unconsciously affected as an atmosphere's unseen waves are absorbed by the actor and Radiated out to the audience. Although they cannot be seen, Atmospheres can be felt strongly and are primary means of theatrical communication.«[304]

Das Phänomen der Atmosphäre, so ungreifbar es erscheint, wird von Tschechow nicht romantisiert. Im Gegenteil: Es gilt, ganz handfest damit zu arbeiten. Die Übungen, die er dazu vorschlägt, sind so vielfältig wie einfach: Es geht zunächst darum, die Atmosphären von Orten und Gegenständen *wahrzunehmen* (Übung 20a), dann werden *Atmosphären* vorgestellt, *imaginiert*, und schließlich wird mit oder gegen ihren Einfluss *gehandelt*.

ÜBUNG 20B: IN ATMOSPHÄREN HANDELN

»1. Stellen Sie sich die Luft um Sie herum gefüllt mit einer bestimmten Atmosphäre vor.

2. Werden Sie sich Ihrer inneren Reaktion darauf bewusst.

3. Bewegen Sie sich und sprechen Sie in Harmonie mit der Atmosphäre.

4. Strahlen Sie in den Raum, der Sie umgibt, aus.«

(Michael Tschechow)[305]

Als Gruppenübung (aktuell): Stellt euch den Raum gefüllt mit der Atmosphäre von fahlem Mondlicht vor. Wenn die Vorstellung präzise geworden und etabliert ist, dann betretet den Raum. Taucht vorsichtig in die Atmosphäre ein, zunächst vielleicht nur mit einem Körperteil, bis ihr ganz darin seid. Spürt, welche Wirkung die Atmosphäre auf euch hat: Welche Bilder kommen euch in den Sinn? Nehmt sie wahr. Wenn nichts passiert, forciert keine Reaktionen. Atmet die Atmosphäre ein. Ruft eine Person mit Namen. Achtet auf eure Stimme. Welche Qualität hat sie?

Erlaubt eurer Stimme sich passend zur Atmosphäre zu verändern. Stellt euch vor, die Atmosphäre unterstützt euch. Sprecht einen kurzen Text oder Monolog. Strahlt die Atmosphäre aktiv aus.

Wiederholt die Übung mit einer anderen Atmosphäre, z. B. der eines Jahrmarkts, einer Müllhalde, eines Friedhofs, eines frühen Morgens vor Sonnenaufgang in der erwachenden Stadt Sezuan …

Franc Chamberlain schlägt eine komplexe Variation vor: Die Gruppe wird geteilt. Wenn Gruppe A eine Atmosphäre etabliert hat, übertritt Gruppe B die Schwelle in den Raum. Hier lässt sie sich von einem Geschenk überraschen, das sie aus der Atmosphäre empfängt, was immer es für die Einzelnen sein mag. Diese Gabe wird an Teilnehmer der Gruppe A überreicht.[306]

Die Arbeit mit Atmosphären kann in Proben dabei helfen, dem Ensemble ein gemeinsames Gespür für bestimmte Schauplätze und Situationen zu vermitteln, und so dazu beitragen, die einzelnen Figuren und Rollen zu verbinden. (nach Franc Chamberlain u. a.)

Bezogen auf den Austausch mit dem Publikum unterstreicht Tschechow die aktive Haltung zur *Atmosphäre*. Auch hier haben wir wieder eines der bei ihm so interessanten Paradoxe vor uns: Die Atmosphäre ist nicht nur zugleich innen und außen, subjektiv empfunden und objektiv vorhanden, sondern sie wird wahrgenommen, gespürt und aktiv hervorgebracht oder unterstützt, indem sie ausgestrahlt wird. Beides, Wahrnehmung und *Ausstrahlen* bilden einen Zusammenhang, der auch im Verhältnis von Bühne und Publikum, Zuschauer und Schauspieler eine Rolle spielt.

Aufnehmen und Ausstrahlen – Geben und Nehmen

> »To radiate on the stage means *to give*, to send out.
> Its counterpart is *to receive*. True acting is a constant
> exchange of the two.«
> Michael Tschechow[307]

In einer Unterrichtsstunde zu den »Vier Stadien des kreativen Prozesses« für professionelle Schauspieler im Jahre 1941 in New York wird mit unterschiedlichen *Atmosphären* improvisiert. Zu

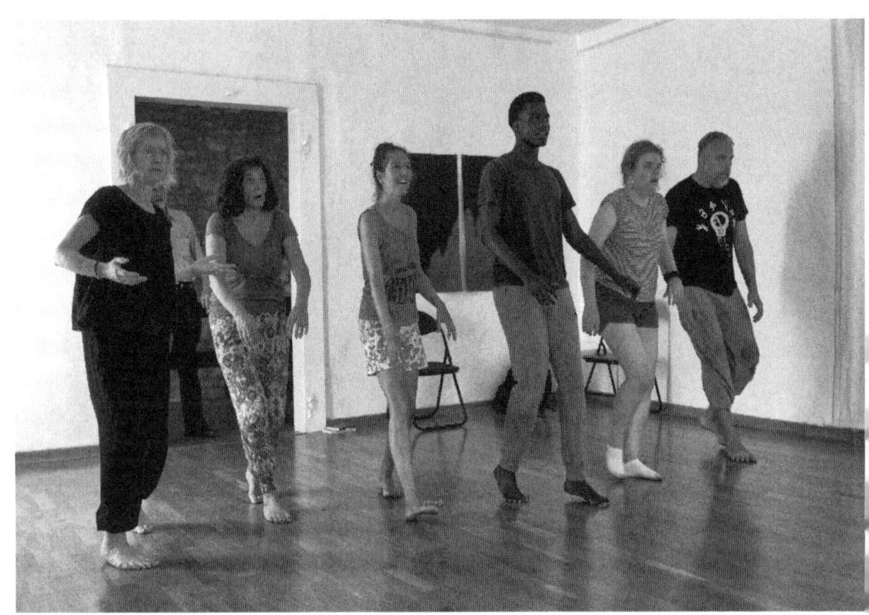

den Stadien des kreativen Prozesses zählt Tschechow an erster Stelle die *Atmosphäre*, an zweiter die *Imagination*, an dritter die *Verkörperung* und schließlich die *Inspiration*. Beim Thema *Atmosphäre* gibt es Nachfragen von Teilnehmern bezogen darauf, inwieweit sie die Atmosphäre passiv wahrnehmen sollen und wie sie ein Gespür dafür behalten können, obwohl sie sich handelnd darin bewegen.

> »[Frage:] Stimmt es, dass ein Geben und Nehmen stattfindet, wenn wir richtig mit der Atmosphäre arbeiten? Wenn man etwas teilt, arbeitet man nicht alleine, sondern man saugt auf, was gemeinsam erzeugt wird. Antwort: Ganz genau.«[308]

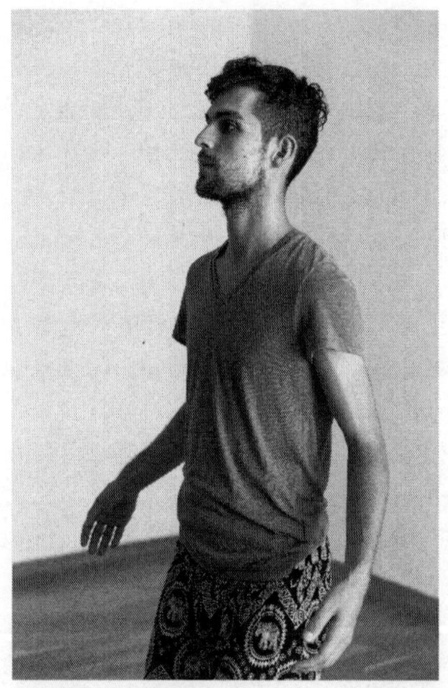

Die Wellen leiten.
Michael Chekhov Europe Training, Groznjan 2018

Die *Atmosphäre* wird zwischen den Schauspielern hervorgebracht und mit dem Publikum geteilt. Es sind demnach nicht nur Bühne und Zuschauer daran beteiligt, sondern auch die Schauspieler untereinander, die, wie Tschechow bemerkt, ja ebenfalls zuschauen, indem sie empfangen und ausstrahlen.[309] Ein *Ensemble* von Partnern ist es, das eine Partnerschaft mit dem Publikum etabliert!

Spielen, Darstellen und *Improvisieren*, all dies sind für Tschechow höchst kooperative Vorgänge, die auf bewusstem und intensivem Austausch beruhen. Das Prinzip des *Gebens* und *Nehmens* (»receiving«) ist in allen Übungen der Technik anzutreffen. Wir übersetzen »receiving« besser mit Nehmen, da die aktive Haltung des Entgegen-, An- und des Aufnehmens dadurch deutlich wird. Ist einmal das Bewusstsein für die Kooperation und das Zusammenspiel als ein wechselseitiger Austauschprozess geschärft, ist zu erkennen, dass beides stattfindet, wenn der Schauspieler die Präsenz seines Partner aufnimmt, die Worte und Handlungen resorbiert und darauf reagiert. Auch die Wahrnehmung der Umgebung wird von Tschechow als ein Annehmen, Empfangen (»receiving«) beschrieben ebenso wie das Spüren von *Atmosphären*: »He [the actor] can also receive the atmosphere in which he finds himself, or he can receive things or events.« Der Wechsel zwischen *Nehmen* und *Geben* hängt von den konkreten Umständen der Rolle und der Szene ab, wie Tschechow weiter ausführt. Aber zu empfangen, an- und aufzunehmen, ist keine Frage des Hinsehens, wie er bemerkt: »To actually receive means to *draw toward* one's self with the utmost inner power the things, persons or events of the situation.«[310]

ÜBUNG 21: DIE WELLEN LEITEN

Die Übung macht das energetische Zusammenspiel zwischen Schauspielern und Zuschauern erfahrbar.

I. Gruppenübung: Zwei Gruppen, A und B, stehen sich im Raum in Reihen mit großem Abstand gegenüber. Die Mitglieder jeder Gruppe stehen eng beieinander, aber so, dass sie sich möglichst unisono bewegen können.

Ausgehend von der Vorstellung von Meereswogen, bewegt Gruppe A eine imaginäre Welle auf Gruppe B zu. Gruppe B nimmt diese unsichtbare Welle mit dem Einsatz des gesamten Körpers auf. Auf dem Höhepunkt der Bewegung entsteht der Umschwung: Gruppe B gibt die Welle zurück an die Gruppe A. Diese nimmt den Impuls auf und gibt die Welle zurück an Gruppe B. usw.

Das Wechselspiel des Hin- und Herwogens kann in Stärke und Intensität variieren. Als Hilfestellung können folgende Bilder helfen: »Die See wird stürmisch ... Die Wellen beruhigen sich ... Die Wellen sind kaum mehr wahrnehmbar. Das Wasser kommt zum Stillstand.«

II. Solist mit Gruppe: Übung I wird variiert: Nun ist es eine Person C, die der Gruppe A gegenübersteht. Gruppe A sendet die Welle, C nimmt sie auf und gibt sie an die Gruppe zurück usw. Nun nimmt C Einfluss auf die Gruppe, variiert die Intensität, bewegt die Gruppe A.

III. Solist mit Gruppe und Monolog: Übung II wird mit einem Monolog verbunden und an Gruppe A adressiert. Gruppe A ist nun in der Rolle des Publikums. Körperlich nach außen hin unbewegt, nimmt die Gruppe die *Welle* wahr und strahlt sie als *innere Bewegung* zurück. Die Welle bleibt energetisch. Es geht darum, die Wirkungen dieses Spiels von *Geben, Nehmen, Erwidern* aufmerksam wahrzunehmen.

IV. Solist mit Gruppe, Monolog und *imaginärem Publikum*: Inspiriert von Tschechows Vorschlag, sich das Publikum bestehend aus verschiedenen sozialen Gruppen vorzustellen, imaginiert eine einzelne Person das Publikum, dem sie gegenübersteht. Sie stellt sich vor, dass es bspw. aus ausschließlich Kindern, Wissenschaftlern o. a. Gruppen besteht, und beobachtet, wie sich ihr Monolog entsprechend verändert.

Gruppe A nimmt ihre *Impulse auf* und *strahlt sie zurück*! Hier kommt die *Bewegungsqualität Ausstrahlen* zur Geltung (vgl. Übung 12), weiterhin kann auch Übung 22 zur Vorbereitung dienen. (nach Ulrich Meyer-Horsch)[311]

Die aktive Rolle des Publikums

> »Auch der Zuschauer handelt […]. Er beobachtet, er wählt aus, er vergleicht, er interpretiert. Er verbindet das, was er sieht, mit vielen anderen Dingen, die er gesehen hat, auf anderen Bühnen und an anderen Arten von Orten.«
> Jacques Rancière[312]

Schauspieler, die ein Bewusstsein für die *Atmosphäre* und damit für die Verbindungen zwischen sich und den anderen Schauspielern sowie mit den Dingen und der Umgebung haben, wissen, wie stark sich dies auf die Beziehung zum Publikum auswirkt und wie dieses aktiviert wird.

> »The actors […] know only too well what a strong bond it creates between them and the spectator. Being enveloped by it too, the spectator himself begins to ›act‹ along with the actors. A compelling performance arises out of *reciprocal action* between the actor and the spectator.«[313]

Zuschauen ist ein aktiver Prozess. Tschechow hatte dies schon in seiner Zeit am Moskauer Künstlertheater erlebt, wo sowohl sein Lehrer Stanislawski als auch sein Kollege Meyerhold die Zuschauer als schöpferische Instanz betrachtet haben. Aber Stanislawski fürchtete den Einfluss des Publikums in gewisser Weise als einschüchternd und das Spiel der Schauspieler als korrumpierend. Die vierte Wand diente den Schauspielern auch als eine Art von Schutz. Für Tschechow dagegen ist die Beziehung zum Publikum das Herz des Theaters. Er hatte ein vitales Verhältnis zu den Zuschauern, das laut Simon Callow so weit ging, dass er davon sprach, dass sich der Schauspieler dem Publikum opfere.[314] Es

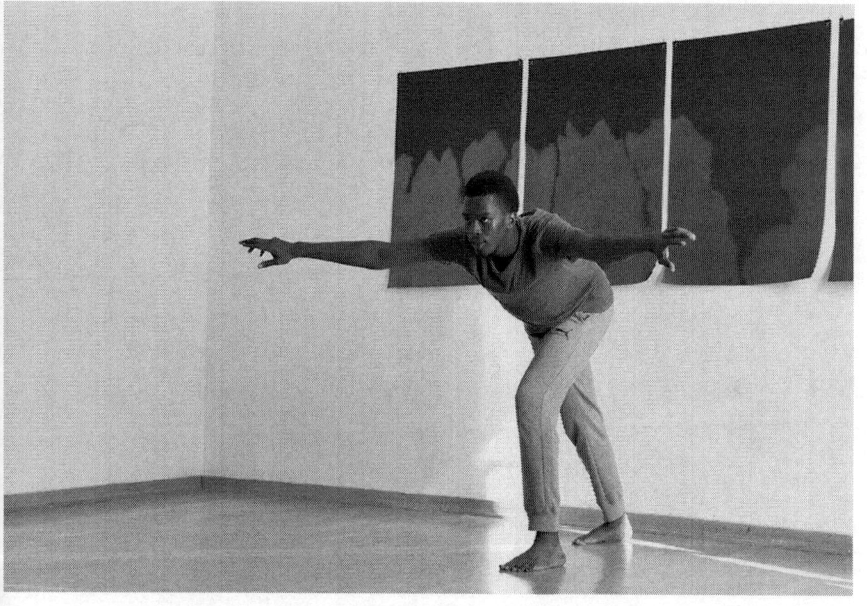

Die Wellen leiten. Michael Chekhov Europe Training, Groznjan 2018

war nicht nur die Revolutionszeit, die ein neues Publikum in die russischen Theater brachte, die zu so einer Auffassung herausforderte. Die vielfältigen Improvisationen und Untersuchungen von Vorgängen, die nicht mit Worten, sondern mit den körperlichen und energetischen Elementen der Schauspieltätigkeit stattfanden, ließen die aktive Rolle von Zuschauern während einer Aufführung erkennen. Hier spielen Phänomene wie *Atmosphäre*, *Ausstrahlung* und *Übertragung* eine Rolle. Zugleich ist es aber auch ein sozialer Aspekt, der mit der Verbindung von Schauspielern und Zuschauern zum Tragen kommt. Theater ist in Tschechows Auffassung eine zutiefst menschliche Kunst und damit eine, die mit der Sozialität des Homo sapiens zu tun hat. Nicht nur, dass Schauspieler mit ihrer gesamten Existenz das Instrument ihrer

Kunst ausmachen, sondern es stellt darüber hinaus eine Besonderheit des Theaters dar, dass die Verbindung mit einem Publikum konstitutiv für das Medium ist. Spielen ist kein Selbstzweck, sondern immer adressiert an Zuschauer, deren aktiv rezipierende Rolle in der theaterwissenschaftlichen Forschung mittlerweile als selbstverständlich angesehen wird.[315] Tschechows Konzepte von *Atmosphäre* und *Ausstrahlung* sind ohne die Annahme eines Zuschauer-Schauspieler-Kontinuums nicht zu denken. So sind es einerseits handwerklich-fachliche Aspekte, die zu der besonderen Aufmerksamkeit für die Rolle des Publikums beitragen, andererseits auch sozialpolitische. Es handelt sich nicht um eine Einwegkommunikation von der Bühne zum Zuschauer, sondern dieser wird als mitwirkender Partner in einer Aufführung betrachtet.

Zu Beginn des 20. Jahrhunderts stellte diese Auffassung von einer Aufführung als einem zweiseitigen Prozess noch eine äußerst innovative Erkenntnis dar. In ihr ist auch eine Grundlage für die ethische Dimension von Tschechows Theaterkonzeption zu sehen, auf die später noch ausführlicher einzugehen sein wird.

Im sozialpolitisch bewegten Klima des ersten Drittels des 20. Jahrhunderts, insbesondere während der revolutionären Umbrüche der Kulturpolitik, in denen die Arbeit am MChAT stattfand, nahm die Bezugnahme auf das Publikum politische Dimensionen an. Auch später in Dartington fühlte sich Tschechow dem Publikum verpflichtet. In seinen Lehrplan nahm er neben den handwerklichen schauspielerischen Fächern auch »Social Purpose«, den sozialen Zweck, auf. Er verlangte von den Schauspielern, genaue Vorstellungen von ihren Zuschauern zu entwickeln und damit die eigene Praxis in Bezug auf das Leben außerhalb des Theaters und der Kunst zu reflektieren.[316]

Bewusste soziale Verantwortung mitzudenken, war ein Aspekt dessen, was Schauspieler von der Bühne aus tun: nämlich *zu geben*. Tschechow insistiert darauf, dass die Essenz des Schauspielens darin besteht zu geben: »[…] giving, giving, giving, and keeping nothing for ourselves.«[317] Mit diesem Gedanken verbunden ist die große Bedeutung, die der vierten der *Bewegungsqualitäten*, dem *Ausstrahlen* (Übung 12), zukommt: Wenn Schauspieler in bewusstem Bezug auf das Publikum agieren, dann *strahlen* sie in seine Richtung hin *aus*. *Radiating* und *Receiving* entsprechen *Geben* und *Nehmen*, einem unaufhörlichen Austauschprozess, der mit der Konzeption der Bedeutung von *Atmosphäre* für eine Aufführung aufs Engste verbunden ist. Zur Erinnerung: *Atmosphären* werden vorgefunden, und sie werden aktiv hervorgebracht und beeinflusst!

In einer *Aufführung* stoßen zunächst zwei *Atmosphären* aufeinander. Diejenige, die ein Publikum mitbringt – man spürt sie im Zuschauerraum vor einer Aufführung –, und eine, die von Seiten der Bühne erzeugt wird. Schauspieler sollten genaue Rezeptoren für die Atmosphäre entwickeln, die vom Publikum ausgeht. Sie hängt von Erwartungshaltungen, zeitgeschichtlichen Gegebenheiten oder Situationen außerhalb des Theaters ab. Tschechow legt großen Wert darauf, dass Schauspieler sich dessen gewahr werden und bewusst auf ihr Publikum reagieren. Er schildert den Fall, dass in einer Aufführung zwei Atmosphären konflikthaft aufeinanderstoßen, und dann sind die Performer aufgefordert, die Atmosphäre im Zuschauerraum aktiv zu verändern. Wird sie beharrlich ignoriert, dann bedeutet dies, dass die Zuschauer nicht mehr als Partner akzeptiert, sondern als Gegner betrachtet werden. Eine Einstellung, die in Tschechows Augen untragbar ist. Allerdings wäre ein manipulatives Vorgehen, um einen Wechsel der Atmosphäre zu »erzwingen«, nicht angebracht, wie Franc Chamberlain in seinen Gedanken zur reziproken Beziehung zwischen Zuschauern und Schauspielern hervorhebt: »If we try to force change we are no longer treating the *audience as a collaborator*, but as an enemy to be beaten into submission; this will only create tension in the performers and, possibly, in the audience as well […].«[318]

X. DAS PUBLIKUM ERSPÜREN: »AUDIENCE SENSE« UND ZEITGENOSSENSCHAFT

> »A compelling performance arises out of a reciprocal action between the actor and the spectator.«
> Michael Tschechow[319]

Die lebendige Verbindung zwischen Bühne und Publikum, die Tschechow mit der *Atmosphäre* beschreibt, bedeutet, dass die Theateraufführung als etwas betrachtet wird, das weder der einen noch der anderen Seite angehört. Die Vorstellungen einer dynamischen Einheit von Bühne und Publikum gehen weit über naturalistisch-illusionistische Theaterpraktiken hinaus und begreifen neben dem kreativen Schauspieler auch die Zuschauer als potentiell kreative Partner einer Aufführung. Nur in der Theateraufführung treffen Schauspieler und Zuschauer aufeinander. Davon zu unterscheiden sind Stück und Inszenierung.[320] Tschechow hat gewissermaßen eine eigene Theorie der »actor-spectator interactivity« entwickelt, wie Yana Meerzon konstatiert. Es sind seine Konzepte von *Atmosphäre*, von *Ausstrahlung*, *Energie-Austausch* und *rhythmischen Wellen,* die das Zusammenwirken von Bühne und Publikum beschreiben können.[321]

Mit dem imaginären Publikum spielen

> »BEWUSSTSEIN FÜR DAS PUBLIKUM
> Sie haben heute viele Fehler gemacht, aber der wichtigste ist, dass Sie das anwesende Publikum nicht berücksichtigt haben. Das müssen Sie instinktiv tun.«
> Michael Tschechow[322]

Immer wieder stellt Tschechow die Frage, auf welche Weise Schauspieler ein Gespür für ihr Publikum erlangen können. Diesbezüglich verdankt er Jewgeni Wachtangow entscheidende Impulse. Als dieser einmal nach der erstaunlichen Publikumswirkung seiner Inszenierungen gefragt worden war, antwortete er, wie Tschechow berichtet: »Because I never direct without imagining an audience attending all my rehearsals. I anticipate their reactions and follow their ›suggestions‹; and I try to imagine a kind of ›ideal‹ audience in order to avoid the temptations of tastelessness.«[323] In seiner Vorstellung *sieht* und *hört* Wachtangow sein *imaginäres Publikum* deutlich, wie Tschechow an anderer Stelle berichtet.[324]

Warum ist die konkrete Imagination eines Publikums während der Proben und der Performance so wichtig? Das Medium Theater ist durch Kommunikation und Interaktion konstituiert: Die Beziehung von Zuschauer und Schauspieler gehört zu seiner Definition.[325] Zuschauen ist ein aktiver Prozess! Wir müssen nicht die neurowissenschaftliche Forschung bemühen, um zu verstehen, wie aktiv Wahrnehmungsprozesse strukturiert sind und wie die Verbindung von Körper und Geist, von Emotion und Kognition stattfindet, wenn wir in ein Theatererlebnis involviert sind. Schon in der genaueren Betrachtung der Imagination in Kapitel VII. wurde die mentale Beteiligung der Zuschauer an der Aufführung deutlich.

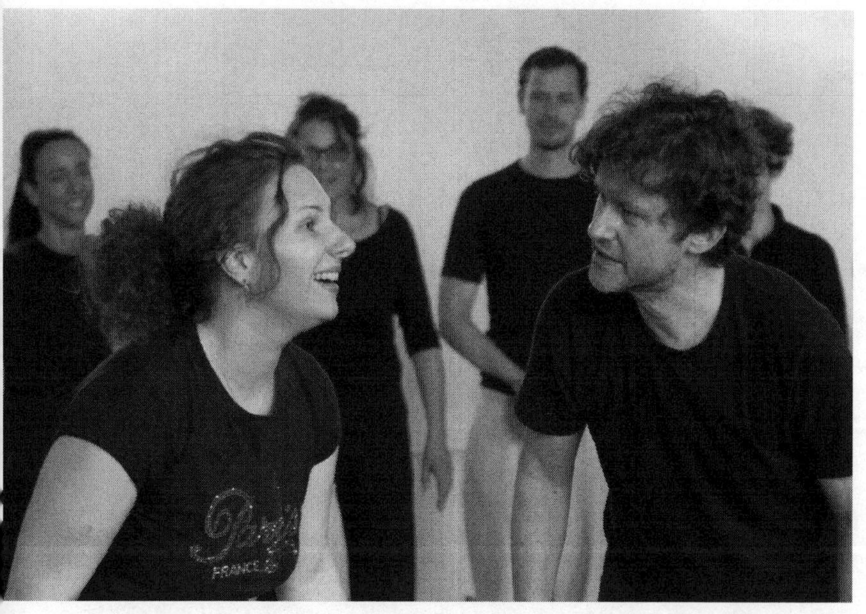

Telling a story. Schule für Schauspiel Hamburg 2016

Jacques Rancière hat die aktive Rolle des Zuschauens auch in traditionellen Aufführungen nicht zuletzt angesichts der Zunahme partizipativer Formate in der Gegenwartskunst wieder rehabilitiert: Auch da, wo ein Zuschauer ruhig in seinem Sessel sitzt, verbindet er das, was er sieht, mit dem, was er gesehen und gesagt, gemacht und geträumt hat.[326] Eine Theateraufführung als ein immer wieder aktuell sich im Hier und Jetzt vollziehendes Geschehen zwischen Spielern und Zuschauenden gehorcht den grundlegenden Paradigmen des Theaters: Sehen und Gesehenwerden, Hören und Gehörtwerden. Dabei ist die körperliche Anwesenheit, die Kopräsenz von Spielern und Zuschauern unabdingbar: Es handelt sich hierbei um subtile energetische, auch körperliche Vorgänge, in denen, über Blicke vermittelt, zunächst der Sehsinn zu dominieren scheint. Aber die Austauschprozesse zwischen Bühne und Publikum sind weitaus komplexer als bisher angenommen und bleiben nicht an der Oberfläche der visuellen und auditiven Wahrnehmung stehen, wie es z. B. in Übung 21: »Die Wellen leiten« und Übung 22: »Gesten des Zuhörens« zu erleben ist.[327]

ÜBUNG 22: GESTEN DES ZUHÖRENS

Um das *imaginäre Publikum* wahrzunehmen, ist eine besondere Empfänglichkeit und Sensibilität gefordert. In dieser Übung geht es um die Basisfähigkeit *Zuhören* und darum, unterschiedliche Modi des Zuhörens zu unterscheiden sowie die jeweiligen Wirkungen auf Hörer und Sprecher zu erfahren, wie in dieser Übungsfolge nach Meyer-Horsch, 2017, zu erkennen ist.[328]

I. Partnerübung:

1. a) A erzählt und B hört mit der Haltung »Ja, das weiß ich schon« zu. b) Suche nach einer Geste: A stellt sich vor B und findet eine Ganzkörpergeste, die ausdrückt, wie B gerade zugehört hat. Die Geste muss eine klare Form und Richtung haben: Anfang, Mitte, Ende. Sie sollte aufrechterhalten und ausgestrahlt werden. c) Ein anschließender Austausch nach der Übung ist wichtig!

2. a) A erzählt, B hört »mit Aufmerksamkeit für Fakten und für neue oder widersprüchliche Daten« zu, nimmt mit allen Sinnen und offenem Geist wahr. Danach folgen b) Geste und c) Gespräch.

3. a) A erzählt, B hört »empathisch, mit offenem Herzen« zu. Nicht Dinge und Fakten sind wichtig, sondern »die Welt durch die Augen eines anderen wahrzunehmen«. b) Danach übersetzt A seine Empfindungen in eine ganzkörperliche Geste. c) Es folgt das Gespräch.

4. a) A erzählt, aber nun folgt: »Zuhören aus dem Feld der gemeinsamen Zukunft«. In der Kommunikation erschaffen A und B, Sender und Empfänger, gemeinsam etwas Neues; sie generieren eine gemeinsame Zukunft im Dialog. b) Danach übersetzen beide nacheinander ihre Reaktion in eine Ganzkörpergeste und c) tauschen sich aus.

II. Gruppenübung: Die vier Arten des Zuhörens können nun auf die Situation mit Publikum angewendet werden: a) Jemand erzählt etwas auf der Bühne, die Gruppe hört in den verschiedenen vier Haltungen zu. b) Dabei auch umgekehrt ausprobieren und wahrnehmen: Wie »hört« der Erzähler, Sprecher auf sein Publikum, wie nimmt er es wahr?

III. Rollenarbeit: Die Arten des Zuhörens auf die Charakterisierung einer Rolle anwenden: Wie würde sie zuhören?

Die Übungsfolge ist gut mit Tschechows Anregungen zum Spielen mit imaginären Publika zu verbinden.[329] Wie wirkt die Vorstellung unterschiedlicher Gruppen von Zuschauern auf den Schauspieler auf der Bühne? Wie beeinflusst das *imaginäre Publikum* seinen Vortrag? (nach Ulrich Meyer-Horsch)

Die Zuschauer als Mit-Schöpfer

> »Wir müssen uns klar darüber werden, warum und für wen wir spielen. Tun wir es zu unserer eigenen Befriedigung, so ist das falsch.«
> Michael Tschechow[330]

Tschechow hat die Komplexität des Zusammenwirkens von Schauspielern und Zuschauern auf verschiedenen Ebenen beschrieben. Dabei geht es einerseits darum, den Zuschauer als Mit-Schöpfer – »co-creator« – der Aufführung zu verstehen, und zum anderen um die Kernaufgabe des Theaters, nämlich ein jeweils aktuelles Publikum von Zeitgenossen zu erreichen und damit bestimmte Absichten zu verbinden.

Tschechow erörtert die Bedeutung des Publikums in unterschiedlichen Kontexten. In der Moskauer Ausgabe wird dies unter der Überschrift »Die soziale Funktion des höheren ›ICH‹« erläutert und mit praktischen Übungsanleitungen behandelt.[331] Immer spielen dabei die *Atmosphäre* und die Zeitgenossenschaft eine Rolle sowie die *kreative Individualität* des Schauspielers und das *höhere Ich.*

Im Zusammenhang eines Kapitels über die kreative Individualität behandelt er in *To the Actor* die Komplexität der *drei Ichs,* mit denen Schauspieler über ihre Alltagserfahrung hinaus Zugang zu den kreativen Impulsen bekommen können, und bezieht in diesem Zusammenhang auch das Publikum ausdrücklich ein. Nicht der Schauspieler allein erschafft die Rolle, sondern auch der Zuschauer! Insofern begreift Tschechow eine Aufführung als eine »Individualität«, sie wird niemals die gleiche sein, wie oft ein Stück in einer bestimmten Inszenierung auch auf die Bühne gebracht wird. Vom Schauspieler werden ein erhöhtes

Bewusstsein und ein besonderer Zugang zu seiner künstlerischen Kreativität und Inspiration verlangt, die mit der Konzeption des *höheren Ich* angesprochen ist. Beides, ein Gespür für die Zuschauer und zugleich die intensive Selbstbeobachtung der Akteure, ist erforderlich.

Die Individualität befindet sich auf beiden Seiten der Rampe, sie ist schöpferisch und zuschauend zugleich: »It is not only the creator of the character but also its spectator. From the other side of the footlights it follows the spectators' experiences, shares their enthusiasm, excitement and disappointments.«[332]

Seiner Zeit voraus, geht Tschechow davon aus, dass der Sinn einer Darstellung auf der Bühne weder vom Autor noch vom Regisseur oder Schauspieler geschaffen wird: Es ist die Kooperation mit dem Publikum, die die Bedeutung hervorbringt. Diese überaus moderne Auffassung der Theaterproduktion und -rezeption ist verbunden mit einer Ablehnung von Einschränkungen der künstlerischen Individualität. Tschechow hat sich vehement gegen Theaterautoren ausgesprochen, die von ihrem Schreibtisch aus, ohne jeden Kontakt und jegliches Verständnis für die Interaktion mit den Zuschauern, arbeiten. Auch in diesem Zusammenhang kommt er wieder lobend auf Wachtangow zu sprechen, der sich mit seinen Inszenierungen in stetem Kontakt mit dem Publikum und damit seinen Zeitgenossen befindet. Er schildert ihn als einen überaus informierten Zeitgenossen, als schnellen Zeitungsleser, der seinen Beruf als Teil des sozialen Lebens begreift, ohne sich den Zeitläuften anzubiedern oder sich der öffentlichen Meinung unterzuordnen.[333]

Wachtangows Arbeit mit dem *imaginären Publikum* geht als Anregung in das Übungsrepertoire der Methode ein.[334] Das bedeutet näher besehen, dass Tschechow die dramaturgische Verantwortung für eine Inszenierung nicht ausschließlich an einen

Regisseur delegiert, sondern auch die Schauspieler in der Pflicht sieht. Er empfiehlt ihnen, sich zu fragen, welche Erfahrungen das Publikum in einer Aufführung macht, welche Gedanken durch das jeweilige Spiel entstehen. Werden die Zuschauer empfänglicher für die Ereignisse des Lebens, werden ihre moralischen Gefühle erweckt, oder geht es nur um Vergnügen? Und wenn ja, um welche Art von Vergnügen?

Um diese Fragen zu beantworten und den Sinn für das Publikum zu schärfen, empfiehlt Tschechow mit *imaginären Publika* zu arbeiten.

Er fordert dazu auf, sich das Haus gefüllt mit je spezifischen Typen von Zuschauern vorzustellen: Es sind nur Wissenschaftler anwesend, Lehrer, Studenten, Kinder, Bauern, Politiker, Diplomaten oder Menschen verschiedener Nationalitäten oder sogar ausschließlich Schauspieler. Durch diese Experimente wird eine neue Art von »audience sense« entwickelt, »[...] durch den er [der Schauspieler I. H.] für die Bedeutung des Theaters in der heutigen Gesellschaft empfänglich wird und fähig, bewusst und angemessen auf sie zu reagieren.«[335]

So wenig sich Tschechow direkt politisch äußert, so wichtig ist ihm die Zeitgenossenschaft des Künstlers. Das wird besonders in den Vorträgen, die er 1942 in New York vor Schauspielern hält, deutlich. Die damals aktuellen Geschehnisse, der Überfall auf Pearl Harbour im Vorjahr, Churchills Rede und Hitlers »Maske« sollen dem Schauspieler gegenwärtig sein, während er z. B. *Hamlet* probt.

> »Der Schauspieler erhält durch das *imaginäre Publikum* das Gefühl, im Hier und Jetzt zu sein, ein zeitgenössisches Stück zu spielen, er ist aber gleichzeitig im Pazifikkrieg. Er bleibt nicht isoliert, sondern übernimmt Verantwortung für alles, was er auf der Bühne tut, für alles, was er denkt

> und sich vorstellt, die Art und Weise, wie er sich auf der Bühne bewegt. Dann setzt noch etwas anderes ein. Oft heisst es, Shakespeares Komik sei eigentlich gar nicht komisch, sondern langweilig, sprachlich umständlich und unanständig. Doch der Darsteller, der gleichzeitig auf der Bühne und im Kriegsgebiet ist, erkennt die schreckliche Komik Shakespeares. Den Tiefsinn seines Humors, der nahe bei der Tragödie liegt.«[336]

In Amerika findet er harte Worte sowohl gegen ein reines Unterhaltungstheater wie gegen das Regime der Kommerzialität. In seinen Vorträgen und Unterrichtsstunden vor jungen Schauspielern wird er nicht müde, das Ideal eines aktiven, bewussten und verantwortungsvollen Schauspielers zu unterstreichen. Dabei verliert er aber auch die Spielfreude und Lebendigkeit, die mit dem Beruf verbunden sind, nicht aus dem Blick. Er selbst hatte schon in seiner Moskauer Zeit große Freude an Überraschungen, die aus kreativer Freiheit entstanden, die Tschechow sich immer wieder selbst genommen hatte. In seinen Auftritten als Schauspieler erstaunte er das russische Publikum durch spontan veränderte Interpretationen seiner Rolle. Er hatte Spaß daran, die unterschiedlichen *Atmosphären* jeden Abend aufzunehmen und sich selbst und das Publikum zu verblüffen.

> »Each evening while performing, yielding yourself to the atmosphere of the play or the scene, you can take delight in observing the self-sprung new details and nuances of your portrayal. You will not need to cling cowardly to the clichés of yesterday's acting. The space, the air around you filled with atmosphere will always support and arouse in you new feelings and fresh creative impulses. The atmosphere *urges* you to act in harmony with it.«[337]

Die Variationen, die Tschechow vorschlägt, helfen, die Darstellung lebendig zu erhalten und die besondere Präsenz und Einmaligkeit, mit der Schauspieler auf der Bühne agieren sollten, zu unterstützen und Routinen zu vermeiden.

Eine reich entfaltete Kreativität und das Bewusstsein des *höheren Ich* sind in Tschechows Augen Voraussetzungen dafür, dass Schauspieler lebendige Verbindungen zu den Zeitgenossen entwickeln können. Sie sollten mit der Zeit ein ›Organ‹ ausbilden, das sie mit dem Leben außerhalb des Theaters verbindet und in ihnen aktuell Verantwortlichkeit erweckt. Sie sollen lernen, »[...] sich als Teil des sozialen Lebens zu fühlen.« Dabei hilft die Arbeit und das Spiel mit dem *imaginären Publikum,* womit regelrecht ein »Sinnesorgan« für das soziale Leben entwickelt wird.[338] Anstelle von Umfragen und empirischen Publikumsforschungen verlässt sich ein Schauspieler auf sein *höheres Ich*: Einerseits muss er gut informiert sein und anderseits seiner *Imagination* und *Inspiration* vertrauen. Der lebendige Austausch mit seiner Zeit und Gesellschaft verbunden mit *Sensibilität, Imagination* und der Befähigung zum *Mitgefühl* gehören zu einem Theaterverständnis, das sich immer wieder in der Gegenwart positioniert.

Extra 3: Geben, Nehmen, Erwidern – Der Dreiklang des Sozialen

»Das Wesen unseres Berufes ist es, zu geben – immer wieder zu geben, ›constantly to give‹. Was ist es, was wir im Theater geben? Statt Gemälden auf der Leinwand geben wir unsere Körper, Gefühle, unseren Willen, unsere Imagination – wir geben eine Form pulsierender Kunst zum Leben selbst [...]«
Michael Tschechow[339]

In der Arbeit von Schauspielerinnen und Schauspielern werden zahlreiche Prozesse von Austausch und Wechselseitigkeit, von Geben, Nehmen und Erwidern und neuerlichem Geben sichtbar. Michael Tschechows Theorie und Praxis des Theaters stellt explizit das *Geben* und *Nehmen* ins Zentrum der schauspielerischen Arbeit. Und zwar in dreifacher Hinsicht: zum einen bezogen auf die Beziehung zwischen Bühne und Zuschauer, zum anderen, was die Kooperation der Schauspieler untereinander angeht, und zum dritten das Verhältnis des Theaters zur Gesellschaft betreffend. Alle drei Bereiche werden von Tschechow überdies mit ethischen Konnotationen versehen.

Eine Ethik der Gabe

Künstlerische Formen der Zusammenarbeit weisen eine Nähe auf zu dem, was der Soziologe und Ethnologe Marcel Mauss in prominenter Weise unter dem Begriff der Gabe beschrieben hat und was heute in Bezug auf Konzeptionen von Gemeinsinn und Sozialität diskutiert wird.[340] Er verstand Gaben und Geschenke, materielle und immaterielle Dinge als Teil einer intersubjektiven Handlung, in der es nicht nur um die übergebenen Dinge geht, sondern um die Menschen, die sich im Geben und Annehmen untereinander anerkennen und sozial verpflichten. Mit dem Akzent auf der Freiwilligkeit, mit der etwas dargeboten wird – das müssen nicht Gegenstände sein, sondern das können auch Wissen oder das Engagement für eine Sache sein –, ist sein Ansatz inzwischen auch auf performative Prozesse im Theater bezogen worden.[341] In der Kooperation von Schauspielern findet eine Fülle intersubjektiver Austauschvorgänge statt, wie sie in Tschechows Methode immer wieder zu beobachten sind.

Es scheint selbstverständlich zu sein und bedeutet doch eine besondere Motivationslage und Haltung, die sich vom alltäglichen zweckgerichteten Handeln unterscheidet: Im Sich-Öffnen für die Impulse des anderen, im vorbehaltlosen Einsatz während einer Improvisation, in der Bereitschaft anzunehmen, was von den Partnern angeboten wird, finden wir eine besondere Form von Verhalten. Die Uneigennützigkeit, die darin zum Ausdruck kommt, wird mit der Haltung verglichen, mit der wir einer anderen Person etwas »schenken«. Zu einem »Geschenk«, auch wenn es etwas Nützliches sein sollte, kommt noch etwas hinzu, das mit der Beziehung zwischen Geber und Empfänger zu tun hat und das geeignet scheint, die besonderen Interaktionsformen und Beziehungen im Rahmen künstlerischer Kooperationen zu beschreiben.

Das Phänomen der Gabe

Marcel Mauss' Studie über den besonderen Charakter von Geschenken drehte sich um die Fragen: Warum und wie kann es sein, dass etwas uneigennützig geschenkt und zugleich auch vorteilhaft genutzt werden kann? Und ist nicht die Kunst in dieser Hinsicht einem Geschenk, einer Gabe vergleichbar, wie Lewis Hyde mit Bezug auf Mauss provokativ behauptet?[342] In einem weit verzweigten Diskurs steht der Begriff der Gabe für Handlungsweisen, die nicht auf einer einseitigen Vorteilsnahme beruhen, sondern eher uneigennützig motiviert dazu beitragen, ein soziales Gefüge zu unterstützen. So setzt das »Rätsel der Gabe« bis heute Überlegungen in Gang, in denen sich ethische, ästhetische und ökonomische Dimensionen verbinden. Das ist der Grund, weshalb Gabentheorien für aktuelle künstlerische Formate interessant sind und zu ihrer Interpretation beitragen können.[343]

Wir machen es uns in einer von der Warenökonomie dominierten Gesellschaft selten bewusst, in welchem Maße das gesellschaftliche und sogar auch das wirtschaftliche Leben davon abhängen, dass Menschen bereit sind zu kooperieren und sich zu unterstützen. Nach Marcel Mauss stellt die Gabe eine umfassende gesellschaftliche Tätigkeit, ein *soziales Totalphänomen* dar, das gleichzeitig ökonomische, juristische, moralische, ästhetische und religiöse Dimensionen umfasst und weit über das Menschenbild eines rational berechnenden Homo oeconomicus hinausreicht.[344] Im Anschluss an seine Studien zu verschiedenen z. T. noch relativ ursprünglichen Gesellschaften, wo zu beobachten war, wie im gegenseitigen Geben, Nehmen und Erwidern von Geschenken soziale Bindungen geschaffen, strukturiert und gefestigt wurden, wurde die grundlegende Bedeutung von kulturellen Handlungen für das menschliche Zusammenleben anhand des Begriffs der Gabe beschrieben: Geben, Nehmen und Erwidern – dieser Dreiklang bildet die Basis des sozialen Lebens bis heute.[345] Für die Kultur- und Gesellschaftswissenschaften heißt dies, dass sie aufgefordert sind, auch Beziehungen des Gebens und Erwiderns als Grundprinzipien der Vergesellschaftung anzuerkennen. Die interdisziplinäre Debatte über die Bedeutung von Gaben, Geschenken und Spenden für die Ausbildung von Solidarität, Verpflichtung und Gemeinschaft hat – durch kunst- und kulturwissenschaftliche Perspektiven erweitert – besonders die immateriellen Formen berücksichtigt und eine Reihe von künstlerischen Projekten inspiriert.[346] Der Fokus auf die Gabe trägt zur Erweiterung theaterwissenschaftlicher Theorien bei, indem die Wechselwirkung und das Zusammenspiel der Akteure, von Schauspielern und Publikum, zentral werden. Die Gabe spielt überall dort eine Rolle, wo es um Austausch geht, der aus freiwilligen Motiven erfolgt, was aber nicht bedeutet, dass materielle Werte dabei keine Rolle spielen dürfen!

Das Prinzip der Gabe darf nicht mit Selbstlosigkeit oder Altruismus identifiziert werden! Ihr Potential für Soziologie und Kulturtheorie besteht gerade darin, dass die vorherrschenden Dichotomien überwunden werden, dass die Komplexität von Motivationen und Handlungsweisen in den Blick genommen werden kann. Überall da, wo wir uns verausgaben und unsere Begabungen (auch in diesem Wort steckt die Gabe) entwickeln – in der Kunst, in Lernprozessen, im Theater –, geht es um intrinsische Motivationen und um Kooperationen, die nicht mit erwarteten Vorteilsnahmen zu erklären sind.[347] Wenn wir vom Gabenprinzip sprechen, ist damit ein Verhältnis von Gegen- und Wechselseitigkeit gemeint: Das Annehmen einer Gabe beinhaltet eine unausgesprochene soziale Verpflichtung. Wir erkennen den Geber an, treten in eine Beziehung der Wechselseitigkeit ein. Verweigern wir die Annahme, so verweigern wir die soziale Verbindung und Anerkennung. Schon ein einfacher Blickwechsel beruht auf der stillschweigenden Erwiderung. Für den Soziologen und Philosophen Georg Simmel bilden die Blicke zweier Personen das Beispiel für die Wechselwirkung par excellence: Ich blicke jemanden an und bemerke zugleich, wie ich dadurch angeblickt werde. Das Geben und das Empfangen eines Blicks konzentrieren sich auf ein und denselben Zeitpunkt. Diese Wechselwirkung wird zur zeitlich zusammengezurrten Gegenseitigkeit auf Basis der Gabe.[348]

Auch dann, wenn Informationen und Auskünfte von einer Person erbeten werden, sei es im künstlerischen oder im wissenschaftlichen Rechercheprozess, haben wir es mit der Anerkennungsproblematik zu tun. Das Annehmen ist eine Voraussetzung für die Erwiderung, die den kommunikativen Austausch am Leben hält.

Geben heißt nicht Abtreten, wie Marcel Hénaff deutlich macht, Nehmen nicht, sich bereichern, sondern Geben heißt, »den anderen mittels des dargebotenen Guts anzuerkennen«[349]. Die Gabe hat immer mit einem Vorschuss an Vertrauen zu tun. Und ohne Vertrauen und das Risiko, das damit einhergeht, ist Kooperation nicht möglich! Eine Gabe muss stets ein Moment von Freiwilligkeit enthalten, auch dann, wenn es üblicherweise und sozial und konventionell verlangt wird, sie zu geben.

Das Zusammenspiel von Freiheit und Verpflichtung

Wir sind gewohnt in Gegensätzen zu denken, das Phänomen der Gabe unterläuft dieses Denken, weshalb auch von einer paradoxen Struktur gesprochen werden kann. Ohne den Fachdiskurs an dieser Stelle zu vertiefen, ist davon auszugehen, dass es eine Gemengelage gibt von Eigeninteresse und Uneigennützigkeit/Freiwilligkeit und Verpflichtung/Spontaneität und Normbefolgung/Freiheit und Regelhaftigkeit. Es ist gerade diese Uneindeutigkeit, die die gegenwärtige Produktivität des Gabetheorems im sozialpolitischen Diskurs ebenso wie in der Kunst ausmacht. Mit diesem Verständnis können die vielfältigen Prozesse von Austausch und Wechselseitigkeit, von Resonanz und Responsivität, die im Theater stattfinden, näher gefasst werden: das Zusammenspiel freier und verpflichtender Momente. Tschechow legt größten Wert auf die künstlerische Produktivität und Freiheit von Schauspielern und betont zugleich immer wieder die soziale Dimension der Theatertätigkeit und ihre gesellschaftliche Bindung. (Vgl. Ausführungen in diesem Kapitel)

Die Herausforderung, vor die uns die Gabe stellt, besteht darin, dass wir damit soziale Bindungen und sozialen Zusammenhalt denken können und gleichzeitig wissen, dass diese niemals garantiert sind! Diese Unsicherheit bzw. das Risiko, ob eine Gabe tatsächlich angenommen wird und damit ihre Wirkung entfalten kann, wird aus phänomenologischer Tradition unter dem Terminus der ›Unverfügbarkeit der Gabe‹ formuliert. Kalkulierte Wirkungen und Kosten unterminieren jedes Geschenk: Das Element der Überraschung, die Offenheit für Unerwartetes und der Mut es anzunehmen gehören zum Schauspieltraining, wie Michael Tschechow es vorschlägt.

Noch zwei weitere Aspekte sind zu erwähnen, wenn Gabenkonzeptionen auf kooperative Theaterpraxis bezogen werden: Mauss erwähnt im Zusammenhang mit dem berühmten Dreiklang der Gabe – Geben, Nehmen, Erwidern – auch den Aspekt des Vergnügens und der Freude. Ein Aspekt, der in der Theaterwissenschaft wenig Berücksichtigung findet. Bei Tschechow ist es das Prinzip der *Leichtigkeit*, das Ungezwungenheit und Freude in der schauspielerischen Arbeit begünstigt. Das ›Interesse am anderen‹ ist ein weiteres Motiv für die Gabenpraxis, auf das Alain Caillé aufmerksam gemacht hat.[350] Es wird im Zusammenhang mit Tschechows Übungen zu Konzentration und Aufmerksamkeit, aber auch zum Schönen angeregt. Freude und Interesse an der Kooperation und Interaktion mit anderen sind aus der Theaterkunst kaum wegzudenken und betreffen letztlich auch die Aufmerksamkeit und stillschweigende Kooperation des Publikums in einer Aufführung!

Bezogen auf die Rolle des Gabendiskurses für das Theater weist der finnische Soziologe Olli Pyyhtinen auf Georg Simmels Essays zum Thema Schauspiel hin.[351] Obwohl Simmel noch ausschließlich literaturbasiertes Theater vor Augen hatte und wir heute postdramatische Theaterinszenierungen kennen, die weder auf Autoren im engeren Sinne zurückgehen noch einen geschriebenen Text enthalten, sind die Aufsätze aufschlussreich und ihrer Zeit voraus, da sie die kreative Arbeit von Schauspielern betonen. Es geht um das, was ein Schauspieler zu geben hat: Er erweckt den Gehalt eines Stücks zum Leben und macht ihn für unsere Sinne wahrnehmbar.

Stimme und Intonation, das Ritardando und Accelerando zusammen mit den Gesten und verschiedenen Atmosphären werden sinnlich vergegenwärtigt.[352] Insofern der Schauspieler das eigene Selbst benutzt, d. h. den eigenen Körper, die eigene Stimme, die eigene Gestik und die eigenen Erfahrungen, gibt er sich gleichzeitig selbst, wie Tschechow im o. g. Motto formuliert. In seinen Audio-Lektionen ist er mit der ihm eigenen betonten Stimme zu hören: »[…] giving, giving, giving, and keeping nothing for ourselves.«[353]

Diese sinnliche Darstellung des Stücks und der Rollenfigur bedeutet auch, dass ein Schauspieler kein vollkommen loyaler, passiver Übermittler der Vision des Regisseurs oder des Schriftstellers ist. Er ist keine bloße Marionette, kein Instrument oder Mittel. Das Handeln verändert und transformiert unweigerlich den Text und die Rollen. Es ist nicht so, dass die Realität nachgeahmt oder reproduziert würde. Es handelt sich nicht um eine Imitation des Lebens oder eines Stücks, sondern es wird Neues geschaffen! Etwas, das weder Autor noch Leser, die Simmel bei seinen Ausführungen vor Augen hatte, sich vorstellten.[354]

In seinen Überlegungen zur Bedeutung der Gabentheorie von Marcel Mauss für die Theaterkunst formuliert Olli Pyyhtinen die Originalität der schauspielerischen Darstellung, die sich aus der psycho-physischen Einheit des Schauspielers ergibt:

> »What the actor or actress does is carry the ›one-dimensional flow‹, as it were, of the text or the stage character over ›into the three-dimensionality of that which can be sensed‹. And, insofar as the actor or actress uses one's self, that is, one's own body, voice, gesticulation and experiences to accomplish this, by giving s/he simultaneously also gives oneself.«[355]

Die besondere Medialität des Theaters kommt dadurch zustande, dass ein Schauspieler selbst Mittel und Instrument seiner Darstellung ist. Damit sind sowohl persönliche wie ethische und soziale Konsequenzen angesprochen.

Die Kraft des Theaters

Michael Tschechow vertraut der transformativen Kraft der Theaterkunst. Persönliches Wachstum und künstlerische Entwicklung der Schauspieler werden von ihm als Zusammenhang betrachtet. Durch die Kunst kommen wir in Kontakt mit unseren Potentialen, dem *höheren Ich* und dem, was das Alltagsleben übersteigt. Aber auch in Bezug auf sein Publikum verfolgt er den Gedanken von Geben, Nehmen und Erwidern. Der Zuschauer ist ›co-creator‹, Mitschöpfer, und in der Lage, zu erweiterten Erfahrungen und Erkenntnissen zu gelangen. Hier ist Tschechow ganz nah bei Rudolf Steiners Gedanken, aber zugleich auch im Bereich der sozialphilosophischen Orientierungen von Dartington und Moskau. Seine Vision eines *Theaters der Zukunft*, sei es im Konkreten noch so klein und finanziell gering ausgestattet, fußt auf der Überzeugung sozial verbindlichen und zugleich äußerst freien Handelns.

Die Tschechow-Methode impliziert eine Anthropologie, eine Vorstellung vom Menschen. Die verschiedenen Einflüsse aus östund westlicher Philosophie sind bereits angesprochen worden. Wenn wir die Austauschprozesse, die vielfältigen Formen von Geben, Nehmen und Erwidern in den Blick nehmen, so erweist sich das Gabenparadigma auch in dieser Hinsicht als aufschlussreich. Im Zeichen der Gabe betrachtet, verändert sich das Bild des Menschen, das zumeist in Abhängigkeit des Homo oeconomicus, des auf seinen Vorteil bedachten Individuums beschrieben wird. Menschen auch als Gebende zu verstehen, das heißt, sich klarzumachen, dass sie nicht nur Individuum sind, sondern von Anfang an eingebunden in ein Netz von sozialen Beziehungen mit vielfältigen Abhängigkeiten und Verpflichtungen. Zu ihrem Wesen gehört es zu kooperieren.[356] Diese Sichtweise nimmt im

Rahmen kooperativer Spiel- und Übungspraxis im Theater konkrete Formen an. Soziale wie künstlerische Unabhängigkeit und Freiheit können sich nur verwirklichen, wenn das Netz von Geben, Nehmen, Erwidern, von Austausch und Wechselseitigkeit anerkannt wird. Die Eigenerfahrung der Theaterkunst mit ihren besonderen Formen der Arbeit, die sich nicht auf zweckrationales Handeln reduzieren lässt, könnte Impulse in gesellschaftliche Felder hinein geben.

Fragt man Schauspieler, die die Tschechow-Methode kennen- und zu praktizieren gelernt haben, dann berichten sie von einer veränderten Haltung sowohl in ihrem professionellen wie in ihrem privaten Leben. Von intensiven Erfahrungen der Offenheit, von der Erreichbarkeit für die Impulse der anderen, von Überraschung, Unerwartetem sowie von Mut, aus Routinen auszutreten, und dem Erlebnis, Bekanntes immer wieder neu zu erleben, wird berichtet. Die beständige Erfahrung von Geben, Nehmen, Erwidern als wechselseitigem Austausch verändert etwas an der Wahrnehmung von sozialen Situationen. So lässt sich mit Marcel Hénaffs Überlegungen zum Verhältnis von Gabentheorie und Theaterkunst folgern:

> »Insofern ist das Theaterspiel keine Illusion, keine leere Fiktion: uns erkennend erkennen wir hier einander an. Einander anerkennen heißt nicht einfach, eine Kommunikation zu verwirklichen. Es ist ein totales Sicheinlassen auf die Beziehung; insofern gehört sie zur tiefen Logik der Gabenbeziehung gemäß ihren drei Instanzen: aus sich heraustreten, sich persönlich riskieren, von sich zeugen.«[357]

XI.
THEATER UND DIE CONDITIO HUMANA

Schon bevor Tschechow im Jahre 1924 in der Nachfolge von Wachtangow die Leitung des Ersten Studios übertragen wurde, hatte er 1920 im Moskauer Stadtteil Arbat ein Studio mit eigenen Arbeitsformen etabliert.[358] Er lehrte dort, was er selbst aus seiner Arbeit mit Stanislawski, Sulerzitzky und Wachtangow erfahren hatte. Obwohl er der brillanteste und erfolgreichste von Stanislawskis Schülern war und durch ihn die Basis seiner eigenen Methode gelegt worden ist, betrachtete er alles, was er von seinen Lehrern übernommen hatte, wie er in den Lebenserinnerungen gestand, durchbrochen und gefärbt von seiner eigenen Sicht und seinen unabhängigen Experimenten und Erfahrungen. In der entsprechenden Passage von *The Path of the Actor* kursiviert er das Wort *myself.*[359] Bei Stanislawski hatte er gelernt, dass Schauspieler zu sein das gesamte Leben umfassen müsse, dass der Lernprozess auch außerhalb der Schule und des Theaters nicht abgeschlossen ist. Ein Grundsatz, den Tschechow auch später bei der Eröffnung seiner Schule in Ridgefield den Studierenden gegenüber deutlich vertrat. Das Theater wurde nicht als eine vom Leben abgetrennte Sphäre betrachtet.

Laboratorien des Humanen

Bereits in seinem ersten privaten Studio in Moskau versuchte er neben der geforderten inneren Disziplin in der Arbeit eine Atmosphäre von Freiheit und Selbstverantwortung zu schaffen. Er etablierte ein System von *Selbstverwaltung*, das alle anstehenden Aufgaben verantwortlich verteilte. Es gab eine Gruppe mit wechselnder Besetzung, die jeweils die Angelegenheiten des Studios regelte. Je nach den Fähigkeiten wurden die verschiedenen Aufgaben übernommen und zudem Funktionen und Posten, wenn nötig, neu kreiert. Auch in seiner Funktion als Leiter des Studios wollte Tschechow egalitäre Verhältnisse, seine Autorität sollte nicht durch einen »respect of subordinates« anerkannt werden.[360] Er strebte eine Anerkennung auf Augenhöhe an. Dazu wurde aus dem Kreis der Studierenden eine Person ausgewählt, die jeweils für eine bestimmte Zeit als »Vater des Studios« fungierte. Diese Person war einerseits Kollege, zugleich aber auch eine Art von *Gewissen*.

Diese Anfangsphase des Studios, bevor die Gruppe öffentlich vor Publikum auftrat, war gekennzeichnet von dem, was Tschechow als »feeling of the whole« bezeichnete, ein *Gespür für das Ganze*, das er nun nicht im ästhetischen, sondern im sozialen Sinne verstand. Dieses Gespür für den Zusammenhang konnte er auch bei seinen Schülern erahnen:

> »I am quite sure that the students were experiencing that feeling of the *whole* which I have mentioned several times. It was summed up by the whole tenor of the life in our school, it imbued all our studies and exercises, it united us into a community of friends. In a word, this feeling was what the students – without being consciously aware of it – were learning in the first period of their time in school.«[361]

Wie später viele Gruppen der Freien und Off-Theater musste auch Tschechows Truppe mit beengten räumlichen und begrenzten materiellen Bedingungen umgehen, die allerdings in den von Hungersnot und Armut geprägten Moskauer Jahren für uns heute kaum vorstellbare Ausmaße annahmen. Proben fanden abends und nachts nach der Arbeit statt, eine Suppe aus Wasser und Mehl stand für die Schüler auf dem Herd bereit, und manchmal wurde das Mobiliar verheizt, um eine halbwegs erträgliche Temperatur zu schaffen.[362]

Die im Tschechow-Studio und im MChAT 2 angestrebte und erlebte Einheit eines *Ensembles* bildet für Tschechow Zeit seines Lebens ein Ideal und ging ein in das, was er an verschiedenen Stellen als Vision eines *Theaters der Zukunft* entwickelte. Mit einer entfremdeten, auf egoistischen Interessen beruhenden Theaterarbeit konnte und wollte er sich nicht anfreunden, das amerikanische Starsystem war ihm zuwider. Das Theater betrachtete er als einen lebendigen Organismus, und zwar in all seinen Aspekten, wie er durch die ihm eigene Kursivierung von Begriffen betont.

> »Es [das Theater] wird von Menschen geschaffen werden, die fähig sind, zu *dienen*, anstatt *servil zu sein*, zu *arbeiten* statt den *Lebensunterhalt zu verdienen*, den lebendigen *Organismus* des Theaters zu lieben statt einer *toten Organisation*. Es werden Menschen sein, die verstehen, dass es möglich ist, überall und immer zu schaffen, und dass ein lebendiger kreativer Organismus nicht durch tote Formen rationaler Technik gefesselt werden kann.«[363]

Später konnte Tschechow an diese Vorstellungen nicht mehr anknüpfen: In Amerika stand der Ensemble-Gedanke unter Kommunismusverdacht. 1942 waren die USA in den Zweiten

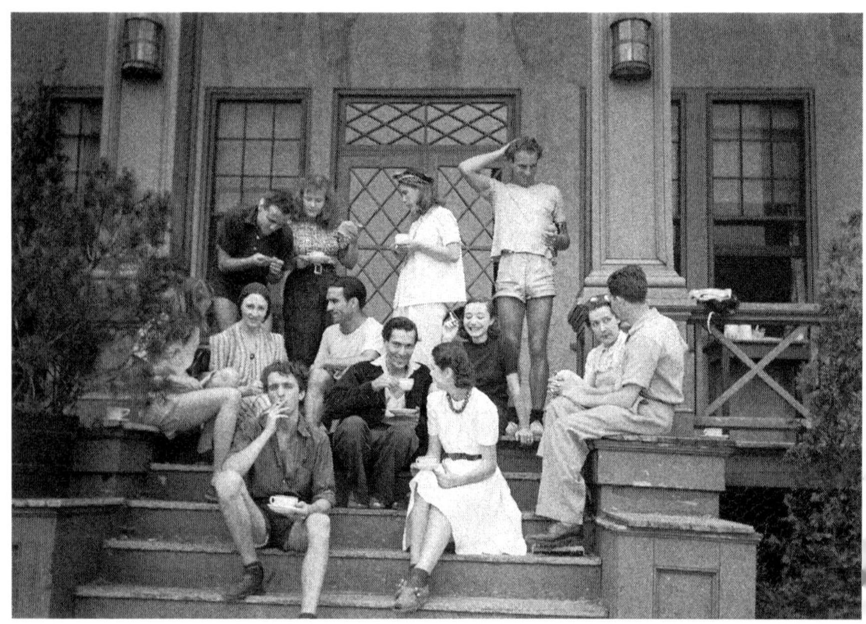

Gruppe in Ridgefield 1940

Weltkrieg eingetreten, und auch in der McCarthy-Ära und dem Klima des Kalten Kriegs erschienen sozialreformerische Bestrebungen als ein Produkt des Sowjetkommunismus.[364] Und so äußerte sich Tschechow in seinem amerikanischen Exil über die kollektive Dimension der Theaterarbeit eher zurückhaltend.[365] Man darf sich die Bedingungen, unter denen er als russischer Migrant Fuß fassen musste, durchaus als prekär vorstellen. Die politische Situation war in den Kriegsjahren und auch danach angespannt. Der für Tschechow so bedeutsame Gemeinsinn und das Prinzip wechselseitiger Unterstützung stießen auf geringe Resonanz in einem auf Konkurrenz und Individualismus ausgerichteten Kulturbetrieb.

Theater ist für Tschechow kein Selbstzweck. Er fragt immer wieder nach der Aufgabe des Schauspielers und nach der Rolle des Theaters im sozialen Leben. Fragen, die auch heute für Schauspieler aktuell sind und im Boom der kommerziellen Medien eine existentielle Dimension erreichen. Der Wunsch nach persönlicher Entwicklung spielt für den Beruf eine nicht unwesentliche Rolle. Dieser muss nicht im Widerspruch zur gesellschaftlichen Bedeutung stehen, die Tschechow dem Theater zumisst.[366] Das Bedürfnis, zu spielen, sich in Figuren zu verwandeln und auf der Bühne zu stehen, kann sich mit dem, etwas bewegen und bewirken zu können, dem Publikum etwas zu *geben,* verbinden – allerdings werden diese Wünsche in der Berufspraxis und in einer desillusionierenden politischen Situation nicht selten enttäuscht. Tschechow drückt dies in einem eindringlichen, an Schauspieler gerichteten Vortrag im Kriegsjahr 1942 drastisch aus: »Clowns sind wir, und nicht einmal gute. Der moderne Schauspieler ist im Allgemeinen gar nichts.«[367] Dieser vermeintlichen Abwertung des Schauspielerberufs und der scheinbaren Wirkungslosigkeit des Theaters setzt Tschechow sehr pointiert die Qualitäten differenzierter und konzentrierter Arbeitsprozesse eines Ensembles und eine bewusste am *höheren Ich* orientierte Haltung der Künstler entgegen.

Mitgefühl und Imagination

> »Der Schauspieler irrt, wenn er glaubt, seine Rolle mittels persönlicher Gefühle darstellen zu können. Nicht immer macht er sich klar, daß seine persönlichen Gefühle nur *über ihn selbst* etwas aussagen, niemals über seine Rolle. Nur durch Mitgefühl ist eine *fremde* Seele zu verstehen. Sogar im Alltag ist Ihnen schon aufgefallen, daß Sie einen anderen Menschen nur dann wirk-

> lich verstehen können, wenn Ihr Mitgefühl angesprochen ist. Derselbe Ablauf gilt für die schöpferischen Momente.«
> Michael Tschechow[368]

Die Tschechow-Methode bringt vielfältige Erfahrungen zum Vorschein und überrascht in der Praxis durch unerwartete Wendungen. Immer wieder wird die narzisstische Reduktion auf die eigene Person in Frage gestellt. Die Methode basiert nicht nur auf dem, was Schauspieler im Laufe ihres Lebens erlebt haben, sondern sie geht mit dem besonderen Fokus auf die *Imagination* und die Aktivierung der kreativen Kräfte, die im Unbewussten ihre Quelle haben, darüber hinaus. Auch was Tschechow unter dem für das Schauspielen so wichtigen *Mitgefühl* versteht, ist nicht auf Identifikation beschränkt. Erfahrbar wird eher, was die Conditio Humana, die Verfassung des Menschen, ausmacht oder doch zumindest ausmachen könnte.

Eingespannt zwischen den handfesten Erfahrungen des Alltagslebens, den Gefühlen und körperlichen Gegebenheiten sind wir mit den Potentialen des Geistes verbunden: *Denken, Bewusstsein* und *Imagination.* Zur besonderen Befähigung eines Menschen, zu seiner »Ausstattung« gehört die Sozialität, er ist ein auf Gemeinschaft hin angelegtes Wesen: *zoon politikon.* Das bedeutet, es gehört auch die Befähigung zum *Mitgefühl* dazu. Tschechow sieht darin den Kern der Kunst: »Compassion may be called the fundamental of all good art because it alone can tell you what other beings feel and experience.«[369]

Mitgefühl ist nicht nur verlangt, wenn Schauspieler sich ihrer Rolle nähern. Seine Bedeutung ist auch nicht beschränkt auf traditionell psycho-realistische Formate von Kunst, die sich einer Ästhetik der Einfühlung und Identifikation verpflichtet wissen. *Mitgefühl* betrifft die elementare Fähigkeit, sich in andere Wesen hineinzuversetzen und nicht nur die eigene, sondern auch andere Perspektiven einzunehmen. Es bildet die Voraussetzung für kooperatives Verhalten, die Basis von Sozialität. Tschechow betont die Bedeutung der Vorstellungskraft für die Herausbildung des *Mitgefühls*. Angesichts des Kriegs im pazifischen Raum – Amerika befand sich damals in einem Zweifrontenkrieg mit Japan und Deutschland – stellt er 1942 in einem Vortrag in New York eine Verbindung zwischen der für Schauspieler unverzichtbaren Fähigkeit der Imagination und der sozialpolitischen Situation her:

> »[F]ragen wir uns ehrlich und ohne Furcht, ob wir wirklich emotional nachvollziehen können, was gerade auf den Philippinen, auf Java, in Australien passiert? Ich denke, nein. Wir wissen es, okay, aber dass wir es *fühlen*, bezweifle ich sehr. Vermöchten wir uns nämlich wirklich vorzustellen, was dort abläuft, könnten wir nicht einfach so weiterleben, wie wir es tun. Das ist ein Beleg für unsere *fehlende Imagination*. [...] Der Darsteller, der unfähig ist zu weinen, wenn er sich all die Mütter und Jungen und Mädchen auf den Philippinen vorstellt – sie sich so konkret vorstellt, dass es umgehend sein Leben verändert, jedenfalls sein inneres –, was kann dieser Schauspieler schon auf der Bühne ausdrücken?«[370]

Die Beziehung, die Tschechow zwischen der Fähigkeit zu *Mitgefühl* und der *Imagination* herstellt, die in der Schauspielmethode zentral geübt wird, hat genau besehen politische Konnotationen. Die differierenden wissenschaftlichen Definitionen des Mitgefühls stimmen darin überein, dass Mitgefühl eine Verbindung zu anderen beinhaltet, entweder kognitiv durch Perspektivenübernahme oder affektiv durch Empathie, und die Absicht einer Fürsorge für diese anderen, die sich oft in kommunikativer oder verhaltensbezogener Weise äußert. *Mitgefühl* geht einher mit einer *Konzentration* auf die andere Person und dem Wunsch, dass ihr etwas Gutes widerfährt oder sie Widrigkeiten überwindet.[371]

Tschechows Verbindung künstlerischer Erfahrungen mit solchen des individuellen und sozialen Lebens bedeutet für Schauspieler die Erfahrung einer menschlichen Tiefe, die immer wieder in verschiedenen Gesprächen über die Anwendung der Methode ausgedrückt wird.

Es sind menschliche Beziehungen und Erfahrungen, die in den langen Phasen des Probens, des Entwickelns von Figuren und Szenen zwischen den Schauspielern ausprobiert und in Darstellungen und Gestaltungen überführt werden. Hier wird im Kleinen und mit größter Sorgfalt untersucht, was menschliches Zusammenleben beinhalten kann. Der Begriff des Theaterlabors als Bezeichnung für den Experimentierraum, in dem die Proben und Improvisationen mit den Verknüpfungen körperlicher, psychischer, geistiger und sozialer Prozesse stattfinden, ist hier durchaus angebracht. Der Gedanke eines Labors lag auch dem Gründungsgeist der Studios in Moskau zugrunde. Anders als die Wissenschaft muss die Kunst des Theaters nicht zielführend sein, keine Lösungen präsentieren, sondern darf sich den Fragen widmen, auf die Antworten ausbleiben. Der Philosoph Gerhard Stamer schreibt:

> »Die unausweichliche Zwiespältigkeit des Menschen zwischen Denken und Handeln, Schein und Sein, Gut und Böse, Liebe und Hass, Leidenschaft und Kälte, gegenwärtigem Leben und Wissen um seinen Tod, einmaliges Individuum zu sein und zugleich durch und durch ein gesellschaftlich geprägtes Wesen, zwischen einem Wissen, über das er verfügt, und der Unendlichkeit dessen, was er nicht weiß: aus diesen Widersprüchen kommen Menschen nicht heraus. In ihnen vollzieht sich ihr Leben.«[372]

Das Theater ist lebendig, anders als Malerei, Skulptur, Architektur. Auch Film und Video sind Konserven. Die Musik ist im Gegensatz zum Theater abstrakt. »Im Theater stehen lebendige Menschen im Hier und Jetzt auf der Bühne, und was sie tun, hat etwas mit der Lebenswelt der Menschen konkret zu tun. Das Theater spielt sich in dem spezifisch menschlichen Bereich, in der Humansphäre ab.« Deswegen ist Theater »[...] als eine Sphäre zu begreifen, in der die menschliche Lebenswelt in ihren Grunderfahrungen exemplarisch öffentlich thematisiert wird.«[373]

Diese Erfahrungen werden mit einem jeweils gegenwärtigen Publikum geteilt und, wenn es die großen Dramen der Weltliteratur betrifft, über Jahrhunderte und Kontinente hinweg weitergegeben und in der Gegenwart erneuert und mit den Erfahrungen der jeweiligen Zeitgenossinnen und -genossen erfüllt und transformiert. Damit verbunden ist eine Verantwortung der Künstler, die Tschechow immer wieder betont. Sie betrifft die Haltung zur eigenen Arbeit wie auch zur Gesellschaft.

Für ein Theater der Zukunft – Ethos der Praxis

> »Wir müssen unseren Beruf und unsere Kunstform weiterentwickeln. Es ist eine grossartige Kunstform, vielleicht die grösste überhaupt, weil das Instrument, auf dem wir spielen, wir selbst sind, mit unseren Gedanken, Gefühlen, Willensimpulsen, Emotionen – unserer Freude, unserem Schmerz, unserer Liebe, unseren vergessenen und noch kommenden Tragödien – das gibt es nirgendwo sonst.«
> Michael Tschechow[374]

Tschechow hatte ästhetische Visionen für ein *Theater der Zukunft*, für Theaterformen, die im 21. Jahrhundert selbstverständlicher sind als zu seiner Zeit.[375] Was heute vor allem von Bedeutung ist und Impulse für eine zukünftige Theaterentwicklung geben könnte, ist die Verbindung seiner Schauspielmethode mit ethischen Dimensionen:

> »Das Ensemble- oder auch Gruppengefühl, wie wir es nennen könnten, ist eines der wichtigsten und inspirierendsten Dinge für uns als Schauspieler. Ohne dieses Gefühl und die Freude daran, zusammen zu sein und gemeinsam etwas zu erschaffen, haben wir noch nicht die Gelegenheit erhalten, unseren Beruf in seinem ganzen Ausmass zu geniessen und zu entwickeln.«[376]

Die seinerzeit äußerst innovative Betonung des Ensemblespiels, durch die das Moskauer Künstlertheater weltweit bekannt wurde, hat nicht nur künstlerische Dimensionen, sondern ist verbunden mit einer Vorstellung vom Menschen, die ihn in seiner Eigenschaft als soziales Wesen begreift. Das Menschenbild, das der Tschechow-Methode inhärent ist, basiert auf Kooperation, gegenseitiger Anerkennung und Mitgefühl – Qualitäten, die heute zu dem Interesse an Tschechow beitragen und die Atmosphäre der Workshops prägen. Die Perspektiven von Menschen und Figuren einzunehmen, die zunächst unbekannt sind, sich im Rollenspiel als ›Ich als ein anderer‹ zu erfahren, macht einen Kern der Schauspielkunst aus. Das Spiel mit dem fremden Nicht-Bekannten ist verknüpft mit dem persönlichen Leben der Schauspieler.

Diese Verbindung von Kunst und Leben war es, die Tschechow bei Stanislawski erlebt hatte und die er sich in seiner Rolle als Schauspielpädagoge immer wieder vor Augen führte. Der

Wunsch nach Verwandlung in künstlerischer, biografischer und sozialer Hinsicht ist für ihn elementar mit dem Theater verbunden:

> »Jeder wahre Künstler, und besonders ein talentierter Schauspieler, trägt in sich (ein) tief verwurzeltes und häufig unbewusstes Verlangen nach Verwandlung – in unserer Theatersprache ausgedrückt, (den) Wunsch nach Charakterisierung.«[377]

Theater kann als ein Seismograf gesellschaftlicher und kultureller Verwerfungen dienen, aber auch ihre Transformation vorwegnehmen. Schauspieltheorien zeigen exemplarisch, »welche Konzepte und Vorstellungen vom Menschen bzw. Subjektmodelle zu einer bestimmten Zeit vorherrschen und wie diese aufgeführt, bestätigt, in Frage gestellt und verändert werden.«[378]

Der Aufschwung, den Tschechows Schauspieltheorie und -praxis aktuell nimmt, fällt in eine Zeit, in der Perspektivenübernahme, Empathie und *Mitgefühl* Fähigkeiten darstellen, die in der globalisierten, auf weitreichende Fernbeziehungen ausgerichteten Welt weniger werden. Technologisch und digital vermittelte Kommunikation spielt sich in scheinbar nicht mehr menschlichen Räumen ab. Je mehr Raum die Ebenen äußerer und äußerlicher Kommunikation in unserem Leben einnehmen, desto weniger wird die Erfahrung lebendiger Resonanz gemacht, wie der Soziologe Hartmut Rosa ausführt.[379] Umso wichtiger wird es, sich im gegenseitigen Austausch und in Bezug auf inneren Reichtum zu erleben. Die Fähigkeit zum fantasievollen Überschreiten des Gegebenen ist Voraussetzung dafür.

Es ist ein weiterer Umstand zu nennen, der die gegenwärtige Bedeutung der Tschechow-Methode beeinflusst. Die Allgegenwart medialer Repräsentationen in digitalen Medien und Netzwerken begünstigt die *äußere* Sichtbarkeit von Menschen und Dingen. Die Bilderfluten mit ihrem impliziten Sichtbarkeitsparadigma tragen zur Vorherrschaft der Empirie in unserer Weltwahrnehmung bei. Die große Dimension des *Unsichtbaren* und die Bedeutung, die der inneren Erfahrung, den Fantasien, inneren Vorstellungen und Bildern zukommt, stehen im Gegensatz zu Erfahrungen, wie sie Medien und zunehmend auch Kunst und Theater vermitteln, indem sie Außenansichten der Dinge präsentieren. Welt wird mit sichtbarer Wirklichkeit verwechselt.[380] Mit der allgegenwärtigen Sichtbarkeit verbinden sich auch Affekte gegen die Autonomie der Kunst, die Unkalkulierbarkeit von Spiel und Verwandlung. Tschechow setzte seine Berücksichtigung innerer Erfahrungen gegen den Materialismus des Sowjetstaates und verachtete die leere Äußerlichkeit des amerikanischen Starsystems. Das *Unsichtbare* hat es gegenwärtig nicht leicht, es ist nicht überprüfbar, evaluierbar und beweisbar, nur erfahrbar. Die Schauspielpraxis kommt nicht ohne die Dimensionen innerer Erfahrung, wie sie mit der *Imagination* und in *Empfindungen* wirksam ist, aus.

Die soziale Dimension des *höheren Ich*

Wenn man sich Tschechow als Person vorstellen möchte, dann sind es immer wieder ganz unterschiedliche Bilder, Verkörperungen der verschiedensten Rollen, die er brillant einnehmen konnte. Es wird berichtet, dass selbst enge Mitarbeiter ihn auf der Bühne nicht wiedererkannt haben. Aber auch im Leben war er eine Person, die eine große Spannweite von Eigenschaften auszeichnete: Spiel- und Verwandlungslust, künstlerische Autonomie und Freiheit konnten zusammen mit gesellschaftlichem Verantwortungsgefühl und Reflexionsvermögen bei ihm vor-

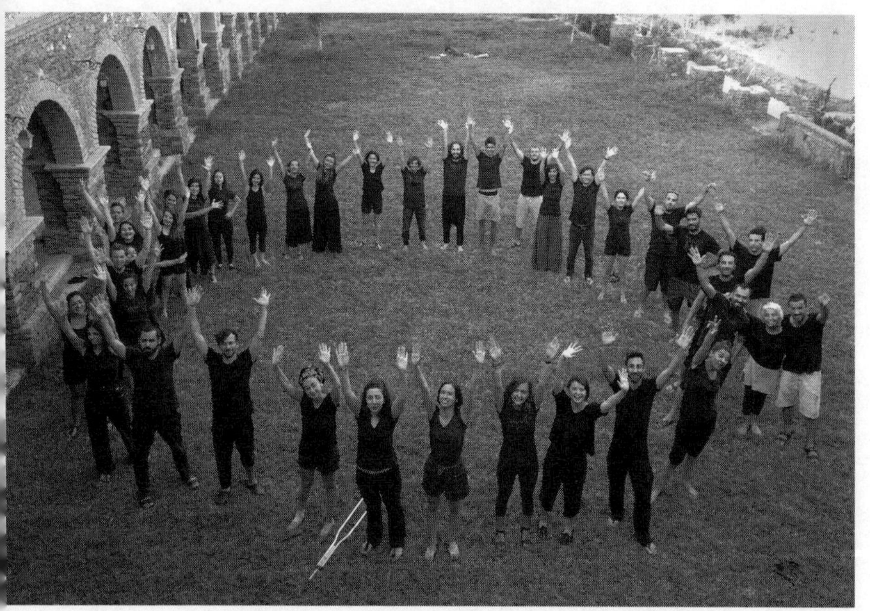

Ensemble. Michael Chekhov Europe Training, Izmir 2015

kommen. Die Art und Weise, wie Individualität und Sozialität gleichermaßen in seinen Unterrichtsstunden erfahrbar waren, ist Beispiel für das Wirken des Prinzips der Gabe. Die Haltung von Offenheit und Großzügigkeit in der konkreten Übungspraxis lässt das Individuum in seiner Besonderheit zum Tragen kommen. Zugleich wird im Austausch von wechselseitigem Geben und Nehmen das Gemeinsame erlebt. Das geschieht vielleicht nirgends auf ähnlich intensive Weise wie im Zusammenspiel der Akteure während einer Aufführung im Theater und im Konzert. So sind die Künste beispielhaft für das Wirken des Gabe-Prinzips. Was Frank Adloff bezogen auf die Gesellschaft ausführt, lässt sich auf Kunst und Theater übertragen. Das geschaffene Gemeinsame entfaltet sich als das »freie Spiel der Gabe«[381], aber nicht nur im

Privaten der Familie und im Rahmen persönlicher Bindungen, sondern eben auf einer gesellschaftlichen Ebene, der Öffentlichkeit. In diesem Zusammenhang wird Tschechows Betonung des überindividuellen *höheren Ich* wichtig. Es geht nicht nur um das Persönlich-Biografische, um den Fundus, aus dem ein einzelner Schauspieler schöpft, sondern um eine Dimension, die die einzelne Person überschreitet und die es erlaubt, sich in der Sphäre des Sozialen, Gemeinschaftlichen zu verorten.

Das *höhere Ich*, das in Kontakt zum Unbewussten und Geistigen steht, ist gleichzeitig in Verbindung mit dem Sozialen und stellt somit den Bezug zum gegenwärtigen Leben her. Tschechow überschreibt das entsprechende Kapitel in *Die Kunst des Schauspielers*: »Die soziale Funktion des höheren ›ICH‹«.[382] Es geht darum, die Zentriertheit auf das eigene Ego zu überwinden. Das bezieht sich nicht nur auf die konkrete Arbeit des Schauspielers, sondern auch auf das Weltverhältnis. Die Welt außerhalb ist repräsentiert in der Instanz des konkreten Publikums. »Durch das Medium des Zuschauers finden wir einen umfassenden kreativen Ansatz, der uns mit der Welt und ihrer Zeit verbindet.«[383]

Die Verbindung zweier auf den ersten Blick widersprüchlicher Elemente – wie der Ebene äußerst individueller Erfahrungen, wie sie in der spontanen und vom Unbewussten gespeisten Kreativität von Schauspielern vorhanden ist, die Tschechows Methode zugänglich machen will, und der des gesellschaftlichen Bewusstseins – stellt in ihrer Komplexität eine Herausforderung dar. Sie entspricht der Conditio Humana, unserer Situation als sowohl individuelle wie gesellschaftliche Wesen. Die existentielle Widersprüchlichkeit zwischen uns als höchst unterschiedlichen Einzelwesen und Individuen und unserem steten Eingebundensein in gesellschaftliche Zusammenhänge muss immer wieder ausbalanciert werden. Ein Gleichgewicht zwischen Individualität und Sozialität zu finden bleibt eine Aufgabe: beruflich, künstlerisch und privat. Bezogen auf die Menschen in Beziehung zu ihresgleichen fand Immanuel Kant die schöne Formulierung »die *Menschheit* in seiner Person« und deutete damit an, dass es in unserem Handeln und Denken etwas gibt, das über die konkrete Erfahrung im Hier und Jetzt der eigenen Biografie hinausweist und aus dem sich unsere Menschlichkeit speist.[384]

So bedeutet Tschechows Konzept des *höheren Ich* für die Regisseurin Sinéad Rushe auch etwas ganz Praktisches: »Aus dem Besten heraus arbeiten.«[385] Vor jeder Probe dient ihr die Vorstellung des *höheren Ich* dazu, eine produktive Arbeitshaltung im Sinne einer ethischen Einstellung zur eigenen Arbeit und den Menschen, die daran beteiligt sind, zu aktivieren. Diese Erinnerung an das *höhere Ich* ist ihre Form, vor Beginn der Arbeit die »Schwelle zu überschreiten« (vgl. Übung 5). Sie hilft, eine Atmosphäre des *höheren Ich* als Gruppenatmosphäre einer intensivierten Aufmerksamkeit dem eigenen Tun und dem Beruf gegenüber zu unterstützen, im Sinne eines Ethos der Praxis.

Aber vergessen wir nicht: Das *höhere Ich* nährt auch die kreativen und spielerischen Fähigkeiten: Schauspieler *spielen* mit Fantasien, Worten, ihren Körpern und Visionen und verlassen immer wieder den Käfig, oder, wie es Tschechow manchmal ausdrückt, das Gefängnis ihrer selbst und ihrer Zeit.

Mit dem Bezug auf das *höhere Ich*, ohne das für Tschechow künstlerische Praxis nicht möglich ist, wird Überschreitung zu einem wichtigen Terminus. Ohne den Horizont des Gegebenen zu überschreiten, wird es kein *Theater der Zukunft* geben, genauso wenig wie Spiel und Imagination. Theater ist eine soziale Praxis, und zugleich macht es sich frei davon, was mit der paradoxen Formulierung von einer »Freiheit vom Sozialen im Sozialen« ausgedrückt werden kann.[386] Die Theaterkunst verweigert sich immer wieder den Forderungen des Sozialen, wie zahllose Beispiele in der langen Theatergeschichte zeigen, ist anti-sozial und bricht mit Herkömmlichem, mit Konventionen, fordert Moral und Politik heraus. Die Tschechow-Methode lenkt das Augenmerk durch die große Bedeutung, die dem Unsichtbaren mit der Fülle innerer Erfahrungen und Imaginationen eingeräumt wird, auf die äußerste Individualität und verbindet diese mit dem Ensemblegedanken. Die künstlerische Autonomie, die hier wirksam wird, betrifft den Kern der Theaterkunst: Sie liegt an erster Stelle bei den Schauspielern. Vielleicht ist das größte Geschenk, das Michael Tschechow uns gegeben hat, die Freiheit, seine Methode so anzuwenden, dass sie die Kreativität und Spontaneität der einzelnen Person freisetzt und weit über sie hinaus *ausstrahlen* lässt.

Anhang

Kurze Chronologie zu Michael Tschechow

Biografische Daten variieren teilweise in verschiedenen Quellen um ca. ein Jahr, was daran liegen mag, dass Tschechow beispielsweise im Winter 1935 nach Dartington kam und seine Schule 1936 eröffnete, sodass 1936 häufig zu lesen ist. Auch die Differenzen zwischen dem bis 1918 in Russland gebräuchlichen julianischen und dem gregorianischen Kalender führen zu unterschiedlichen Datierungen. Die Angaben zu seinen gesundheitlichen Problemen variieren, ebenso die zu seinem Geburtsort. Die ausführlichste Chronologie findet sich in Autant-Mathieu/Meerzon 2018, 399–406. Weiterhin: Powers 2002, xxv–xlix; Rushe 2019, 319–321.

Überblick

1912–28	am Moskauer Künstlertheater, Erstes Studio und MChAT 2
1928–35	Exil in Europa
1936–38	Studio in Dartington, England
1938–42	Studio in Ridgefield, Connecticut, USA
1943–55	Filmengagements in Hollywood, Unterricht an verschiedenen Studios

Chronologie

1891	Geboren am 16. August (julianischer Kalender) / 28. August (gregorianischer Kalender) in Sankt Petersburg. Auch Moskau wird als Geburtsort genannt mit

	späterem Umzug nach St. Petersburg 1895, wo Tschechow seine Kindheit und Jugend verlebte.[387]
1898	Gründung des MChAT durch Konstantin Stanislawski und Wladimir I. Nemirowitsch-Dantschenko, Eröffnung mit *Die Möwe* von Anton Tschechow.
1907–1911	Besuch der Theaterschule Suvorin in St. Petersburg und Schauspieler am angegliederten Maly Theater.
1912	Das Erste Studio von Stanislawski unter der Leitung von Leopold Sulerzitzky wird als Experimentierbühne am MChAT gegründet. In diesem Jahr kommt Michael Tschechow ans Moskauer Künstlertheater. Unterricht bei Sulerzitzky, Ausbildung im Stanislawski-*System*.
1913	Tod des Vaters.
1914	Deutschland erklärt Russland den Krieg. Heimliche Heirat mit der Schauspielerin Olga von Knipper.
1915	Einberufung zum Militärdienst.
1916	Sanatoriumsaufenthalt; Geburt der Tochter Ada; Tod von Sulerzitzky.
1917	22. Februar bis 2. März: Februarrevolution in Russland. Beginn der tiefgehenden Krise Tschechows. Oktoberrevolution. Tschechow und seine Frau Olga sind getrennt. Sein Cousin begeht Selbstmord mit Tschechows Revolver. Depression; er verlässt das Theater.
1918	Heirat mit Xenia Ziller; psychische Probleme begründen eine Pause vom Schauspielen bis 1920. 11. November: Ende des Ersten Weltkriegs.
1919	Tod der Mutter.

1918–1920	Workshops in der eigenen Wohnung (»Tschechow-Studio«).
1920	Das eigene Studio zieht in den Moskauer Stadtteil Arbat; Rückkehr zum Ersten Studio.
1921	29. März: Premiere am MChAT mit Strindbergs *Erik XIV.*; das eigene Studio schließt.
1921–1927	Großer Erfolg als Bühnenschauspieler.
1922	Tod von Wachtangow. Das Erste Studio wird neu organisiert und Tschechow mit der Leitung betraut.
1924	Das Erste Studio wird zum Zweiten Moskauer Künstlertheater, MChAT 2, unter der künstlerischen Leitung von Tschechow und zieht in ein neues Gebäude. Reise nach Deutschland (medizinische Behandlung; besucht Vorträge von Rudolf Steiner). 20. November: Premiere *Hamlet*, in der Saison 1924/25 spielt er die berühmte Titelrolle.
1925	Sommer in Berlin und Italien.
1926	Zunehmende Konflikte im Theater.
1927	Stalins Beschränkungen der Kunst; Verbot der Anthroposophie; Kampagnen gegen Tschechow; Darsteller verlassen das MChAT 2; Bedrohung Tschechows.
1928	Wachsender Einfluss Stalins, Zwangskollektivierung und Fünfjahresplan; Tschechow verlässt Sowjetrussland für immer, Engagement in Berlin bei Max Reinhardt (Rolle des Skid in *Burlesque*). Veröffentlichung der Autobiografie *Put' aktjora* auf Russisch in Moskau, das Buch wird ein Bestseller!
1931	Lebt in Paris, Gründung des Théatre Tcheckhoff mit Georgette Boner.
1932–1933	Aufführungen in Litauen und Lettland, Gründung eines Schauspielstudios, durch faschistische Gruppe erzwungener Abbruch.

1934 Herzanfall, Ruhepause in Italien, Rückkehr nach Paris.

1935 Tour der *Moscow Art Players* in den USA (Rolle des Chlestakow in Gogols *Der Revisor*).
Vorträge im Group Theater.
Begegnung mit Beatrice Straight und Deirdre Hurst du Prey in New York.

1936 Eröffnung des »Chekhov Theatre Studio« in Dartington Hall, Devon, England.

1938 Tod von Stanislawski.

1939 1. September: Beginn des Zweiten Weltkriegs.
Umzug des »Chekhov Theatre Studio« nach Ridgefield, Connecticut, USA.

1940–1942 *Chekhov Theatre Players* auf Tournee in den USA.

1941 Eröffnung des eigenen Studios in Manhattan.
Twelfth Night wird ein Broadway-Erfolg.
7. Dezember: Nach dem Überfall auf Pearl Harbour erklären die USA Japan den Krieg.
11. Dezember: Deutschland erklärt Amerika den Krieg.

1942 Schließung des Studios in Ridgefield.

1943 Umzug nach Los Angeles, Beginn der Filmkarriere.

1945 Oscar-Nominierung für seine Rolle des Dr. Brulov in Hitchcocks *Spellbound (Ich kämpfe um dich).*
August: Die USA werfen über Hiroshima und Nagasaki Atombomben ab, Ende des Zweiten Weltkriegs.

1946 Private Veröffentlichung *O technike aktjora.*

1948 Unterricht in verschiedenen Studios, Privatstunden und Coaching für Schauspieler:innen; Herzanfall.

1950 Sechs Wochen Krankenhausaufenthalt.

1953 Publikation *To the Actor.*

1954 Bis zu seinem Tod Unterricht für Schauspieler:innen in Hollywood (Marylin Monroe, Jack Palance, Anthony Quinn, Gregory Peck, Mala Powers u. a.).

1955 Audioaufzeichnungen seiner Kurse für amerikanische Schauspieler:innen.
30. September: Tod nach einem Herzanfall mit 64 Jahren in L. A.[388]

Übungsverzeichnis

Anmerkungen

1 Chekhov/du Prey, item 926.

Einleitung

2 Dazu trug die Aufnahme von Franc Chamberlains Beitrag über Tschechow in Alison Hodges Standardband *Twentieth Century Actor Training* aus dem Jahr 2000 bei, der die Verbreitung und Entdeckung von Tschechows Methode bei Schauspieldozenten förderte.

3 Vgl. Chekhov/du Prey 1935–1942 sowie Tschechow 2022.

4 MICHA 2007, Masterclasses 7 PG, Merlin.

5 Vgl. Gordon 2013, 11; Hentschel/Hoffmann/Vassen 1997.

6 Die lange Reihe der prominenten Schüler:innen ist in Marowitz 2004, 203 f., zu finden, wo auch die Arbeit mit Marilyn Monroe geschildert wird, vgl. ebd., 209–217. Aktuell lobte Johnny Depp Tschechows Buch *To the Actor* in der Fernsehsendung *Inside the Actors Studio* als einflussreich für seine Arbeit als Schauspieler. Vgl. https://www.dailymotion.com/video/xzxozx (28. 7. 2020).

7 Vgl. Meerzon 2018, 125.

8 Vgl. das Forschungszentrum Interweaving Performance Cultures, https://www.geisteswissenschaften.fu-berlin.de/en/v/interweaving-performance-cultures/index.html (10. 9. 2021)

9 Vgl. Hutchinson 2018; Fleming/Cornford 2020.

10 Vgl. Cornford 2012, 64.

11 An Workshops zur Tschechow-Methode nehmen mittlerweile auch Pädagog:innen, Autor:innen und Menschen unterschiedlichster Berufe teil. Die Übungen werden inzwischen sogar therapeutisch genutzt. Vgl. Fleming/Cornford 2020, dort insbes. McAvinchey 2020.

12 Chekhov, 2002, LIII: »A Memo to the Reader«. Übersetzung I. H.

13 Vgl. Ashperger 2008, 63; Chamberlain 2019.

14 Es gibt verschiedene Transliterationen des ursprünglich russischen Namens. Die wissenschaftliche Transliteration in Deutschland lautet Michael A. Čechov (eigentlich russ. Michail). Die phonetische nach Duden, die in deutschen Übersetzungen in der Belletristik wie auch in populärer Sachliteratur verwendet wird: Michael Tschechow. Daneben gibt es verschiedene englische/amerikanische Transliterationen (siehe Wikipedia »Romanization of Russian«); nach einer sehr

verbreiteten, genannt BGN/PCGN: Mikhael Chekhov. Vermutlich hat Chekhov zu Lebzeiten seinen Vornamen anglisiert, so sind die meisten englischsprachigen Publikationen auffindbar unter Michael Chekhov.

15 Zu den Unterschieden zwischen der russischen und der englischen Version siehe Malaev-Babel 2002.

16 Weitere Informationen siehe Veit 1998; Chamberlain 2019, 37–39; Gordon 2013; Powers 2002.

17 So wird bspw. *Feeling* nun neu mit *Gespür* übersetzt, was *Feeling of Form, of Beauty* etc. eventuell deutlicher entspricht als das deutsche Wort *Gefühl.*

18 Devon Records Office in England, New York Public Library, Adelphi University, Harvard University, Queen's University at Kingston, University of Windsor, wo ein Teil der unter dem Titel *The Actor is the Theatre* versammelten Aufzeichnungen und Dokumente aus den Jahren 1936–1942 inzwischen digital zugänglich ist: https://collections.uwindsor.ca/chekhov/page/about (30. 12. 2020).

I. Michael Tschechows Theorie und Praxis des Schauspielens

19 Michael Chekhov 2018, 35. Übersetzung I. H.

20 Für das Folgende vgl. Autant-Mathieu/Meerzon 2018a; Chamberlain 2019, 1–36; Gordon 2013, 11–19; Rushe 2019, 15–31; Powers 2002, xxv–xlviii. Eine ausführliche Chronologie findet sich in Autant-Mathieu/Meerzon 2018, 399–406.

21 Vgl. Cornford 2012, 17. Eine Verbindung von Studio und Schauspielbühne war schon von Stanislawski und Leopold Sulerzitzky mit dem Ersten Studio geschaffen worden; 1924 wurde es dann verselbständigt und in Moskauer Akademisches Künstlertheater MChAT 2 umbenannt. Zum System und der Geschichte der Studios am Künstlertheater siehe Gauss 1999.

22 Vgl. Fedjuschin 1988; Byckling 2019; Tcherkasski 2016.

23 Vgl. Čechov 1992, 191–198; Fußnoten 277 u. 291. Tschechow hatte sich zunächst selbst zum Leiter ernannt, wurde dann von der zuständigen Behörde Narkompros bestätigt, auf deren Geheiß das Studio im Juni 1924 in MChAT 2 umbenannt wurde. Die vorherige Bezeichnung des Künstlertheaters ohne das Attribut akademisch MChT ist in der Literatur heute ungebräuchlich. Die Verbindung von Künstlertheater und den insgesamt vier Studios, die auch eigene Ensembles

bildeten, führt leicht zu Verwirrungen. Näheres zu den Studios am MChAT in Gauss 1999.

24 Vgl. Byckling 2019, 133; Marowitz 2004.

25 Vgl. den Brief an den Kulturkommissar Lunatscharski, in dem er erklärt, warum er die Sowjetunion verlässt, Autant-Mathieu/Meerzon 2018a, 8.

26 Vgl. Gauss 1999, 49 f.

27 Auch Stanislawski war zeitweise mit Hausarrest belegt. In den letzten Jahren verließ er kaum noch das Haus und konnte die Inszenierungen des MChAT nur im Ausland zeigen. Vgl. Smeliansky 1997, 29 f.

28 Die Bewegungsstudien von Rudolf von Laban (1879–1958), Theoretiker und führender Vertreter des Ausdruckstanzes, weisen Parallelen zu Tschechows Arbeit mit den *archetypischen Gesten* und der *Psychologischen Geste* auf, siehe S. 141 in diesem Buch.

29 Vgl. Dokumentarfilm Keeve 2002 sowie Marowitz 2004, 203.

30 Vgl. Knebel 1998, 215. Tschechow trat 1942 erstmals mit Anton Tschechows Einaktern auf Englisch auf.

31 Tschechow 2013, 87.

32 Vgl. Chekhov 1992, Audio CD 4: Five Guiding Principles 1–7; Petit 2011; Merlin et al. 2020, 9 f.

33 Mit »Überaufgabe« bezeichnet Stanislawski die Analyse von »Ziel« und »übergeordnetem Ziel« in der praktischen Rollen- und Szenenarbeit, vgl. Stanislawski, 1983, 40–50.

34 Die Begriffe variieren: Tschechow spricht vom »I«, also dem *Ich*, aber auch dem »self« *(Selbst)* (in 2002, 87–9), oder dem »Higher Ego» (1991, 16). Rushe von »higher ego or self» (2019, 8). In den Übersetzungen finden sich das *höhere Ich* (1998, 121 ff.), das *schöpferische Ich* (1998, 126). Boner/David übersetzen *höheres Ich* und *Alltags-Ich* (Tschechow 1979, 81 f.). Boner spricht an anderer Stelle vom »Höheren Bewußtsein« im Gegensatz zum »Alltagsbewußtsein« (1988, 208 ff.). Siehe ausführliche Erläuterungen dazu auf S. 97 f. in diesem Buch.

35 Vgl. Čechov 1992, 266 ff.

36 In diesem Beharren auf der schöpferischen Freiheit der Schauspieler ist durchaus der befreiende Geist der Russischen Revolution vor ihrer dogmatischen Erstarrung zu erkennen. Auch Meyerhold hatte die Theaterkunst aus der dienenden Rolle einer »Magd« befreien wollen. Zu den Studios als »Laboratorien« vgl. a. Marowitz 2004.

37 Chekhov 2018, 162 f., footnote 21. Tschechow benutzt i. O. den Begriff *group* anstelle von Ensemble, also *group feeling*, vgl. 159.

38 Vgl. Hentschel 2019; Adloff 2018, 75 ff.

39 Workshop »Communion with the Audience«, auf Einladung von Michael Chekhov Europe Training (MCE), Groznjan, Kroatien 2018.

40 Vgl. a. Walsh 2018, 357–371.

41 Čechov 1998, 112.

42 Ebd.

43 So formuliert beispielsweise auch die amerikanische Regisseurin Anne Bogart (*1951) die Produktivität einer Einsicht in die Akzeptanz der bestehenden Situation: Das kann sich auf alle Arbeitsumstände beziehen, sei es der Probenraum oder das Publikum, und hilft im Übrigen z. B. angesichts der häufig chaotischen Situation am Filmset, die auch Tschechow bei seinen Engagements in Hollywood erfahren musste. Vgl. Bogart 2015, 182; Powers 1991, 169–171: »Shortcuts for Preparation on the Set«.

44 Allerdings sind diese bei Tschechow nicht klar abzugrenzen von den Vorbereitungen und den konkreten Proben, vgl. die Gliederung von Rushe 2019.

45 Vgl. Brook 1983, 149, sowie Matzke 2010.

46 Das *höhere Ich* wird zuweilen auch als »artistic Ego«, also das *künstlerische Ego* bezeichnet (in: Chekhov 2018, 36). *Ich, Selbst* und *Ego* sind in Tschechows Ausführungen austauschbar. Vgl. Anmerkung 34. Um das *höhere Ich* zu aktivieren: Übung 5: »Die Schwelle überschreiten«.

47 Csíkszentmihályi 1990.

48 Matzke 2010, 172.

49 Ebd., 174.

50 Tschechow 2013, 71 f. [21. 11. 1941]

51 Die englische Ausgabe von 1952 führt dieses als zweites Kapitel, nachdem zunächst Körper und Psychologie des Schauspielers behandelt worden sind.

52 Čechov 1998, 15.

53 Čechov 1992, 267 f. Es handelt sich um die Aufführung von *Artisten*, in der Tschechow seine erste Rolle in deutscher Sprache spielte, UA 1928 in Wien. Die Varietékomödie ist eine deutsche Übersetzung von George Watters' und Arthur Hopkins' Broadway-Musical *Burlesque*, 1927.

54 Vgl. Čechov 1992, 132, wo er von »Mystic-Clowns« spricht.

II. Das Unsichtbare als Mittel der Sichtbarkeit

55 Barba 1998, 85.

56 Vgl. bspw. Interview der Autorin mit Nicole Marischka 2021, unveröffentlichtes Transkript, sowie Meyer-Horsch 2016.

57 Vgl. Rushe 2019, 309.

58 Vgl. Čechov 1998, 15.

59 Die 2002 erschienene Standardausgabe beinhaltet als erstes Kapitel den Körper des Schauspielers und die Psychologie, das hier behandelte Kapitel folgt dort erst als zweites. Vgl. im Deutschen: Čechov 1998, 15.

60 Petit 2014, 59.

61 Chekhov 1992, Audio CD 4: Five Guiding Principles 1–7.

62 Gefühle beziehen sich auf die Psychologie, Empfindungen auf innerlich wahrnehmbare Vorgänge, die körperlich zu spüren sind.

63 Cornford 2012, 114.

64 Chekhov/du Prey 6.11.1936, item 616. Übersetzung I. H.

65 Vgl. Barba 199, 28 ff. sowie Okuş, Dila (2020): »Eugenio Barba and Extra-Daily Scenic Behaviour: Influences of Stanislavski, Meyerhold and Grotowski«. *Journal of Theatre Criticism and Dramaturgy*. https://doi.org/10.26650/jtcd.809806

66 Vgl. Ashperger 2008, 315–317; Chamberlain 2019, 138; Variationen: Rushe 2019, 170–175; Petit 2014, 55–61; Hutchinson 2018, 65–73. Bei Übung 3 handelt es sich um eine freie Kompilation auf der Basis von Workshops, geleitet von Dawn Arnold und Uli Meyer-Horsch in Groznjan, Kroatien, 2018, und der Lehrerfahrung der Autorin. Tatsächlich gibt es keine Aufzeichnung Tschechows darüber, aber die Übung wird vielfach angewendet und als äußerst produktiv erlebt. So ist auch die Terminologie z. T. unklar: Wenn die Aufwärtsbewegung als Gegensatz zum *Fallen* mit *Schweben* übersetzt wird, wie in Petit 2014, 55 f., fehlt die Richtung.

67 Vgl. Ashperger 2008, 315, mit Hinweis auf eine Mitteilung Jack Colvins.

68 Zit. in: Malaev-Babel 2018, 176. Meyerhold ergänzte weiterhin die Regie und bezeichnete den Zuschauer neben Autor, Regie und Schauspieler als vierten Schöpfer des Theaters. Vgl. Meyerhold (1979 [1907]), 158. Vgl. »Der Zuschauer als ›vierter Schöpfer‹«, in: Lazarowicz/Balme 1991, 475–477.

69 Vgl. Malaev-Babel 2018 sowie die Beiträge von White 2018, 110–122, und Daboo 2018, 282–296. Inzwischen ist auch die Bedeutung der Rezeption von Yoga für Stanislawski und damit für das Erste Studio

bekannt, die lange ignoriert worden ist. Vgl. Byckling 2019; ausführlich Tcherkasski 2016.

70 Z. B. Kemp 2012; Falletti/Sofia/Jacono 2017; Lutterbie 2020.

71 Vgl. Güssow 2013; Trenos 2014, Kap. 4.4.

72 »Ich kam zu einem Begriff für die Grundtendenz des Yoga: *Kunst des Lebens.*« Čechov 1992, 94.

73 Vgl. Stanislawski 1983 und 1985.

74 Vgl. Čechov 1998, 138 ff.

75 Vgl. Chamberlain 2013; Brown 2013.

76 Vgl. Benedetti 2017 und Donnellan, Declan 2017, beide in: Stanislavski, Konstantin: *An Actor's Work. A Student's Diary*, translated by Jean Benedetti, London/New York: Routledge.

77 Smeliansky 2017, 724.

78 »Östlich« und »westlich« werden hier in Anführungsstriche gesetzt, sie betreffen die Trennung, wie sie im vergangenen Jahrhundert zu Tschechows Zeiten gesehen worden ist. Vgl. a. Daboo 2018.

79 Čechov 1992, 95.

80 Vgl. Čechov 1992, 71–80.

81 Ab 1898 war Sulerzitzky als Leiter des Ersten Studios an der Entwicklung und Formulierung von Stanislawskis System beteiligt. Als Tschechow einige Jahre nach Sulerzitzkys frühem Tod 1916 selbst mit der Erprobung östlicher Praktiken begann, entstanden Differenzen und Konflikte mit Stanislawski. Vgl. a. Čechov 1992, 142–151. Zum Einfluss von Yoga-Praktiken im Ersten Studio vgl. a. Malaev-Babel 2018, 176 f.; Tcherkasski 2016; White 2014 sowie Anmerkung 22.

82 Insgesamt ist es wohl angemessen von »yogic ›flavour‹« zu sprechen, der das Stanislawski-System durchzieht und sich mit westlichen Einflüssen wie den physiologisch-psychologischen Studien Théodule Ribots verbindet, vgl. Tcherkasski 2016, 111. Eine kritische Rezeption des Buchs findet sich unter: https://odinteatret.dk/news/stanislavsky-and-yoga-book-review/ (5. 7. 2021)

83 Vgl. zum wenig bekannten wissenschaftlichen Rang Goethes die Forschungen zur Farbenlehre: Müller 2015.

84 So die Übungen zum Wachsen einer Pflanze, vgl. Chekhov/du Prey 8. 10. 1936, item 596; Ashperger 2008, 18 f.

85 In Dartington beschäftigte er Alice Crowther vom Steiner'schen Goetheanum in Dornach, Schweiz, als Eurythmielehrerin, vgl. Anderson 2011, 70.

86 Weitere Quellen siehe Cornford 2014, der auch den Unterricht mit den Bewegungssystemen von Delsarte und Dalcroze erwähnt.

87 Vgl. Daboo 2018.

88 Vgl. Boner 1984 und 1994.

89 Vgl. Cornford 2013. Noch heute ist Dartington in Form einer Stiftung ein Zentrum für Bildung, Kunst, Ökologie, Soziale Gerechtigkeit: https://www.dartington.org/about/our-history/ (12.12.2020). Zur Atmosphäre der Theaterschule vgl. Caracciolo 2017.

90 Vgl. Čechov 1992, 94f.

91 »Fundamentally, therefore, the psychophysical exercises in Chekhov's technique imitate the Buddhist making of the world. They are a deliberate creation of what Buddhism calls ›the causality of the external world and the subjective experience‹ and what the Dalai Lama refers to as ›the true reality‹.« Ashperger 2008, 55.

92 Barba/Savarese 1991. Gerade zu Beginn des 20. Jahrhunderts war eine rege Tourneetätigkeit aus Japan, China, Indien u. a. Ländern zu verzeichnen und das Interesse an außereuropäischen Theaterformen groß. Eine Entwicklung, die unter dem Begriff der *Verflechtungen* von Kulturen gefasst wird. Vgl. Fischer-Lichte 2010, 155–174.

93 Vgl. Hulton 2019.

94 Vgl. Barba 1998, 106. Barba bringt die Bewegung, den »Tanz der Energie«, den er anhand von asiatischen Theater- und Tanzformen studiert hat und den er mit dem norwegischen Wort »sats« bezeichnet, in Verbindung mit Tschechows Übungen, wobei er Energie und Denken zusammenfügt: »Der *sats* ist der Moment, in dem der gesamte Organismus die Handlung denkt/ausführt und selbst in der Bewegungslosigkeit mit Spannung reagiert. […] Es ist die Anspannung oder Sammlung, aus der die Handlung hervorgeht.« Ebd., 77. Anders ausgedrückt: Der Gedanke in Aktion. Zur Bedeutung von »Präexpressivität« siehe S. 170, 186f. in diesem Buch.

95 Meyerhold 1979, 88.

96 Aus dem Russ. übersetzt und zit. von Tcherkasski 2016, 113 (Stanislavskii, *Sobranie sochinenii* 9 I, 1988, 413, Moscow).

97 Vgl. Petit 2014, 37.

98 Chekhov 2002, 20. Hervorhebungen i. O.

99 Tschechow spricht in diesem Zusammenhang auch von einem Gespür für *significance*, der Bedeutsamkeit der Bewegung, Chekhov/du Prey 9.6.1936/item/961.

100 Cornford 2014, 178.

101 Vgl. Byckling 2019, 130. Marowitz 2004, 76, erwähnt Steiners frühe Schrift »Wie erlangt man Kenntnisse der höheren Welten«, erschienen 1904 auf Deutsch, aktuell Rudolf Steiner Verlag Dornach.

102 Vgl. Čechov 1992, Kap. XXIII. Breitbrunn: Besuch im Hause Morgenstern, 294–300. Weiterhin: Fedjuschin 1988.
103 Vgl. Fedjuschin 1988, 292.
104 Čechov 1992, 137. Zur Bedeutung der Anthroposophie und auch zur Abgrenzung von der Theosophie ausführlich in Ashperger 2008, 13–64.
105 Vgl. Čechov 1992, 136 f.
106 Vgl. Steiner 1991.
107 Knebel zit. n. Byckling 2019, 131.
108 Vgl. Byckling 2019, 133.
109 Vgl. Cornford 2012, 62 ff.
110 Vgl. Ashperger 2008, 41. Ashperger erwähnt in ihren profunden Ausführungen auch, dass Mala Powers, der der Nachlass anvertraut war, Anthroposophin wurde.
111 So von Chamberlain 2003, auch Ashperger 2008, 41 f.
112 Vgl. die Beiträge in White 2018.
113 Zur kulturellen Situation vgl. Fischer-Lichte 1997. Auch Rudolf Steiner war von den sozialreformerischen Ideen der Weimarer Zeit geprägt und hielt bspw. Vorträge vor Arbeitern. Des Weiteren weist Marowitz 2004, 41–44, auf den sozialen und spirituellen Einfluss der Duchoborzen (engl. Doukhobors) – einer christlich pazifistischen Sekte – auf Sulerzitky hin, die Prinzipien von Gleichheit, Besitzlosigkeit und Gemeinschaftlichkeit vertrat und entsprechende Lebensformen praktizierte. Siehe a. http://www.thecanadianencyclopedia.ca/en/article/doukhobors (10. 12. 2021)
114 Die Unterscheidung zwischen *spirituality* und *spiritualism,* die im Englischen geläufiger ist, ist im Deutschen schwieriger zu treffen. Sicher ist der Begriff des *Geistigen* angemessen, um die Nähe zu religiösen Systemen zu vermeiden. Vgl. a. Ashperger 2008, 29. Wie stark Tschechow sich von spiritualistischen Bewegungen abgrenzt, u. a. mit dem Begriff der »Mystik-Clowns«, ist in seinen Lebenserinnerungen zu lesen: vgl. Čechov 1992, 132.
115 Cornford 2014, 192.
116 Vgl. Tcherkasski 2016, 113. Auch der Einfluss der Schwestern Alice und Georgette Boner wäre hier zu nennen, mit ihrem Engagement für den Austausch mit indischen Künstlern, vgl. Boner 1988.
117 Vgl. Chamberlain 2010.
118 Vgl. Brook 1983 [1968].

III. Imagination und Handeln – Rollenarbeit

119 Tschechow 2013, 87.
120 Chekhov 2002, 27. Übersetzung I. H.
121 Vgl. Grotowski 1968/2006.
122 Eine eindeutige Unterscheidung zwischen den Begriffen Fantasie, Imagination und Einbildungskraft lässt sich im Deutschen nicht festmachen, die Begriffe können hier als Synonyme verwendet und im jeweiligen Kontext differenziert werden. Vgl. Extra I.
123 Vgl. Chekhov 2002, 85–92.
124 Vgl. Anmerkungen 34 und 46. Die Begriffe *I, Ego, Self* sind austauschbar. Tschechow selbst variiert gerne.
125 Chekhov 1991, 16.
126 Chekhov 2002, 88.
127 Čechov 1998, 266 ff.
128 Chekhov 2002, 86.
129 Ebd., 92. Siehe auch Kap. X in diesem Buch.
130 Čechov 1998, 114.
131 Ebd., 115.
132 Vgl. Chamberlain 2019, 124 f.
133 Vgl. Zinder 2009, 29.
134 Chekhov/du Prey 30. 9. 1937, item 752. Auch 11. 2. und 12. 3. 1937.
135 Chekhov in Zinder 2009, 191.
136 Chekhov in Powers 2002, xxix. Hervorhebung i. O.
137 Čechov 1998, 100, Hervorhebung i. O.
138 Ebd., 101.
139 MICHA 2007, Masterclasses 7, *PG*, Merlin.
140 Vgl. Čechov 1998, 14. Vgl. a. Cornford 2014, 188, mit dem Hinweis, dass Tschechow den Schriftsteller Bely als Beispiel für seine Vision des kreativen Prozesses als Dialog zwischen dem Künstler und den Bildern mit ihrem Eigenleben vor Augen hatte.
141 Wulf 2014, 70.
142 Vgl. Čechov 1998, 13 f.
143 Chekhov 2018, 43. Übersetzung I. H.
144 Ebd., 45 f. Übersetzung I. H.
145 Ebd., 46. Übersetzung I. H.
146 Vgl. ebd., 45. Weitere Übungen: Čechov 1998, 20 f. Zur Unterscheidung von *reproduktiver* und *produktiver Imagination* siehe hier Extra 1.
147 Vgl. Čechov 1998, 21.
148 Vgl. Ricœur 2021 sowie Taylor 2006.
149 Vgl. Steiner 1991, *Goethes Weltanschauung,* Dornach: Rudolf Steiner

Verlag, sowie Steiner 1995, *Die Philosophie der Freiheit*, Rudolf Steiner GA, Bd. 4, Dornach. Vgl. a. Ashperger 2008, 26–45.

150 Kant, *Kritik der reinen Vernunft* (Ausgabe B 151). Die *Kritik der reinen Vernunft* wird mit Seitenzahlen der Original-Ausgaben von 1781 (A) und 1787 (B) zitiert.

151 Benjamin Wihstutz' Vorschlag, den Begriff der Einbildungskraft ausschließlich für das menschliche Grundvermögen, sich Abwesendes mental vorzustellen, zu verwenden, scheint problematisch. Er unterscheidet davon die Fantasie (ausufernd, schwer kontrollierbar) und die Imagination (schöpferisches Vermögen, das Bilder von außen aufnimmt und mit konkreten Vorstellungen verbindet).Vgl. Wihstutz 2007, 52–54. Diese strenge Unterscheidung erweist sich als zu schematisch und angesichts der Überschneidungen der Vermögen sowie der üblichen fachlichen Verwendungen nicht als hilfreich. Vgl. z. B. a. Wulf 2014.

152 Vgl. Taylor 2021, 7.

153 Vgl. Spinoza 17. Lehrsatz. http://www.zeno.org/Philosophie/M/Spinoza,+Baruch+de/Ethik/2.+Über+die+Natur+und+den+Ursprung+des+Geistes, 17. Lehrsatz. (7. 12. 2020)

154 Taylor 2021, 8.

155 Vgl. Taylor 2006, 94 ff.

156 »Nun ist offenbar, daß, wenn ich eine Linie in Gedanken ziehe, oder die Zeit von einem Mittag zum andern denken, oder auch nur eine gewisse Zahl mir vorstellen will, ich erstlich notwendig eine dieser mannigfaltigen Vorstellungen nach der andern in Gedanken fassen müsse. Würde ich aber die vorhergehende (die erste Teile der Linie, die vorhergehende Teile der Zeit, oder die nach einander vorgestellte Einheiten) immer aus den Gedanken verlieren, und sie nicht reproduzieren, indem ich zu den folgenden fortgehe, so würde niemals eine ganze Vorstellung, und keiner aller vorgenannten Gedanken, ja gar nicht einmal die reinsten und ersten Grundvorstellungen von Raum und Zeit entspringen können.« Kant 1974, A 102.

157 »Weil aber jede Erscheinung ein Mannigfaltiges enthält, mithin verschiedene Wahrnehmungen im Gemüte an sich zerstreuet und einzeln angetroffen werden, so ist eine Verbindung derselben nötig, welche sie in dem Sinne selbst nicht haben können. Es ist also in uns ein tätiges Vermögen der Synthesis dieses Mannigfaltigen, welches wir Einbildungskraft nennen, und deren unmittelbar an den Wahrnehmungen ausgeübte Handlung ich Apprehension nenne). Die Einbildungskraft soll nämlich das Mannigfaltige der Anschauung in ein *Bild* bringen;

vorher muß sie also die Eindrücke in ihre Tätigkeit aufnehmen, d. i. apprehendieren.« Kant 1974, A 120.

158 Kant spricht von einem Plural der Erkenntniskräfte, deren Zusammenwirken das Besondere des ästhetischen Urteilsvermögens ausmacht. »Die Erkenntniskräfte, die durch diese Vorstellung ins Spiel gesetzt werden, sind hiebei in einem freien Spiele, weil kein bestimmter Begriff sie auf eine besondere Erkenntnisregel einschränkt. Also muß der Gemütszustand in dieser Vorstellung der eines Gefühls des freien Spiels der Vorstellungskräfte an einer gegebenen Vorstellung zu einem Erkenntnisse überhaupt sein.« Kant 1977, A 29.

159 Siehe auch die Anmerkungen Kant 1974, A 120. Später nennt er diese an der Wahrnehmung produktiv beteiligte Einbildungskraft die transzendentale und kann sie von der in der Ästhetik behandelten abgrenzen.

160 Ricœur spricht neben der erkenntnistheoretischen und poetischen auch von der sozialen und politischen und religiösen Imagination, wie sie z. B. in Utopien Gestalt gewinnt.

161 Kant 1974, A 124.

162 Ricœur (18.342–43), in Ricœur 2021, 29. Übersetzung I. H.

163 Ricœur (19.378), in ebd., 31. Übersetzung I. H.

IV. Körper und Imagination – Ausstrahlung und Energie

164 Čechov 1998, 83.

165 Petit 2014, 95.

166 Vgl. Chekhov 2002, 11–13.

167 Vgl. Güssow 2013; Trenos 2014, 63–77.

168 Chekhov 1991, 115. Großschreibung i. O. Hervorhebung I. H. In dieser Ausgabe widmet Chekhov der *Ausstrahlung* ein eigenes Kapitel: 114 ff.

169 Ebd., 115.

170 Vgl. Übung 12 in diesem Buch; vgl. Petit 2014, 133–144.

171 Vgl. Ashperger 2008, 34 f.

172 Čechov 1998, 84. Hervorhebung i. O.

173 Ebd., 86.

174 Vgl. Kemp 2012, 49 f. Kemp verweist in diesem Zusammenhang auf die Trennung von innerer und äußerer Bewegung, die aktuell nicht dem Stand der Neuro- und Kognitionswissenschaften entspricht, die ja gerade den Zusammenhang untersuchen, vgl. a. Kap. VI in diesem Buch. Ashperger 2008, 187–191, bezieht die Übungen auf die indische Chakra-Lehre und behandelt die aktuelle Unterrichtspraxis der MICHA-Lehrer.

175 Čechov 1998, 77 f.
176 Die ISTA als multikulturelles Netzwerk von Künstlern und Wissenschaftlern erforscht die technischen Grundlagen des Performens im Hinblick auf Präsenz und szenisches Leben in einer transkulturellen Dimension, basierend auf einem empirischen Ansatz. https://odinteatret.dk/odin-teatret-archives/research/ (11.12.2020)
177 Vgl. Falletti/Sofia/Jacono 2017.
178 Vgl. Ashperger 2008, 32 f.
179 Falletti 2017a, 11.
180 Chekhov/du Prey 14.3.1938, item 853.
181 Zur Dreigliedrigkeit vgl. Chekhov/du Prey ebd.
182 Im Jahre 1953 nahm Eastwood Unterricht bei George Shdanoff in der Tschechow-Methode und wendet in der Folge sowohl die Arbeit mit den Zentren wie die *Psychologische Geste* an, vgl. Richard Schickel, *Clint Eastwood: A Biography*, New York: Vintage 1996, 60 ff.
183 MICHA 2007, Master Classes, Session 8. Übersetzung: I. H. Vgl. a. die Beispiele in: Chekhov 2002, 81.

V. Psychologische Geste (PG) und Archetypische Gesten: Wege zur Rolle

184 MICHA 2007, Master Classes Video, Session 7, Leitung: Joanna Merlin. Übersetzung I. H.
185 Tschechow 2013, 113.
186 Ebd., 127.
187 Ebd.
188 Ebd., 115 (5.12.1941) Hervorhebung i. O.
189 Ebd., 114. In seinen *Lektionen für professionelle Schauspieler* geht Tschechow auf den Begriff der Geste ein und fasst ihn sehr allgemein »[…] als *Geste* oder *Aktion* oder *Bewegung* […] Alles lässt sich in eine Geste mit Qualitäten verwandeln.« Tschechow 2013, 111 (5.12.1941).
190 Vgl. Čechov 1998, 49–78.
191 Vgl. Stanislawski 1983. Émile Jaques-Dalcroze, der mit Stanislawski zusammenarbeitete, war mit dem Bewegungssystem François Delsartes vertraut und entwickelte ein Bewegungssystem für Stimmtraining und Schauspielerei, das auf der Annahme basierte, dass die Kommunikation durch Gesten kraftvoller und unmittelbarer sei als das gesprochene Wort. Die Geste betrachtete er als universelle Sprache. Für Sergei Wolkonski, der in St. Petersburg und Moskau Kurse in Rhythmischer Gymnastik gab und die »Kunst der lebendigen Rede« lehrte,

ist die Geste »Ausdruck des inneren Selbst eines Menschen mit den Mitteln seines äußeren Selbst« und bedeutet einen Prozess der Selbstmodellierung, der sich ständig entwickelt. Vgl. Cornford 2014, 187.

192 Zur *PG* siehe Chekhov 2002, 63–76; Chekhov 1991, 58–94; Čechov 1998, 45–82; Tschechow 2013, 111–128 (5. 12. 1941); Malaev-Babel 2002; Ashperger 2008, 243–253; Chamberlain 2019, 75–78; Petit 2014, 47–55; Rushe 2019, 260–272; Zinder 2009, 268–284.

193 Boner 1988, 240.

194 Vgl. Chekhov 2002, 70. Durch die erste Übung in seinem Buch »Öffnen/Schließen« wird der Schauspieler auf die *PG* vorbereitet, wie Tschechow sagt.

195 Vgl. Kemp 2012.

196 Vgl. ebd., 50–62; sowie Chamberlain 2019, 43 f.

197 Nach Petit manifestieren sich die sechs archetypischen Aussagen von Handlungen in den fünf Gesten: Stoßen, Ziehen, Heben, Werfen, Reißen, vgl. Petit 2014, 51. In Tschechow 2013 legte Merlin eine Liste von zwölf Gesten vor. Die werden auch von Rushe 2019, 269, aus einem Workshop 2012 aufgeführt.

198 MICHA 2007, Master Classes Video, Session 7.

199 Vgl. Rushe 2019, 158 ff.

200 Chamberlain 2019, 142. Übersetzung I. H.

201 Vgl. Petit 2014, 29–35.

202 MICHA 2007, Master Classes Video, Session 7 – *Psychologische Geste.* Leitung: Joanna Merlin. Vgl. Ashperger 2008, 320.

203 Auch der Sprachgebrauch variiert von basalen bis archetypischen Gesten und ihrer Beziehung zur *PG*: bei Ashperger 2008, 320 f.; Chamberlain 2019, 43–45, 75–78, 139–142; Petit 2014, 67–73, 124–133. Im Folgenden wird Joanna Merlins Unterrichtsstunde zur *PG* wiedergegeben, weil sie heute in dieser Weise mit den *Archetypischen Gesten* gelehrt wird.

204 Zit. n. Ashperger 2008, 245.

205 Das ist Übung Nr. 1 in *To the Actor*, Chekhov 2002, 5 f.

206 MICHA 2007, Master Classes Video, Session 7, Leitung: Joanna Merlin. Übersetzung I. H.

207 Tschechow 2013, 120.

208 Ausführliche Beispiele für die Anwendung in der szenischen Arbeit bei Ashperger 2008, 271–278; Rushe 2019, 302–306.

209 Chekhov/du Prey 30. 9. 1937, item 752.

210 Rushe 2019, 260. Hervorhebung I. H.

211 Tschechow 2013, 118.

212 Ebd., 120 (5. 12. 1941).
213 Vgl. Chekhov/du Prey 30. 9. 1937, item 762.
214 Vgl. a. Petit 2014, 71.
215 Chekhov 2002, 69.
216 Čechov 1998, 85.
217 Tschechow 2022, 35 ff. (29. 1. 1942).
218 MICHA 2007, Master Classes, Session 4.
219 Tschechow 2022, 37.

VI. Verkörperung – Mit Vorstellungsbildern handeln

220 Tschechow 2022, 37.
221 Vgl. McConachie 2013.
222 Es handelt sich um die Arbeiten von Lakoff/Johnson 1999 und 2003. Vgl. Cornford 2012, 117 f.
223 Kemp 2012.
224 Gallese/Lakoff 2005, 455.
225 Kemp 2012, 111.
226 Vgl. Extra 1 in diesem Buch.
227 Vgl. Lakoff/Johnson 1999, 140, sowie Kemp 2012, 47. Wenn Rushe (2019, 147–157) im Tschechow-Training die Richtungen mit verschiedenen Zeit-, Raum- und Gefühlsqualitäten verbindet, so bestätigt dies m. E. den Ansatz von Lakoff und Johnson.
228 Vgl. Cornford 2012, 117; Lakoff/Johnson 1999, 73, 231; Chekhov 2002, 6; Liste von Joanna Merlin in Rushe 2019, 269.
229 Chekhov 1991, 41.
230 Vgl. den Film Petit 2011; Rushe 2019, 111 ff. als Ausdehnen/Zusammenziehen; Chamberlain 2010, 139 f.; Chekhov 2002, 5 f.
231 Falletti, 2017a, 13.
232 Rizzolatti/Sinigaglia 2008, 11.
233 Vgl. Grunwald et al. 2018, 21.
234 Aber auch andersherum können für Bewegung zuständige Nerven durch Beobachtung stimuliert werden. Die Aktivierung der für Körperbewegungen verantwortlichen Nerven und Muskeln durch Beobachtung von Bewegungen wird für die Rehabilitation von Schlaganfallpatienten genutzt, wo durch Beobachtung von Handbewegungen die Regeneration von Nervenzellen unterstützt werden kann. Vgl. Ertelt/Binkofski 2012.
235 Vgl. Rizzolatti/Sinigaglia 2008, 174–192.
236 Tschechow 2022, 37.

237 Vgl. https://www.zhdk.ch/forschungsprojekt/das-spiel-mit-den-gefuehlen-426750. Vgl a. Symposium »Das Spiel mit den Gefühlen« 2015, ZHdK: https://www.zhdk.ch/file/live/c7/c7451d6fb4d58f2d-92ce4ed4bb6242f4d47cec5c/24000.pdf; (12. 2. 2021). Vgl. a. Grunwald et al. 2018; Kiefer 2014.

238 Der Titel *Bewußtheit durch Bewegung* ist Programm der Methode, Feldenkrais 1978.

239 Z. B. von Conni Rotunda: https://www.michaelchekhov.org/faculty-members/connie-rotunda/ (12. 2. 2021).

240 Heyes 2010, 575.

241 Vgl. Varela/Thompson/Rosch 2017; Olenina et al. 2019.

242 Sofia et al. 2017, 138. Es handelte sich dabei nicht um ein Tschechow-Training, aber es wurden wie dort Handlungswörter benutzt.

243 Vgl. Olenina/Amazeen/Eckhard/Papenfuss 2019.

244 Siehe a. Extra 2.

245 Vgl. die kommentierte Literaturauswahl in Lutterbie 2020, 190–193; insbes. Blair 2008; Falletti et al. 2017; McConachie 2008 und 2013.

246 Vgl. Rizzolatti/Sinigaglia 2008, 61 ff. sowie 155 ff. Dasselbe Muster lässt sich bei Affen und Hunden feststellen, wenn es um motorische Aktivitäten in Verbindung mit der Nahrungsaufnahme geht. Interessanterweise zeigen Menschen mit einer autistischen Diagnose diese Aktivierung des Motorkortex im Gehirn nicht. Weiterhin ist zu berücksichtigen: »Die Aktivierung desselben neuronalen Musters verrät somit, daß das *Verstehen* der Handlungen anderer beim Beobachter dasselbe motorische Wissen voraussetzt, das die Ausführung der Handlung reguliert.« Rizzolatti/Sinigaglia 2008, 109. Hervorhebung i. O.

247 Vgl. die Kritik von Lamm in Stein 2014; vgl. Hickok 2014 und 2015. Die Komplexität verlangt nach interdisziplinären Forschungsansätzen.

248 Hüther 2010, 75.

249 Vgl. Singer 2002, 112 ff.; vgl. Hüther 2010.

250 Vgl. Roth 2021, 314 ff.

251 Disziplinär überschneiden sich die unterschiedlichen Wissenschaftszweige der kognitiven Neurowissenschaft, der Verhaltensneurowissenschaften, der kognitiven Psychologie, der physiologischen Psychologie und der affektiven Neurowissenschaft.

252 Vgl. Kapitel VII. in diesem Buch.

VII. Handeln und Zuschauen – Resonanz und Imagination

253 Vgl. White 2018; Fedjuschin 1988 zu spirituellen Bewegungen in Russland.
254 So z. B.: Gronau 2012; Huschka/Gronau 2019.
255 Vgl. a. Falletti 2017a.
256 Goudard, 2017, 44.
257 Ebd., 41 f.
258 Ebd., 41.
259 Tschechow 2013, 82 f. (21. 11. 1941)
260 Theateranthropologie untersucht menschliches Verhalten in organisierten Performance-Situationen, vgl. Barba/Savarese 1991, 7.
261 Vgl. Meyerhold 1979a.
262 Vgl. Thompson 2007.
263 McConachie 2013, 16.
264 Vgl. ebd.
265 Falletti 2017a, 14.
266 Vgl. Wihstutz 2007, 62 ff.
267 Ebd., 24.

VIII. Schauspielen und Kunst – Ästhetische Qualitäten

268 Chekhov 2002, 13.
269 Vgl. Fleming/Cornford 2020; Petit 2014, 101 f.
270 Tschechow 2013, 161. (29. 11. 1941)
271 Vgl. a. Tschechow 2013, 109 f., wo Tschechow die gegenseitige Inspiration von Schauspieler und Autor anspricht. »Doch wenn sich einer dem anderen unterwirft, ist das falsch.« Ebd.
272 Vgl. detailliert Cornford 2020.
273 Chekhov/du Prey 16. 1. 1939, item 926.
274 Vgl. Čechov 1998, 89 f. und 172.
275 Ebd., 89. Hervorhebung i. O.
276 Vgl. Chekhov 2002, 14.
277 Vgl. Chamberlain 2010, 130 f.
278 Čechov 1998, 94.
279 Vgl. Chekhov 2002, 16.
280 Vgl. ebd.
281 Vgl. Čechov 1992, 156 f.
282 Erhellend in Bezug auf die Arbeits- und Ausbildungsatmosphäre im MChAT vgl. Gortschakow 2008.
283 Čechov 1998, 96.

284 Chekhov 2002, 16: EXERCISE 8. Übersetzung I. H.
285 Ebd.
286 Vgl. Tschechow 2013, 71 f.
287 Gordon 2013, 21.
288 Vgl. Chekhov 2002, 14.
289 Čechov 1998, 88, vgl. ebd., 87 f. und den Bezug zu Steiners Sprachgestaltung. Zur Übungspraxis: vgl. Chamberlain 2019, 129 f.
290 MICHA 2007, Master Classes Video, Session 2, Leitung: Fern Sloan. Übersetzung I. H.

IX. Atmosphären: Das Herz der Aufführung

291 Tschechow 2022, 25.
292 Vgl. Powers, 1991, xliii f.
293 Vgl. Chekhov 2002, 51; auch Chekhov 1991, 26–36.
294 Vgl. Chamberlain 2019, 69; Tschechow 2022, 26 f. (29.1.1942); Ebd., 62 ff. (17.2.1942)
295 Merlin et al. 2020, 22. Übersetzung I. H.
296 Böhme 2008, 54.
297 Böhme 1995, 34.
298 Was ein Zuschauer auf der Bühne sieht, wird zugleich als räumliche Atmosphäre wahrgenommen, die ihn einbeziehen kann. Auch das Hören ist in diesem Zusammenhang zu berücksichtigen. Weiterhin olfaktorische Aspekte, die zunehmend in Inszenierungen einbezogen werden, z. B. der Kotgeruch in Romeo Castelluccis Inszenierung *Sul Concetto di Volto nel Figlio di Dio* 2011. Zur theaterwissenschaftlichen Bedeutung von Atmosphäre vgl. Roselt 2008, 109; auch Wihstutz 2007, 19 ff.
299 Vgl. White 2018, 119 f.
300 Chekhov 1991, 28 f. Großschreibung i. O.
301 Tschechow 2022, 64. (17.2.1942)
302 Vgl. Merleau-Ponty 1966 [1945], 106.
303 Vgl. a. Plessner 2003 [1961] über die Exzentrizität der menschlichen Position.
304 Powers 1991, xliii–xliv. Großschreibung i. O.
305 Chekhov 1991, 34. Übersetzung I. H.
306 Vgl. Chamberlain 2019, 135.
307 Chekhov 2002, 19. Hervorhebung i. O.
308 Tschechow 2013, 79 (21.11.1941).
309 Vgl. Powers 1991, xliii f.

310 Vgl. Chekhov 2002, 19.
311 Diese Übung wurde von Ulrich Meyer-Horsch im Rahmen eines Workshop-Moduls »Communion with the Audience« 2018 von MCE in Groznjan, Kroatien geleitet. Sie ist ein originär entwickelter Teil der Lehrpraxis Meyer-Horschs. Hier ist sie geringfügig verändert wiedergegeben. Die Übung kann auch für die konkrete Rollenarbeit und Szenenentwicklung genutzt werden.
312 Rancière 2009, 23.
313 Chekhov 2002, 48.
314 Vgl. Callow 2002, xx.
315 Vgl. Fischer-Lichte 2010.
316 Vgl. Cornford 2012, 64; vgl. a. Tschechows New Yorker Vorträge vom 17. 2. und 12. 4. 1942 in: Tschechow 2022 sowie die Einführung der Herausgeber im selben Band, 7–17.
317 Chekhov 1992, Audio-CD 3:10.
318 Chamberlain 2019, 71. Hervorhebung I. H.

X. Das Publikum erspüren: »audience sense« und Zeitgenossenschaft

319 Chekhov 2002, 48.
320 Zur Differenzierung zwischen dem *Stück*, das unterschiedlich *inszeniert* werden kann, und der *Aufführung*, die eine Inszenierung vor und mit einem jeweils konkreten Publikum erfährt, vgl. Fischer-Lichte 2004; detailliert in 2010, 59 f. Diese Unterscheidung liegt auch schon Tschechows detaillierten Überlegungen in Bezug auf die *Überaufgabe* einer Inszenierung und der lebendigen Aufführung mit Publikum zugrunde.
321 Vgl. Meerzon 2018, 125.
322 Chekhov 26. 6. 1937, item 729. Versalien i. O. Übersetzung I. H.
323 Chekhov 2002, 146.
324 Vgl. Chekhov 1991, 21.
325 Vgl. Brook 1983; Fischer-Lichte 1997 und 2010, 59 ff.
326 Vgl. Rancière 2009, 28.
327 Die Energetik von Aufführungen und die Phänomene der Übertragung wurden von Stanislawski und Tschechow intensiv erforscht. Auch in Paris während der Proben zu *The Castle Awakening* experimentierte Tschechow, wohl auch um sprachliche Barrieren zu überwinden, mit Musik, Rhythmus, Gestik u. a. Vgl. Meerzon 2018, 133 ff.
328 Meyer-Horsch nennt als Inspirationsquelle für die Arten des Zuhö-

rens: Scharmer, C. Otto: *Theory U – Leading from the Future as it Emerges*. 2nd ed., Oakland: Berrett-Koehler, 2016.

329 Vgl. Chekhov 2002, 92 sowie 224f. und Übung 21/IV in diesem Buch.

330 Tschechow 2022, 65.

331 Vgl. Čechov 1998, 127f. mit Übung 26.

332 Chekhov 2002, 91.

333 Vgl. Chekhov 1991, 22.

334 Vgl. Übung 14 in Chekhov 1991, 22f.

335 Chekhov 2002, 92. Übersetzung I. H. Zum *imaginären Publikum* Chekhov 1991, 21f.; Čechov 1998, 127f.; Chamberlain 2019, 85f.

336 Tschechow 2022, 66f. (17.2.1942). Hervorhebung I. H.

337 Chekhov 2002, 50.

338 Čechov 1998, 127f.

339 Chekhov 1984, 24. Übersetzung I. H.

340 Vgl. Mauss 1994 [1924/25].

341 Vgl. Tegtmeyer 2019; Wildt 2017; Hénaff 2019; Hentschel 2019.

342 Vgl. Hyde 2008.

343 Vgl. Hentschel et al. 2011; Hentschel 2019.

344 Mauss' Buch (1924/25 erschienen) ist Teil einer umfangreichen vergleichenden Untersuchung über den *Bereich des Vertragsrechts* und das *System der wirtschaftlichen Leistungen* zwischen Gruppierungen sogenannter archaischer Gesellschaften, vor allem in Polynesien, Melanesien und Nordamerika.

345 Vgl. Adloff 2018.

346 Die große Ausstellung *Il Dono/The Gift* in Mailand versammelte erstmals künstlerische und philosophische Positionen: Maraniello/Risaliti/Somaini 2001; Hentschel/Hoffmann/Moehrke 2011; Hobuß/Tams 2014; Hentschel 2018a und 2019. Kunstprojekte und Positionen unter: https://gabe-forschung.net/kunst_und_gabe/ (12.12.2020).

347 Vgl. für die verschiedenen Tätigkeiten im Theater Hénaff 2019.

348 »Man kann nicht durch das Auge nehmen, ohne zugleich zu geben.« Simmel 1992, 724. Vgl. a. Simmel 1992, 730, und Pyyhtinen 2019.

349 Hénaff 2009, 594.

350 Vgl. Caillé 2008.

351 Georg Simmel: *Über den Schauspieler* ([1909] 2001), *Der Schauspieler und die Wirklichkeit* ([1912] 2001), beide in Gesamtausgabe Bd. 12, und *Zur Philosophie des Schauspielers* ([1921] 2004). Vgl. Pyyhtinen 2019, 103.

352 Vgl. Pyyhtinen 2019, 103, sowie Simmel [1921] 2004, 192.

353 Chekhov 1992, Audio-CD, 3:10.

354 Vgl. Simmel 2004 [1921].

355 Pyyhtinen 2019, 104.
356 Vgl. Adloff 2016.
357 Hénaff 2019, 49.

XI. Theater und die Conditio Humana

358 Die offizielle Bezeichnung »Tschechow-Studio« wurde von der obersten Kulturbehörde erst im April 1921 verliehen.
359 Vgl. Chekhov 2005, 77.
360 Ebd., 80.
361 Ebd., 82. Hervorhebung i. O. Zur Organisation des Tschechow-Studios vgl. Čechov 1992, 86–88.
362 Vgl. Čechov 1992, 121–123: »Hungerjahre«. Vgl. a. die Schilderungen der Arbeitsbedingungen dieser Zeit von Gortschakow 2008.
363 Chekhov 2005, 83. Hervorhebung i. O. Übersetzung I. H.
364 Vgl. Chamberlain 2013a, 83; Marowitz 2004, 200.
365 Anders in seinem Vortrag vor jungen Schauspielern am 12. April 1942 in New York. Dort kritisiert Tschechow die herrschenden Strukturen des Theaters auf Heftigste. Er sieht Schauspieler und Regisseure als »Sklaven« eines Systems, dem sie sich unterordnen, anstatt auf Bedingungen zu bestehen, die für ihre Produktion günstig sind, wie ausreichende Probenzeiten. Vgl. Tschechow 2022.
366 Vgl. Chekhov 1992, Audio-CD 1; vgl. a. Chekhov 1984, 25.
367 Tschechow 2022, 109.
368 Čechov 1998, 125. Hervorhebung i. O.
369 Chekhov 2002, 90.
370 Tschechow 2022, 106 f. (16. 4. 1942) Mit dem Angriff auf die Philippinen im Dezember 1941 begann der japanisch-amerikanische Pazifikkrieg. Japan hatte nahezu den gesamten pazifischen Raum erobert und im Frühjahr 1942 u. a. Australien bombardiert.
371 Vgl. Miller 2007; siehe auch: http://ccare.stanford.edu/research/wiki/compassion-definitions/compassion/ und das Center for Compassion and Altruism Research and Education der Stanford University, CCARE: http://ccare.stanford.edu (21. 8. 2021)
372 Stamer 2019, 73.
373 Ebd., 72.
374 Tschechow 2022, 100. (12. 4. 1942)
375 In seinen Überlegungen *Für ein Theater der Zukunft* schwebten ihm Aufführungen vor, die sich weniger auf Sprache und Visualität als auf Rhythmus, Bewegung und Energetik stützen. Vgl. Meerzon 2018, 123.

Vgl. Chekhov/du Prey: »The Theatre of the Future«, Dartington Hall 1936, basierend auf einem Vortrag vom 22.9.1935, item 558.

376 Tschechow 2022, 99. (12.4.1942)

377 Chekhov 1992, Audio-CD 1. Übersetzung I.H.

378 Roselt 2005, 14.

379 Vgl. Rosa 2016.

380 Auch der Boom empirischer Forschungsmethoden ist hier zu nennen, die auf Beobachtung und Interviews ausgerichtet sind. Zur Kritik siehe Arendt 2002.

381 Adloff 2018, 241.

382 Čechov 1998, 127.

383 Chekhov 1992, Audio-CD 2. Übersetzung I.H.

384 »Der Mensch ist zwar unheilig genug, aber die *Menschheit* in seiner Person muß ihm heilig sein […]« Kritik der praktischen Vernunft (Kant I. *Gesammelte Schriften.* Akademie Ausgabe Band V., Berlin 1903, 86f., Hervorhebung i.O.; vgl. a. Kant 1974, A 318, 155f. Volker Gerhard spricht von der »Menschheit in der Person eines jeden Menschen.« https://www.philosophie.hu-berlin.de/de/lehrbereiche/gerhardt/mitarbeiter/gerhardt/vgabschied (10.9.2021)

385 Rushe zur Präsentation ihres Buchs, MICHA-Meeting, online 2020. Übersetzung I.H.

386 Vgl. Menke 2013, 14.

Anhang

387 Vgl. Autant-Mathieu/Meerzon 2018, 399.

388 Datum auf dem Grabstein. Russische Quellen nennen den 1. Oktober 1955. Vgl. Autant-Mathieu/Meerzon 2018, 406.

Bibliografie/Literatur

Archive

Deirdre Hurst du Preys Archiv mit annähernd 500 Unterrichtsstunden und Vorträgen von 1935 bis 1942. Kopien des Archivs befinden sich in: Devon Records Office in Exeter, England; New York Public Library of the Performing Arts at Lincoln Center; Harvard University; Adelphi University; University of Windsor; Queen's University at Kingston, Canada.

Chekhov, Michael/Hurst du Prey, Deirdre (1935–1942): *The Actor is the Theatre*, https://collections.uwindsor.ca/chekhov/item/ (11. 09. 2021) zitiert als Chekhov/du Prey Datum, item.

Audio/Video

Chekhov, Michael (1992): *On Theatre and the Art of Acting. The Five-Hour Master Class*, Four Audio CDs and Booklet, ed. Mala Powers, New York: Applause Theatre Books.

Keeve, Frederick (2002): *From Russia to Hollywood: The 100-Year Odyssey of Chekhov and Shdanoff*, Venice, CA: Keeve Productions.

MICHA (2007): *Master Classes in the Michael Chekhov Technique*, DVD, The Michael Chekhov Association Inc. MICHA (eds.), London et al.: Routledge; auch als: MICHA's Master Classes: https://vimeo.com/ondemand/michamasterclasses/143000125 (11. 09. 2021).

Petit, Lenard (2011): *Michael Chekhov's 5 Guiding Principles for Actors*, Auszug aus dem Film von Guillermo G. Peydró: https://www.youtube.com/watch?v=PufzXM820w4

Sharp, Martin (2002): *Michael Chekhov: The Dartington Years*, Hove: Palomino Films.

Zinder, David (2008): *Actor Training (Michael Chekhov)*, DVD, Peter Hulton (dir.), Exeter: Arts Documentation UK 2.

1. Michael Tschechow (Čechov/Chekhov) – Primärliteratur

Čechov, Michail A. (1992): *Leben und Begegnungen: Autobiographische Schriften*, Veit, Wolfgang (ed.), Stuttgart: Urachhaus.

Čechov, Michail A. (1998) [1990]: *Die Kunst des Schauspielers*, Moskauer Ausgabe, Neuaufl. mit 3 Briefen an Marie Steiner, Stuttgart: Urachhaus.

Chekhov, Michael (1953): *To the Actor: On the Technique of Acting*, New York: Harper and Row.

Chekhov, Michael (1983): »Chekhov on Acting: A Collection of Unpublished Materials (1919–1942)«, in: *The Drama Review*, 27(3), 46–83.

Chekhov, Michael (1984): »Love in Our Theatre: Art or Profession?«, in: Leonard, Charles (ed.), *Michael Chekhov's To the Director and Playwright*, New York: Limelight Editions, 14–26.

Chekhov, Michael/Hurst du Prey, Deirdre (1985): *Lessons for the Professional Actor*, New York: Performing Arts Journal Publications.

Chekhov, Mikhail (1986): *Literaturnoje nasledie*, Knebel, Maria et al. (eds.), 2 Bände, Moskau: Iskusstvo.

Chekhov, Michael (1991): *On the Technique of Acting. Preface and afterword by Mala Powers*, Gordon, Mel (ed.), New York: HarperCollins Publishers.

Chekhov, Michael (2000): *Lessons for Teachers of his Acting Technique*, Hurst du Prey, Deirdre (ed.), Ottawa: Dovehouse Editions.

Chekhov, Michael (2002): *To the Actor: On the Technique of Acting*, Revised and expanded edition. Foreword by Simon Callow, Powers, Mala (ed.), London et al.: Routledge.

Chekhov, Michael (2005): *The Path of the Actor*, Kirillov, Andrei/Merlin, Bella (eds.), London et al.: Routledge.

Chekhov, Michael (2018): *Lessons for Teachers*. Expanded Edition, Cerullo, Jessica (ed.), New York: The Michael Chekhov Association Inc. MICHA.

Leonard, Charles (ed.) (1984) [1963]: *Michael Chekhov's To the Director and Playwright*, New York: Limelight Editions.

Tschechow, Michael (1979): *Werkgeheimnisse der Schauspielkunst*. Mit einem Vorwort von Yul Brunner und einem Beitrag von Georgette Boner, übersetzt von Boner, Georgette/David, Hedwig, Zürich/Stuttgart: Werner Classen.

Tschechow, Michael (2013): *Lektionen für den professionellen Schauspieler*. Nach Notizen transkribiert und zusammengestellt von Deirdre Hurst du Prey. Mit einer Einleitung von Mel Gordon. Rey, Anton/Wintsch, Mani (eds.), Berlin: Alexander. (Neuausgabe 2022)

Tschechow, Michael (2022): *Der Schauspieler ist das Theater. New Yorker Vorträge 1942*. Mit einem Nachwort von Lionel Walsh. Rey, Anton/Meyer-Horsch, Ulrich (eds.), Berlin: Alexander.

2. Sekundärliteratur zu Tschechow

Anderson, Neill (2011): »On Rudolf Steiner's Impact on the Training of the Actor«, in: *Literature & Aesthetics,* 21(1), 159–174.

Ashperger, Cynthia (2008): *The Rhythm of Space and the Sound of Time: Michael Chekhov's Acting Technique in the 21st Century*, Amsterdam/New York: Rodopi.

Autant-Mathieu, Marie-Christine/Meerzon, Yana (eds.) (2018): *The Routledge Companion to Michael Chekhov*, 2nd ed., London et al.: Routledge.

Autant-Mathieu, Marie-Christine/Meerzon, Yana (2018a): »Introduction. Michael Chekhov: Actor, director, pedagogue«, in: Autant-Mathieu, Marie-Christine/Meerzon, Yana (eds.), *The Routledge Companion to Michael Chekhov*, 2nd ed., London et al, Routledge, 1–17.

Benedetti, Jean (ed.) (1991): *The Moscow Art Theatre Letters*, selected and translated by Jean Benedetti, London, Melbourne, New York: Methuen Drama and Routledge.

Benedetti, Jean (2017): »Translator's Foreword«, in: Stanislavski, Konstantin, *An Actor's Work. A Student's Diary*, translated by Jean Benedetti with a new foreword by Sir Richard Eyre, classic edition, London/New York: Routledge, xx–xxviii.

Black, Lendley (1987): *Mikhail Chekhov as Actor, Director and Teacher*, Michigan: Ann Arbor UMI Research Press.

Boner, Alice (1984): *Indien, mein Indien. Tagebuch einer Reise*, Boner, Georgette/Hedwig, David (eds.), Zürich/Stuttgart: Werner Classen.

Boner, Georgette (1988): *Schauspielkunst. Von der theatralischen Sendung und dem Wunder der Verwandlung*, Zürich/Stuttgart: Werner Classen.

Boner, Georgette (1994): *Hommage an Michael Tschechow*, Zürich: Werner Classen.

Brown, Bryan (2013): »The ermergence of *studiinost*: The ethics and processes of ensemble in the Russian theatre studio«, in: Britton, John (ed.), *Encountering Ensemble*, London/New York et al.: Bloomsbury, 49–60.

Byckling, Liisa (2019): »Michael Chekhov, Spirituality, and the Soviet Theatre«, in: *Culture Crossroads*, 14(1), 127–138.

Callow, Simon (2002): »Foreword«, in: Chekhov, Michael, *To the Actor: On the Technique of Acting*, London et al.: Routledge, xi–xxiv.

Caracciolo, Diane (2017): »Transformation and Renewal Through the Arts«, in: Caracciolo, Diane/Weida, Courtney Lee (eds.), *The Swing of the Pendulum. The Urgency of Arts Education for Healing, Learning, and Wholeness*, Rotterdam: Sense Publishers; Imprint, 135–147.

Cerullo, Jessica (ed.) (2009): *Michael Chekhov: Critical issues, Reflections, Dreams*, New York: The Michael Chekhov Association Inc. MICHA.

Cerullo, Jessica/Sloan, Fern (eds.) (2020): *MICHA Workbook. A guide to integrating the Michael Chekhov Technique*, New York: The Michael Chekhov Association Inc. MICHA.

Chamberlain, Franc (2003): »Michael Chekhov: Pedagogy, Spirituality, and the Occult«, in: *Toronto Slavic Quarterly* 4, 1–7.

Chamberlain, Franc (2010): »Michael Chekhov on the Technique of Acting: Was Don Quixote true to life?«, in: Hodge, Alison (ed.), *Twentieth Century Actor Training*, London et al.: Routledge, 2nd ed., 63–80.

Chamberlain, Franc (2013): »Michael Chekhov's ensemble feeling«, in: Britton, John (ed.), *Encountering Ensemble*, London/New York et al.: Bloomsbury, 78–93.

Chamberlain, Franc (2019): *Michael Chekhov*, Second Edition, London et al.: Routledge.

Chamberlain, Franc/Kirillov, Andrei (eds.) (2013): »Rehearsal Protocols for *Hamlet* by William Shakespeare at the Second Moscow Art Theatre«, in: *Theatre, Dance and Performance Training*, 4(2), London: Routledge, 243–279, https://doi.org/10.1080/19443927.2013.816091.

Chamberlain, Franc/Kirillov, Andrei/Pitches, Jonathan (eds.) (2013): »Michael Chekhov«, in: *Theatre, Dance and Performance Training*, 4(2), London: Routledge, 143–145.

Chamberlain, Franc/Kirillov, Andrey (eds.) (2013a): »Michael Chekhov in the Twenty-first Century: New Sources, New Contexts, New Perspectives«, in: *Theatre, Dance and Performance Training*, 4(2), 316–324.

Cornford, Tom (2012): *The English Theatre Studios of Michael Chekhov and Michel Saint-Denis 1935–1965*, PhD Thesis, University of Warwick, http://wrap.warwick.ac.uk/57044/ (12. 6. 2020).

Cornford, Tom (2013): »A new kind of conversation: Michael Chekhov's ›turn to the crafts‹«, in: *Theatre, Dance and Performance Training*, 4(2), 189–203, doi: 10.1080/19443927.2013.794158.

Cornford, Tom (2014): »Michael Chekhov: The Spiritual Realm and the Invisible Body«, in: Luckhurst, Mary/Morin, Emilie (eds.), *Theatre and Ghosts*, London: Palgrave Macmillan, 178–196, https://doi.org/10.1057/9781137345073_11

Cornford, Tom (2020): »Actor-dramaturgs and Atmospheric Dramaturgies. Chekhov Technique in Processes of Collaborative Playwriting«, in: Fleming/Cornford (eds.), *Michael Chekhov Technique in the Twenty-First Century: New Pathways*, New York: Bloomsbury Methuen Drama, 64–92.

Daboo, Jerri (2007): »Michael Chekhov and the Embodied Imagination: Higher Self and Non-Self«, in: *Studies in Theater and Performance*, 27(3), 261–273.

Daboo, Jerri (2012): »Michael Chekhov and the Studio in Dartington: the re-membering of a tradition«, in: Pitches, Jonathan (ed.), *Russians in Britain. British theatre and the Russian tradition of actor training*, London: Routledge, 74–97.

Daboo, Jerri (2018): »›As the shadow follows the body‹: examining Chekhov's creation of character through ›Eastern‹ practices«, in: Autant-Mathieu, Marie-Christine/Meerzon, Jana (eds.), *The Routledge Companion to Michael Chekhov*, London/New York: Routledge, 282–296.

Donellan, Declan (2017): »Introduction«, in: Stanislavski, Konstantin, *An Actor's Work. A Student's Diary*, translated by Jean Benedetti, London/New York: Routledge, xiv–xix.

Fedjuschin, Viktor B. (1988): *Russlands Sehnsucht nach Spiritualität. Theosophie, Anthroposophie, Rudolf Steiner und die Russen*, Schaffhausen: Novalis.

Fleming, Cass/Cornford, Tom et al. (eds.) (2013): »The Michael Chekhov Centre UK. Past, Present and Future: An Inter-Generational Dialogue. An edited selection of interviews with Sarah Kane, Graham Dixon and Martin Shar«, in: Chamberlain, Franc/Kirillov, Andrey (eds.), *Theatre, Dance and Performance Training*, 4(2), London: Routledge, 316–324, doi: 10.1080/19443927.2013.804254.

Fleming, Cass/Cornford, Tom (eds.) (2020): *Michael Chekhov Technique in the Twenty-First Century: New Pathways,* New York: Bloomsbury Methuen Drama.

Gauss, Rebecca B. (1999): *Lear's Daughters: The Studios of the Moscow Art Theatre 1905–1927*. American University Studies ser. 26 Theatre Arts, vol. 29. New York: Peter Lang.

Gordon, Mel (1985): »Introduction«, in: Chekhov, Michael, *Lessons for the Professional Actor*, Hurst du Prey, Deirdre (ed.), New York: Performing Arts Journal Publications, 11–18.

Gordon, Mel (2013): »Einleitung«, in: Tschechow, Michael, *Lektionen für den professionellen Schauspieler*, Rey, Anton/Wintsch, Mani (eds.), Berlin: Alexander, 11–19.

Gortschakow, Nikolai (2008): *Die Wachtangow-Methode. Die Wiederentdeckung der Improvisation für das Theater*, Berlin: Alexander.

Hentschel, Ingrid/Hoffmann, Klaus/Vaßen, Florian (eds.) (1997): *Brecht & Stanislawski und die Folgen*, Berlin: Henschel.

Hodge, Alison (ed.) (2010): *Actor Training*, London et al.: Routledge.

Hulton, Dorinda/Kapsali, Maria (2019): »Stanislavsky and Yoga«, in: *Theatre, Dance and Performance Training*, 10(1), 151–153, doi: 10.1080/19443927.2018.1544926.

Hurst du Prey, Deirdre (1983): »Working with Chekhov«, in: *The Drama Review*, 27(3), 84–90.

Ivanov, Vladislav (1992): »Michael Chekhov and Russian Existentialism«, in: Senelick, Laurence (ed.), *Wandering Stars: Russian Émigré Theatre 1905–1940*, Iowa City: University of Iowa Press, 140–158.

Ivanova, M. A. (2018): »Chronology Michael Chekhov: life and work«, in: Autant-Mathieu, Marie-Christine/Meerzon, Jana (eds.), *The Routledge Companion to Michael Chekhov*, London et al.: Routledge, 399–406.

Kindelan, Nancy Anne (1977): »The Theatre of Inspiration: An Analysis of the Acting Theories of Michael Chekhov«, PhD dissertation, University of Wisconsin-Madison.

Knebel, Marija Osipovna (1998): »Michail Čechov und sein schöpferisches Erbe«, in: Čechov, Michail A., *Die Kunst des Schauspielers*, Moskauer Ausgabe, Neuauflage mit 3 Briefen an Marie Steiner, Stuttgart: Urachhaus, 173–257.

Lutterbie, John (2011): *Toward a General Theory of Acting*, New York: Palgrave Macmillan.

Malaev-Babel, Andrei (2002): »A practical guide to the application of the Michael Chekhov Psychological Gesture (PG) Technique«, in: Chekhov, Michael, *To the Actor: On the Technique of Acting*, London et al.: Routledge, 183–215.

Malaev-Babel, Andrei (2018): »Michael Chekhov and Yevgeny Vakhtangov. A creative dialogue«, in: Autant-Mathieu, Marie-Christine/Meerzon, Yana (eds.), *The Routledge Companion to Michael Chekhov*, 175–190.

Marowitz, Charles (2004): *The Other Chekhov: A Biography of Michael Chekhov, the Legendary Actor, Director & Theorist*, New York: Applause Theatre & Cinema Books.

McAvinchey, Caoimhe (2020): »Chekhov technique in applied, therapeutic and community contexts«, in: Fleming, Cass/Cornford, Tom (eds.), *Michael Chekhov Technique in the Twenty-First Century: New Pathways*, New York: Bloomsbury Methuen Drama, 153–173.

Meerzon, Yana (2017) (ed.): »Essays – Michael Chekhov: Pedagogy Today«, in: *Critical Stages/Scènes critiques, The IATC journal/Revue de l'AICT* – June/Juin 2017: Issue No. 15, https://www.critical-stages.org/15/ (10.5.2021).

Meerzon, Yana (2018): »Staging the spectator in Michael Chekhov's acting theory«, in: Autant-Mathieu, Marie-Christine/Meerzon, Yana (eds.),

The Routledge Companion to Michael Chekhov, London et al. 2nd ed., Routledge, 123–138.

Merlin, Joanna/Cerullo, Jessica/Sloan, Fern (eds.) (2020): *MICHA WORKBOOK. A guide to integrating the Michael Chekhov Technique*, The Michael Chekhov Association Inc., Ebook.

Meyer-Horsch, Ulrich (2015): »The living space. Thoughts about atmosphere and space«, in: Salvesen, Erik, *Skenographia*, Helsinki, Lecture presented at Taipei University of the Arts (TNUA), Taiwan, 23. 9. 2014, 32–37.

Meyer-Horsch, Ulrich (2016): *Transforming darkness into light.* Interview by Mara Radulovic, created to create project, Boston (unveröffentlichtes Manuskript).

Meyer-Horsch, Ulrich (2017): »Gestures of Listening«, in: *Critical Stages Theater Magazine*, No. 15, Toronto, http://www.critical-stages.org/15/gestures-of-listening.

Meyer-Horsch, Ulrich/Rey, Anton (2022): »Einführung«, in: Rey A./Meyer-Horsch U. (eds.), *Der Schauspieler ist das Theater. New Yorker Vorträge 1942*, Berlin: Alexander, 7–19.

Meyerhold, Wsewolod Emiljewitsch (1979): *Schriften – Aufsätze, Briefe, Reden, Gespräche*, Erster Band. 1891–1917, Berlin: Henschel.

Meyerhold, Wsewolod Emiljewitsch (1979a): »Spiel und Vorspiel« [1925], in: *Schriften – Aufsätze, Briefe, Reden, Gespräche*, Zweiter Band 1917–1939, Berlin: Henschel, 87–89.

Mitchell, Roanna (2020): »The moment you are not inwardly moving and inwardly participating, you are dead – Chekhov Technique in Actor-Movement and Dance«, in: Fleming, Cass/Cornford, Tom (eds.), *Michael Chekhov Technique in the Twenty-First Century: New Pathways*, New York: Bloomsbury Methuen Drama, 107–131.

Petit, Lenard (2010): *The Michael Chekhov Handbook. For the Actor*, London et al.: Routledge.

Petit, Lenard (2014): *Die Cechov-Methode. Handbuch für Schauspieler*, Berlin: Henschel.

Powers, Mala (1991): »Michael Chekhov's Chart for Inspired Acting«, in: Chekhov, Michael, *On the Technique of Acting*, New York: HarperCollins Publishers, xxxv–xliv.

Powers, Mala (2002): »The Past, Present and Future of Michael Chekhov«, in: Chekhov, Michael, *To the Actor: On the Technique of Acting*, London et al.: Routledge, xxv–xlviii.

Ramacharaka, Yogi (1904): *Hatha Yoga. Or the Yogi Philosophy of Physical Well-Being*, Chicago: The Yogi Publication Society.

Ramacharaka, Yogi (1906): *A Series of Lessons in Raja Yoga*, Chicago: The Yogi Publication Society.

Rushe, Sinéad (2019): *Michael Chekhov's Acting Technique. A Practitioner's Guide*, London et al.: Methuen.

Rust, Colin Michael (2007): *Bodily Awareness: The Theatre Writings of Michael Chekhov and Tadashi Suzuki*. Masters thesis. Bowling Green State University. Retrieved from https://etd.ohiolink.edu/ (10. 2. 2020).

Smeliansky, Anatoly (1997): »Ein neues Stanislawski-Bild im Vergleich mit Brecht«, in: Hentschel, Ingrid/Hoffmann, Klaus/Vaßen, Florian (eds.), *Brecht & Stanislawski und die Folgen*, Berlin: Henschel, 24–32.

Smeliansky, Anatoly (2017): »Afterword«, in: Stanislavski, Konstantin: *An Actor's Work. A Student's Diary*, translated by Jean Benedetti, London/New York: Routledge, 716–725.

Spoto, Donald (1993): *Marilyn Monroe. The Biography*, NY: Harper Collins.

Stanislawski, Konstantin (1983) [1961]: *Die Arbeit des Schauspielers an sich selbst*, Berlin: Henschel.

Stanislawski, Konstantin (1985) [1950]: *Die Arbeit des Schauspielers an der Rolle*, Berlin: Henschel.

Steiner, Rudolf (1987) [1894]: *Die Philosophie der Freiheit. Grundzüge einer modernen Weltanschauung*. Dornach/Schweiz: Rudolf Steiner Verlag.

Steiner, Rudolf (1991): *Kunst und Kunsterkenntnis. Grundlagen einer neuen Ästhetik: ein Autorreferat 1888*, vier Aufsätze 1890 und 1898 und acht Vorträge zwischen 1909 und 1921, 3. Aufl., Dornach: Rudolf Steiner Verlag.

Tcherkasski, Sergej (2016): *Stanislavsky and Yoga*, Holstebro, London, New York et al.: Routledge.

The Drama Review (TDR) (1983): *Michael Chekhov*. Vol. 27, No. 3. Cambridge University Press.

Veit, Wolfgang (1998): »Editorischer Bericht«, in: Čechov, Michail A., *Die Kunst des Schauspielers*, Moskauer Ausgabe, Neuaufl. mit 3 Briefen an Marie Steiner, Stuttgart: Urachhaus, 265–271.

Walsh, Lionel (2018): »Developing the Imagination. Michael Chekhov in Actor Training«, in: Autant-Mathieu, Marie-Christine/Meerzon, Yana (eds.), *The Routledge Companion to Michael Chekhov*, London et al. 2nd ed., Routledge, 357–371.

White, R. Andrew (ed.) (2014): *The Routledge Companion to Stanislavsky*, London/New York: Routledge.

White, R. Andrew (2018): »Chekhov's notion of radiating: from concept to concrete«, in: Autant-Mathieu, Marie-Christine/Meerzon, Yana (eds.), *The Routledge Companion to Michael Chekhov*, London et al. 2nd ed., Routledge, 110–122.

Wintsch-Heinen, Bernadette (2016): *Ein Erfahrungsbericht über die Michael Chekhov Schule in Hudson,* NY, Typoskript.

Zinder, David (2009): *Body Voice Imagination.* ImageWork Training *and the Chekhov Technique*, 2nd ed., London/New York: Routledge.

3. Theater- und Schauspieltheorie allgemein

Barba, Eugenio/Zarrilli, Phillip (1988): »Eugenio Barba to Phillip Zarrilli: About the Visible and the Invisible in the Theatre and about ISTA in particular«, in: *Tulane Drama Review*, 32(3), 7–16, https://doi.org/10.2307/1145900

Barba, Eugenio (1998): *Ein Kanu aus Papier. Abhandlung über Theateranthropologie*, Studio 7 (ed.), Köln: Flamboyant H. 7/8.

Barba, Eugenio/Savarese, Nicola (eds.) (1991): *A Dictionary of Theatre Anthropology. The Secret Art of the Performer*, London: Routledge.

Bogart, Anne (2015): *Die Arbeit an sich selbst. Sieben Essays über Kunst und Theater*, übersetzt von Tanja Handels, Berlin: Alexander.

Brook, Peter (1983) [1968]: *Der leere Raum*, i. O.: *The Empty Space*, Berlin: Alexander.

Fischer-Lichte, Erika (1997): *Die Entdeckung des Zuschauers: Paradigmenwechsel auf dem Theater des 20. Jahrhunderts*, Tübingen: Francke.

Fischer-Lichte, Erika (2004): *Ästhetik des Performativen*, Frankfurt a. M.: Suhrkamp.

Fischer-Lichte, Erika (2010): *Theaterwissenschaft. Eine Einführung in die Grundlagen des Fachs*, Tübingen und Basel: A. Francke.

Gronau, Barbara (ed.) (2012): *Szenarien der Energie. Zur Ästhetik und Wissenschaft des Immateriellen*, Bielefeld: Transcript.

Grotowski, Jerzy (2006): *Für ein Armes Theater.* 3. Aufl., übersetzt von Frank Heibert, Berlin: Alexander.

Güssow, Veit (2013): *Die Präsenz des Schauspielers*, Berlin: Alexander.

Huschka, Sabine/Gronau, Barbara (2019): *Energy and Forces as Aesthetic Interventions. Politics of Bodily Scenarios*, Bielefeld: Transcript.

Lazarowicz, Klaus/Balme, Christopher (eds.) (1991): »Wsewold Meyerhold«, in: *Texte zur Theorie des Theaters.* Stuttgart: Reclam, 475–477.

Matzke, Annemarie (2010): »Der unmögliche Schauspieler: Theater-Improvisieren«, in: Bormann, Hans-Friedrich/Brandstetter, Gabriele/Matzke, Annemarie (eds.), *Improvisieren. Paradoxien des Unvorhersehbaren*, Bielefeld: Transcript, 161–182.

Menke, Christoph (2013): *Die Kraft der Kunst*, Frankfurt a. M.: Suhrkamp.

Menke, Christoph (2018): »Das Spiel des Theaters und die Veränderung der Welt«, in: Ebert, Olivia/Holling, Eva/Müller-Schöll, Nikolaus et al., *Theater als Kritik. Theorie, Geschichte und Praktiken der Ent-Unterwerfung*, Bielefeld: Transcript, 37–48.

Plessner, Helmuth (1982) [1948]: »Zur Anthropologie des Schauspielers«, in: *Gesammelte Schriften in zehn Bänden*, Bd. VII., Frankfurt a. M.: Suhrkamp, 399–418.

Rancière, Jacques (2009) [2008]: *Der emanzipierte Zuschauer*, Wien: Passagen.

Roselt, Jens (2005): *Seelen mit Methode. Schauspieltheorien vom Barock- bis zum postdramatischen Theater*, Berlin: Alexander.

Roselt, Jens (2008): *Phänomenologie des Theaters*, München: Wilhelm Fink.

Simmel, Georg (1992): »Soziologie«, in: *Georg Simmel Gesamtausgabe*, Bd. 2, Frankfurt a. M.: Suhrkamp.

Simmel, Georg (2001) [1909]: »Über den Schauspieler«, in: *Georg Simmel Gesamtausgabe*, Bd. 12, Frankfurt a. M.: Suhrkamp.

Simmel, Georg (2001a) [1908] »Zur Philosophie des Schauspielers«, in: *Georg Simmel Gesamtausgabe* Bd. 8, Frankfurt a. M.: Suhrkamp.

Tatinge Nascimento, Cláudia (2009): *Crossing Cultural Borders Through the Actor's Work. Foreign Bodies of Knowledge*, London/New York: Routledge.

Trenos, Helen (2014): *Creativity: The Actor in Performance*, Warsaw/Berlin: De Gruyter Open Access: https://doi.org/10.2478/9783110402100.

4. Zu Imagination, Neuroscience und Theater

Blair, Rhonda (2002): »Reconsidering Stanislavsky: Feeling, Feminism and the Actor«, in: *Theatre Topics*, 12(2), 177–190.

Blair, Rhonda (2008): *The Actor, Image, and Action: Acting and Cognitive Neuroscience*, London et al.: Routledge.

Blair, Rhonda (2010): »Acting, Embodiment, and Text«, in: *Theatre Topics*, 20(1), 11–21.

Churchland, Patricia (2011): *Braintrust. What neuroscience tells us about morality*, Princeton: Princeton University Press.

Cook, Amy (2010): *Shakespearean Neuroplay: Reinvigorating the Study of Dramatic Texts and Performance through Cognitive Science*, New York: Palgrave Macmillan.

Cook, Amy (2018): *Building Character: The Art and Science of Casting*, Ann Arbor: University of Michigan Press.

Crane, Mary Thomas (2000): *Shakespeare's Brain: Reading with Cognitive Theory*, Princeton: Princeton University Press.

Csíkszentmihályi, Mihály (1990): *Flow: The Psychology of Optimal Experience*, New York: Harper & Row.
Csíkszentmihályi, Mihály/Robinson, Rick (1990): *The Art of Seeing. An Interpretation of the Aesthetic Encounter*, Los Angeles: The Paul Getty Trust.
Ertelt, Denis/Binkofski, Ferdinand (2012): »Action observation as a tool for neurorehabilitation to moderate motor deficits and aphasia following stroke«, in: *Neural regeneration research* 7 (26), 2063–74, doi: 10.3969/j.issn.1673-5374.2012.26.008. PMID: 25624838; PMCID: PMC4296427.
Falletti, Clelia/Sofia, Gabriele/Jacono, Victor (eds.) (2017): *Theatre and Cognitive Neuroscience*, London et al.: Bloomsbury.
Falletti, Clelia (2017a): »Introduction: The Shared Space of Action«, in: Falletti, Clelia/Sofia, Gabriele/Jacono, Victor (eds.), *Theatre and Cognitive Neuroscience*, London et al.: Bloomsbury, 3–14.
Feldenkrais, Moshé (1978): *Bewußtheit durch Bewegung. Der aufrechte Gang*, Frankfurt a. M.: Suhrkamp.
Gallese, Vittorio/Lakoff, George (2005): »The Brain's Concepts: The Role of the Sensory Motor System in Conceptual Knowledge«, in: *Cognitive Neuropsychology*, 22(3), 455–479. (https://doi.org/10.1080/02643290442000310)
Goudard, Philippe (2017): »The Circus Actor: Towards a Cognitive Approach«, in: Falletti et al. (eds.), *Theatre and Cognitive Neuroscience*, London et al.: Bloomsbury, 35–45.
Grunwald, Thomas/Kurthen, Martin/Rey, Anton (2018): »Spielweisen des Geistes. Zur Dramaturgie des Bewusstseins«, in: Pezer, Nico (ed.), *Neurorhetorik. Neurophysiologische Kulturforschung*. Paderborn: Wilhelm Fink, 21–46.
Hager, Frithjof (2008): »Empirie und Phantasie. Inneres Selbst und wahre Bilder«, in: Hill, Burkhard/Biburger, Tom/Wenzlik, Alexander (eds.), *Lernkultur und kulturelle Bildung*. Kulturelle Bildung, Bd. 12, München: Kopaed.
Heyes, Cecilia (2010): »Where do mirror neurons come from?«, in: *Neuroscience & Biobehavioral Reviews*, 575–583; doi: 10.1016/j.neubiorev.2009.11.007 Epub 2009. (10. 5. 2021).
Hickok, Gregory (2014): *The Myth of Mirror Neurons: The Real Neuroscience of Communication and Cognition*, New York City: W. W. Norton & Company.
Hickok, Gregory (2015): *Warum wir verstehen, was andere fühlen: Der Mythos der Spiegelneuronen*. Übersetzt von Elsbeth Ranke, München: Carl Hanser.
Hüther, Gerald (2010): »Wie Embodiment neurobiologisch erklärt werden

kann«, in: Storch, Maja/Cantieni, Benita/Hüther, Gerald/Tschacher, Wolfgang (eds.), *Embodiment – Die Wechselwirkung von Körper und Psyche verstehen und nutzen*, 2. erw. Aufl., Bern: Huber, 75–97.

Kant, Immanuel (1974) [1781/1787]: *Kritik der reinen Vernunft*, 2 Bde., hg. von Wilhelm Weischedel, Frankfurt a. M.: Suhrkamp (= Bd. III/IV der Theorie Werkausgabe, Werke in 12 Bänden).

Kant, Immanuel (1977) [1790]: *Kritik der Urteilskraft*, hg. von Wilhelm Weischedel, Frankfurt a. M.: Suhrkamp (= Bd. X der Theorie Werkausgabe, Werke in 12 Bänden).

Kehl, Anne (2002): *Die Bildung der Vorstellung. Grundlagen für Theater und Pädagogik*, Bad Heilbrunn: Julius Klinkhardt.

Kemp, Rick (2012): *Embodied Acting: What neuroscience tells us about performance*, London et al.: Routledge.

Kemp, Rick/McConachie, Bruce (2019): *The Routledge Companion to Theatre, Performance and Cognitive Science*, London et al.: Routledge.

Kiefer, Jochen (2014): *Das Spiel mit den Gefühlen*, Wissenschaftlicher Abschlussbericht: Forschungsprojekt, 7. 7. 2014, PDF.

Lakoff, George/Johnson, Mark (1999): *Philosophy in the Flesh: The Embodied Mind and its Challenge to Western Thought*. Revised Ed., NY: Basic Books.

Lakoff, George/Johnson, Mark (2003): *Metaphors We Live By*, Chicago & London: University of Chicago Press.

Lutterbie, John (2020): *An Introduction to Theatre, Performance and the Cognitive Sciences*, London et al.: Methuen.

McConachie, Bruce (2008): *Engaging Audience: A Cognitive Approach to Spectating in the Theatre*, New York: Palgrave Macmillan.

McConachie, Bruce (2013): *theatre & mind*, New York/London: Red Globe Press.

Merleau-Ponty, Maurice (1966) [1945]: *Phänomenologie der Wahrnehmung*, Berlin: De Gruyter.

Mitter, Shomit (1992): *Systems of rehearsal: Stanislavsky, Brecht, Grotowski and Brook*, London et al.: Routledge.

Olenina, Ana Hedberg/Amazeen, Erik L./Eckard, Bonnie/Papenfuss, Jason (2019): »Embodied Cognition in Performance: The Impact of Michael Chekhov's Acting Exercises on Affect and Height Perception«, in: *Frontiers Psychology* Vol. 10:2277. doi: 10.3389/fpsyg.2019.02277.

Paavolainen, Teemu (2012): *Theatre/Ecology/Cognition: Theorizing Performer-Object Interaction in Grotowski, Kantor, and Meyerhold*, New York: Palgrave Macmillan.

Page, Kevin (2018): *Advanced Consciousness Training for Actors: Meditation Training for Actors*, London et al.: Routledge.

Pezer, Nico (ed.) (2018): *Neurorhetorik. Neurophysiologische Kulturforschung*, Paderborn: Wilhelm Fink.

Ricœur, Paul (2021): *Lectures on Imagination*, 1975 at the University of Chicago, ed. by Taylor, George H., unpublished manuscript in print.

Rizzolatti, Giacomo/Sinigaglia, Corrado (2008): *Empathie und Spiegelneurone. Die biologische Basis des Mitgefühls*, Frankfurt a. M.: Suhrkamp.

Rokotniz, Naomi (2011): *Trusting Performance: A Cognitive Approach to Embodiment in Drama*, New York: Palgrave Macmillan.

Roth, Gerhard (2021): *Über den Menschen*, Frankfurt a. M.: Suhrkamp.

Singer, Wolf (2002): *Der Beobachter im Gehirn. Essays zur Hirnforschung*, Frankfurt a. M.: Suhrkamp.

Sofia, Gabriele et al. (2017): »The Actor's Embodied Language: Preliminary Investigations of a Pilot Experiment«, in: Falletti et al. (eds.), *Theatre and Cognitive Neuroscience*, London et al.: Bloomsbury, 131–138.

Stein, Annett (2014): *Lassen Spiegelneuronen uns mitfiebern?* https://www.welt.de/print/die_welt/wissen/article129601271/Lassen-Spiegelneuronen-uns-mitfiebern.html (2. 9. 2021).

Taylor, George H. (2006): »Ricœur's Philosophy of Imagination«, in: *Journal of French and Francophone Philosophy*, 16(1–2), 93–104.

Taylor, George H. (2018): »The Deeper Significance of Ricoeur's Philosophy of Productive Imagination: The Role of Figuration«, in: Saulius Geniusas/Dmitri Nikulin (eds), *Productive Imagination: Its History, Meaning and Significance*, London: Rowman & Littlefield International, 157–181.

Taylor, George H. (2021): »Editors' Introduction«, in: *Ricœur, Lectures on Imagination*, unpublished manuscript.

Thompson, Evan (2007): *Mind in Life: Biology, Phenomenology, and the Sciences of Mind*, Cambridge: Harvard University Press.

Varela, Francisco J./Thompson, Evan/Rosch, Eleanor (eds.) (2017): *The Embodied Mind: Cognitive Science and Human Experience*. Cambridge, MA: MIT Press.

Wettig, Sabine (2009): *Imagination im Erkenntnisprozess. Chancen und Herausforderungen im Zeitalter der Bildmedien. Eine anthropologische Perspektive*, Bielefeld: Transcript.

Wihstutz, Benjamin (2007): *Theater der Einbildung. Zur Wahrnehmung und Imagination des Zuschauers*. Recherchen 43, Berlin: Theater der Zeit.

Wulf, Christoph (2014): *Bilder des Menschen. Imaginäre und performative Grundlagen der Kultur*, Bielefeld: Transcript.

5. Zu Gabentheorie und Theater

Adloff, Frank (2016): *Gifts of Cooperation. Mauss and Pragmatism*, London: Routledge.

Adloff, Frank (2018): *Politik der Gabe. Für ein anderes Zusammenleben*, Hamburg: Edition Nautilus.

Bedorf, Thomas (ed.) (2009): »Schwerpunkt Gabe und Anerkennung«, in: *Journal Phänomenologie* 31, 2009, 4–6.

Caillé, Alain (2008) [2000): *Anthropologie der Gabe*, Frankfurt/New York: Campus.

Foster, Susan Leigh (2019): *Valuing Dance. Commodities and Gifts in Motion*, New York: Oxford University Press.

Hénaff, Marcel (2009): *Der Preis der Wahrheit. Gabe, Geld und Philosophie*, Frankfurt a. M.: Suhrkamp [Original: 2002].

Hénaff, Marcel (2014): *Die Gabe der Philosophen. Gegenseitigkeit neu denken*, Bielefeld: Transcript.

Hénaff, Marcel (2019): »Raum der Fiktion – Raum der Anerkennung. Theater, Gabe und Wahrheit«, in: Hentschel, Ingrid (ed.) 2019, *Die Kunst der Gabe. Theater zwischen Autonomie und sozialer Praxis*, Bielefeld: Transcript, 29–50.

Hentschel, Ingrid (2018): »Der Modus der Gabe in Kunst, Theater und Performance. Perspektiven eines Theorems«, in: Bies, Michael/Giacovelli, Selbastian/Langenohl, Andreas (eds.), *Gabe und Tausch*, Hannover: Wehrhahn, 105–126.

Hentschel, Ingrid/Hoffmann, Klaus/Moehrke, Una H. (eds.) (2011): *Im Modus der Gabe. Theater, Kunst, Performance in der Gegenwart*, Bielefeld: Transcript.

Hentschel, Ingrid (ed.) (2019): *Die Kunst der Gabe. Theater zwischen Autonomie und sozialer Praxis*, Bielefeld: Transcript.

Hobuß, Steffi/Tams, Nicola (eds.) (2014): *Lassen und Tun: Kulturphilosophische Debatten zum Verhältnis von Gabe und kulturellen Praktiken*, Bielefeld: Transcript.

Hyde, Lewis (2008) [1979]: *Die Gabe. Wie Kreativität die Welt bereichert*, Frankfurt a. M.: S. Fischer, i. O.: *The Gift. Imagination and the Erotic Life of Property*, New York: Vintage.

Maraniello, Gianfranco/Risaliti, Sergio/Somaini, Antonio (eds.) (2001): *Il Dono – The Gift. Generous Offerings, Threatening Hospitality*, Mailand: Charta.

Mauss, Marcel (1969) [1924/25]): *Die Gabe: Form und Funktion des Austauschs in archaischen Gesellschaften*, Frankfurt a. M.: Suhrkamp.

Moebius, Stephan (2008): »Entwurf einer Theorie der Praxis aus dem

Geist der Gabe. Die Praxis-Theorie von Marcel Mauss und ihre aktuellen Wirkungen«, in: Junge, Kay/Šuber, Daniel/Gerber, Gerold (eds.), *Erleben, Erleiden, Erfahren. Die Konstitution sozialen Sinns jenseits instrumenteller Vernunft*, Bielefeld: Transcript, 171–200.

Nicholson, Helen (2005): *Applied Drama. The Gift of Theatre*, Basingstoke: Palgrave Macmillan.

Pyyhtinen, Olli (2019): »The Who, What, and How of the Gift in Theatre«, in: Hentschel, Ingrid (ed.), *Die Kunst der Gabe. Theater zwischen Autonomie und sozialer Praxis*, Bielefeld: Transcript, 97–110.

Ricœur, Paul (2006): *Wege der Anerkennung. Erkennen, Wiedererkennen, Anerkanntsein*. Übers. v. Ulrike Bokelmann und Barbara Heber-Schärer, 2. Aufl., Frankfurt a. M.: Suhrkamp.

Rosa, Hartmut (2016): *Resonanz. Eine Soziologie der Weltbeziehung*, Berlin: Suhrkamp.

Sansi, Roger (2014): *Art, Anthropology and the Gift*, London: Bloomsbury.

Stamer, Gerhard (2019): »Theater – Gabe und Gemeinsinn«, in: Ingrid Hentschel (ed.): *Die Kunst der Gabe. Theater zwischen Autonomie und sozialer Praxis*, Bielefeld: Transcript, 67–76.

Tegtmeyer, Inken (2019): *Wissenschaft als Gabentausch? Gabentheoretische Interpretationen wissenschaftlicher Praxis*, Dresden: Text & Dialog.

6. Andere

Arendt, Hannah (2002) [1958]: *Vita activa oder Vom tätigen Leben*, i. O. *The Human Condition*, München: Piper.

Böhme, Gernot (1995): *Atmosphäre. Essays zur neuen Ästhetik*, Frankfurt a. M.: Suhrkamp.

Böhme, Gernot (2008): »Atmosphären in der Architektur«, in: *Internationale Bauausstellung (IBA) Band 02, Metropole: Ressourcen*, Berlin: Jovis, 52–67.

Menke, Christoph/Rebentisch, Juliane (eds.) (2010): *Kreation und Depression. Freiheit im gegenwärtigen Kapitalismus*, Berlin: Kadmos.

Miller, Katherine (2007): »Compassionate communication in the workplace: Exploring processes of noticing, connecting, and responding«, in: *Journal of Applied Communication Research*, 35(3), 223–245.

Müller, Olaf L. (2015): *Mehr Licht. Goethe mit Newton im Streit um die Farben*, Frankfurt a. M.: Fischer.

Plessner, Helmuth (2003) [1961]: *Conditio Humana*. Gesammelte Schriften VIII, STB, Frankfurt a. M.: Suhrkamp.

Tschechow-Studios und Ausbildungsprogramme: Websites und Links (Auswahl)*

Chekhov Collective/London, GB: https://chekhovcollectiveuk.co.uk
Chekhov Studio Chicago/USA: http://www.movingdock.org
Michael Chekhov Acting Studio New York/USA:
http://michaelchekhovactingstudio.com
Michael Chekhov Association MICHA/NY, USA:
https://www.michaelchekhov.org
Michael Chekhov Brasil/Rio de Janeiro, Brasilien:
http://www.michaelchekhov.com.br
Michael Chekhov Canada/Toronto, Kanada:
https://www.michaelchekhovcanada.com
Michael Chekhov Europe MCE/Deutschland, Dänemark, Kroatien u. a.:
https://www.michaelchekhov.eu
Michael Chekhov International, Schule für Schauspiel Hamburg/BRD:
https://sfsh.de/chekhov-international
Michael Chekhov UK/Großbritannien:
http://www.michaelchekhov.org.uk
Michael Chekhov International Academy MCIA/Berlin, BRD:
https://www.chekhovacademy.com
Michael Chekhov Istanbul/Türkei:
https://www.facebook.com/michaelchekhovistanbul
Michael Chekhov School of Acting/Hudson, NY, USA:
https://michaelchekhovschool.org
Michael Chekhov Studio Roma/Italien:
http://www.michaelchekhovroma.it
Michael Tschechow Studio Berlin/BRD: https://www.mtsb.de
Mikhail Chekhov Center/Moskau, Russland: https://chekhov.center
National Michael Chekhov Association NMCA/USA:
https://www.michaelchekhov.net
Studio AZOT Chekhov & Meisner/Paris, Frankreich:
https://www.studioazot-chekhov-meisner-paris.com
StudioChekhov, Zagreb, Kroatien: http://studiochekhov.hr/en/

* Diese Auswahl berücksichtigt Studios, die regelmäßig Trainingsprogramme anbieten und/oder Materialien sowie Ressourcen zur Praxis der Tschechow-Methode zur Verfügung stellen.

Bildnachweise

S. 32: Fotograf:in unbekannt, courtesy Archiv ZHdK, Nachlass Georgette Boner.
S. 71: Fotograf:in unbekannt, Bilddatenbank Alamy.
S. 77: Fotograf:in: Nonny Gardner. Reprinted courtesy of the Gardner Cangelosi family and MICHA, the Michael Chekhov Association.
S. 79: Fotograf:in: Nonny Gardner. Reprinted courtesy of the Gardner Cangelosi family and MICHA, the Michael Chekhov Association.
S. 96: Fotograf:in unbekannt, courtesy Archiv ZHdK, Nachlass Georgette Boner.
S. 134: Fotograf:in unbekannt, courtesy Archiv ZHdK, Nachlass Georgette Boner.
S. 139: Maurice Bender, courtesy Schule für Schauspiel Hamburg.
S. 145: Maurice Bender, courtesy Schule für Schauspiel Hamburg.
S. 150–151: Serge Macia, courtesy Schule für Schauspiel Hamburg.
S. 163: Serge Macia, courtesy Michael Chekhov Europe Training.
S. 166: Maurice Bender, courtesy Schule für Schauspiel Hamburg.
S. 214–215: Serge Macia, courtesy Michael Chekhov Europe Training.
S. 219: Ulrich Meyer-Horsch, courtesy Michael Chekhov Europe Training.
S. 225: Tania Kalinia, courtesy Schule für Schauspiel Hamburg.
S. 246: Fotograf:in: Nonny Gardner. Reprinted courtesy of the Gardner Cangelosi family and MICHA, the Michael Chekhov Association.
S. 255: Fotograf:in unbekannt, courtesy Michael Chekhov Europe Training.

MICHAEL TSCHECHOW
IM ALEXANDER VERLAG BERLIN

Lektionen für den professionellen Schauspieler
Nach Notizen transkribiert und zusammengestellt
von Deirdre Hurst du Prey
Mit einer Einleitung von Mel Gordon
Herausgegeben von Anton Rey und Mani Wintsch

Michael Tschechows anregende Lektionen bieten einen Einstieg in seine Methode und Techniken zur Erschließung des imaginativen Potenzials des Schauspielers.

Der Schauspieler ist das Theater
New Yorker Vorträge 1942
Mit einem Nachwort von Lionel Walsh
Herausgegeben von Anton Rey und Ulrich Meyer-Horsch

Die bis dato noch nie publizierten Vorträge des russischen Theaterpioniers Michael Tschechow dienen der Veranschaulichung seiner Schauspielmethode. Das Besondere an diesen Vorlesungen ist ihre Verzahnung mit aktuellen gesellschaftlichen Ereignissen und der daraus resultierenden Forderung nach einem »Theater der Zukunft«, dessen Zentrum eine neue Kunst des Spielens ist.